WORDBOX

ワードボックス英単語・熟語

Essential

【エッセンシャル】第2版

長田哲文・Sue Fraser 共著

2nd Edition

BISEISHA

CONTENTS

■ STAGE 0

■ STAGE 1

本書の特長

1 「発信(Active)語彙」⇔「受容(Passive)語彙」を区別して配列

2022年度から実施されている新しい学習指導要領の解説に,「発信語彙」と「受容語彙」を区別しながら学習すべき旨が記載されています。「**発信(Active)語彙**」とは,「**話したり書いたりして表現できるようにすべき語彙**」であり,「**受容(Passive)語彙**」とは,「**聞いたり読んだりすることを通して意味を理解できるようにすべき語彙**」です。たとえば会話や英作文で「A(人)にB(何か)を伝える」と言いたい場合,皆さんはまず tell(→本書 p.54)を使って【tell A B】の形が使えればそれでよく, inform A of B(→本書 p.392)を無理に使おうとする必要はありません。つまり tell は「発信語彙」として自由に使いこなせる必要がありますが, inform は「受容語彙」であり, まずは聞いたり読んだりする際に意味が理解できれば十分なのです。にもかかわらず, これまでの単語集ではそうした区別が行われることはあまりなく, 読者は「発信語彙」も「受容語彙」も同じように暗記することが求められてきました。これでは大きな遠回りとなります。

そこで本書では, 英単語を「**発信(Active)語彙**」(「話す」「書く」),「**受容(Passive)語彙**」(「聞く」「読む」)の観点から分類して配列しています。具体的な構成は以下の通りです。

【STAGE 構成】

STAGE 0 (Active) では, 表現活動を行う上で土台となる, もっとも重要な英単語・熟語を集め, その意味や用法をイラストを交えてわかりやすく示しています。ここに収載した語は, 前置詞や have／get など, きわめて基本的な語ばかりですが, **これらの語は have ＝「持つ」とだけ覚えていても表現する際にはあまり役に立ちません**。1つの単語が複数の意味や用法を持つため, 自ら発信するためにはそれらをしっかりと身につけることが必要なのです。

STAGE 1 (Active) では, **身近な話題でよく用いられる基本的な英単語・熟語**を中心に掲載しています。日常会話でよく使われるような語句が多く登場しますので, ここにある語彙は主に **Speaking** で活躍してくれるでしょう。

STAGE 2 (Active) では, **STAGE 1** よりもフォーマルでやや難しい語句を中心に扱っています。**STAGE 1** が話し言葉寄りだとすると, **STAGE 2** は書き言葉寄りで, 文章を書く(＝ Writing)際に役に立つ英単語・熟語が中心だと言えるでしょう。

つまり, **STAGE 0〜2** では「英」→「日」の変換ができるだけでなく,「**日**」→「**英**」の変換もできることが望ましい英単語を中心に集めています。

STAGE 3（Passive）では，まずは日本語の意味をしっかりと覚えてほしい英単語を中心に集めました。つまり，Reading や Listening で出会った際に，その意味を確実に取れるようにしておきたい語です。STAGE 2 までの語彙に比べ，難度は高くなっています。

　また，STAGE 1～3 では，STAGE の真ん中と最後に「熟語・慣用表現」の Unit を設けています。それぞれの STAGE に応じた熟語をまとめて学習することができます。

2 CEFR-J リストによる語彙レベルを表示

　それぞれの見出し語の語彙レベルの目安として，CEFR-J レベルを表示しました。CEFR-J とは，欧州共通言語参照枠（CEFR）をベースに，日本の英語教育での利用を目的に構築された新しい英語能力の到達度指標です（ただし，入試分析において登場頻度の高かった英単語は CEFR-J のリストにない語であっても積極的に収載しています）。

　※ CEFR-J レベルは『CEFR-J Wordlist Version 1.5』（東京外国語大学投野由紀夫研究室）に基づく。

3 新課程教科書&最新の入試問題分析によるトレンド語の追加

　教科書や入試英文に登場する英単語にも，時代に応じたトレンドがあります。たとえば，SDGs が大きくクローズアップされ，新型コロナウイルスという脅威が現れた昨今では，sustainable（→本書 p.350）や vaccine（→本書 p.362）といった英単語の出現頻度が大きく伸びています。第2版を刊行するに当たり，新課程用の中学校・高等学校の教科書だけでなく，大学入学共通テストおよび最新の大学入試問題，英検などの民間試験の問題も詳細に分析し，こうした最新のトレンド語をもれなく採用しました。高校卒業までにぜひとも押さえておきたい英単語1464語・熟語448語を厳選しています。

4 入試英作文の最新傾向を分析し，その結果を反映

　第2版への改訂に際し，第1版刊行後に出題された全国の入試英作文を徹底的に分析し，高い頻度で使用される英単語を発信語彙として盛り込みました。同時にフレーズ・例文についても見直しを行い，より実用性が高く，Speaking 試験や英作文でそのまま使えるものを数多く取り入れました。

5 100%ネイティブ書き下ろしによるフレーズと例文

　フレーズ・例文は，日本の英語教育に精通したネイティブスピーカーが100%書き下ろし，さらに複数のネイティブスピーカーが入念にチェックしました。例文の作成に際しては，「英文として自然であること・入試を始めとする現実の場面で実用性が高いこと」を最も重視していますので，本書収載のフレーズ・例文を暗記すればそのまま皆さんの即戦力となってくれるでしょう。

6 6つの「メソッド」で最適のグルーピング

　英単語は，無秩序に丸暗記するよりも，それぞれの単語に応じた方法で学習するほうがより効果的に記憶に残すことができます。そうした方法のことを本書では**「メソッド」**と呼びます。以下の6つのメソッドにより，最適の方法で英単語・熟語をグルーピングしました。

①同じジャンルで覚える
「学校に関する語」のように，共通のジャンルによって結びつきの強い単語同士をグルーピングしています。こうすることで，ばらばらに覚えるよりもはるかに覚えやすくなります。

②文法・語法との関連で覚える
「目的語に不定詞を取る動詞」のように，文法や語法の知識とセットで英単語を覚えれば，記憶しやすいだけなく，自分でその単語を使用する場合にも大いに役立ちます。

③似ていて紛らわしい語をセットで覚える
たとえば good と well という単語は意味がよく似ているようですが，使われ方が異なります(→ p.96)。こうした語をセットで覚えておけば，表現する際にも正しい使い分けができるでしょう。

④反対の意味を持つ語をセットで覚える
英単語の中には，right ⇔ wrong のように，明確な反対関係を持つペアが少なからずあります。こうした語をセットで覚えておくと，発信する際の表現の幅がぐっと広がります。

⑤スペリングに注目して覚える
ex-「外へ」／in- [im-]「中へ」のようなスペリングの一部に注目すれば，export「…を輸出する」⇔ import「…を輸入する」といった語が覚えやすくなるばかりでなく，同じスペリングを含む英単語もまとめて覚えることができます。

⑥コロケーションで覚える
solve a problem「問題を解く」のように，頻繁に用いられる語と語の結びつきのことを，「コロケーション」と呼びます。コロケーションで覚えておけば，複数の単語をひとまとめにして覚えられるだけでなく，それらをそのまま用いてより自然な表現ができるようになります。

7 「テーマ」でさらに覚えやすく

　本書では，上記の「メソッド」だけでなく，複数のメソッドを包括する**「テーマ」**を設定しました。それぞれのテーマに応じた英単語をまとめることで，さらに記憶に残しやすくしています(各「テーマ」については，**CONTENTS**を参照してください)。

本書の使い方

付属の赤シートを使った効果的な学習法を紹介します。これはあくまで一例ですので，それぞれのやり方でより覚えやすい使い方を工夫してみてください。

1 見出し語・フレーズで単語の意味を確認（左ページ）

赤シートで見出し語の意味・フレーズ
中の見出し語の意味を隠す

★英単語を見ても意味が思い出せない場合は，フレーズが記憶を呼び起こす助けになります。関連語や，発音・アクセント注意（発音 アク）などもあわせてチェックしましょう。

2 例文でフレーズの意味を確認（右ページ）

赤シートで例文の訳を隠す

★例文を見て，赤字で示されたフレーズ部分の意味が言えるか確認しましょう。

3 例文中のフレーズを英語に直す（右ページ）

赤シートで例文を隠す

★例文の訳を見て，赤字のフレーズ部分を英語に直して言ってみましょう。ここまでがスムーズにできるようになれば，その単語はおおむねマスターしたと言えるでしょう。

本書の構成

テーマ

STAGE 1 ～ 3 では，5
Unit（10ページ）ごとに
「天気／人や物の様子
①」のようなテーマを
設定し，そのテーマに
関係の深い英単語をま
とめています。

メソッド

最適の方法で英単語を
覚えるためのグルーピ
ング（→p.6）。

見出し語・意味

まずはここで見出し語
とその意味を確認しま
しょう。

NOTES

見出し語を学習する上
でぜひとも押さえてお
きたい注意事項や，補
足説明。

CEFR-Jレベル

（→p.5）。

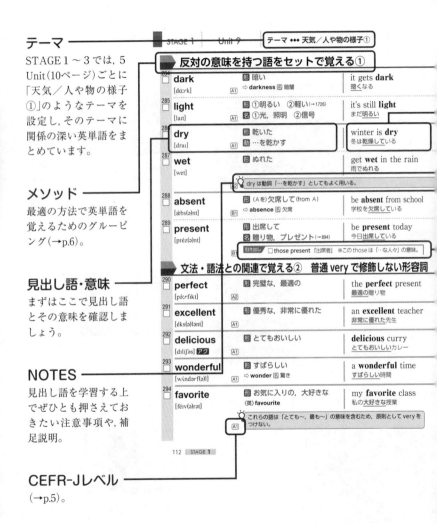

STAGE 1 　 Unit 9 　 テーマ ••• 天気／人や物の様子①

反対の意味を持つ語をセットで覚える①

284	**dark** [dɑːrk]	形 暗い ⇨ darkness 名 暗闇 A1	it gets **dark** 暗くなる
285	**light** [laɪt]	形 ①明るい ②軽い(→1726) 名 ①光，照明 ②信号	it's still **light** まだ明るい
286	**dry** [draɪ]	形 乾いた 動 …を乾かす A1	winter is **dry** 冬は乾燥している
287	**wet** [wet]	形 ぬれた	get **wet** in the rain 雨でぬれる

> dry は動詞「…を乾かす」としてもよく用いる。

| 288 | **absent** [ǽbs(ə)nt] | 形 (Aを)欠席して(from A) ⇨ absence 名 欠席 B1 | be **absent** from school 学校を欠席している |
| 289 | **present** [préz(ə)nt] | 形 出席して 名 贈り物，プレゼント(→894) B1 | be **present** today 今日出席している |

> 引き出し □ those present「出席者」 ※この those は「…な人々」の意味。

文法・語法との関連で覚える② 　 普通 very で修飾しない形容詞

290	**perfect** [pə́ːrfɪkt]	形 完璧な，最適の A2	the **perfect** present 最適の贈り物
291	**excellent** [éks(ə)lənt]	形 優秀な，非常に優れた A1	an **excellent** teacher 非常に優れた先生
292	**delicious** [dɪlíʃəs] アク	形 とてもおいしい A1	**delicious** curry とてもおいしいカレー
293	**wonderful** [wʌ́ndərf(ə)l]	形 すばらしい ⇨ wonder 名 驚き A1	a **wonderful** time すばらしい時間
294	**favorite** [féɪv(ə)rət]	形 お気に入りの，大好きな (英)favourite	my **favorite** class 私の大好きな授業

> これらの語は「とても～，最も～」の意味を含むため，原則として very をつけない。

QRコード

スマートフォンやタブ
レットで読み取って音
声を再生できます(→
p.10)。

It's getting **dark**. Let's go home.	**暗く**なってきた。家へ帰ろう。
It's after nine p.m., but it's still **light** here in London.	午後9時過ぎなのに、ここロンドンはまだ**明るい**。
<u>Winter</u> in Tokyo <u>is</u> usually **dry**.	東京の冬はたいてい**乾燥している**。
I got **wet** <u>in</u> <u>the</u> <u>rain</u>.	私は雨で**ぬれて**しまった。

STAGE 1

☞ I want to **dry** my hair before going to bed. 「寝る前に髪を乾かしたい。」

I <u>was</u> **absent** <u>from</u> school yesterday.	私は昨日学校を**欠席**しました。
Every student <u>is</u> **present** today.	今日生徒は皆**出席**しています。

フレーズ・意味

見出し語だけを単体で
覚えるよりも、フレー
ズ単位で覚えておく方
が、記憶の定着も強固
になります。

This scarf is <u>the</u> **perfect** present for my mother.	このスカーフは私の母には**最適の**贈り物です。
Mr. Ota is <u>an</u> **excellent** teacher.	太田先生は**非常に優れた**先生だ。
My mother makes **delicious** curry.	私の母は**とてもおいしいカレー**を作ります。
I had <u>a</u> **wonderful** <u>time</u> in Paris.	私はパリで**すばらしい時間**を過ごした。
<u>My</u> **favorite** class is physics.	私の**大好きな**授業は物理です。

例文・訳

フレーズに対応する部
分が赤字で示されてい
ます。赤シートを使え
ば、フレーズ部分の
「英」⇔「日」変換の練習
が行えます。

113

引き出し

一緒に覚えておきたい
語句。見出し語とあわ
せて覚えれば語彙の幅
が広がります。

音声について

本書の音声を再生するには，以下の方法があります。英単語は目で見るだけでなく，音声を聞き，そのまねをして自分で言ってみることで，より強固に記憶に残すことができます。このような訓練は Listening・Speaking 対策としても効果絶大ですので，音声を最大限活用するように心がけましょう。

1 QR コードで音声を聞く

スマートフォンやタブレットで QR コードを読み取って，音声を再生することができます。QR コードは各 Part ／ Unit の右上に記載されています。

QR コードにアクセス

※お使いのスマートフォン，タブレットの機種によっては，専用の QR コードリーダーが必要になる場合があります。

パソコンで再生することもできます。以下の URL にアクセスしてください。

https://www.biseisha.co.jp/wordbox/essential2/

音声は見出し語(英語)→フレーズ(英語)→例文(英語)の順に流れます。

2 ダウンロードして音声を聞く(無料)

パソコンから専用サイトにアクセスし，音声を一括ダウンロードすることができます。

ダウンロードの手順

① パソコンから以下の URL にアクセス

https://www.biseisha.co.jp/sound/

② 「カテゴリ選択」で「**単語・熟語**」を選ぶ。

③ 「書籍選択」で「**ワードボックス英単語・熟語【エッセンシャル】第 2 版**」を選ぶ。

④ 「パスワード入力」に「**8285**」を入力。

⑤ 「認証」をクリック。

※ QR コードは株式会社デンソーウェーブの登録商標です。

⑥ページが切り替わるので，ダウンロードしたい項目をクリックしてダウンロードする。

※音声ファイルは ZIP 形式で圧縮された形でダウンロードされますので，解凍［展開］してご使用ください。

【ご注意！】ZIP 形式のファイルはスマートフォンやタブレットでダウンロードしても保存することができない場合があります。お手持ちの機種に対応した解凍［展開］用のアプリを別途ご用意いただくか，いったんパソコンでダウンロードしてからスマートフォンやタブレットに転送してご利用ください。

　音声ファイルはすべて MP3 形式です。MP3 ファイルは，Windows Media Player (Windows)，QuickTime Player (Macintosh)，iTunes (Windows/Macintosh)などのソフトウェアで再生することができます。また，音声ファイルをスマートフォンやタブレット，デジタルオーディオプレーヤーなどに転送して聞くこともできます(転送や再生の方法については，各機器の取扱説明書をご覧ください)。

■ダウンロードできる音声の種類について

　ダウンロードできる音声は，p.12〜15の「発音記号」および，以下の9種類です。
①見出し語(英語→日本語)
②見出し語(日本語→英語)
③見出し語(英語)→フレーズ(英語)→例文(英語)
④フレーズ(英語)
⑤フレーズ(英語→日本語)
⑥フレーズ(日本語→英語)
⑦例文(英語)
⑧例文(英語→日本語)
⑨例文(日本語→英語)

　①と②では，見出し語の音声が流れたら，次の音声が聞こえてくる前にすばやく日本語［英語］に直して言ってみるというトレーニングが効果的です。⑤・⑥のフレーズ，さらには⑧・⑨の例文でも同じことができればますます力がつくでしょう。英語だけを集中して聞きたい場合は③・④・⑦が便利です。漫然と聞き流すのではなく，理解しようと努めながら聞くようにすれば，大きな効果が得られるでしょう。読まれた音声のまねをして自分で言ってみるのも効果的です。手元に本がなくても，空いている時間でいつでもトレーニングができますから，ぜひ活用してみてください。

発音記号 [母音]

発音記号	発音方法	例
/æ/	日本語の「エ」の口の形で「ア」と発音する。	animal, cat, land
/ɑ/	口を大きく開いて「ア」と発音する。	October, knowledge
/ʌ/	口をあまり開けず，喉の奥から「ア」と短くはっきりと発音する。	oven, up, country, blood
/ə/	口をあまり開けず，弱くあいまいに「ァ」と発音する。アクセントのない母音。	about, suppose, obtain
/u/	くちびるを丸めて「ウ」と短く発音する。	put, cook, could
/ɪ/	口を横に開いて「イ」と短く発音する。	if, pretty, busy, rhythm
/e/	日本語の「エ」に近い音。	energy, many, health
/i:/	口を横に開いて「イー」と長く発音する。	eat, ceiling, complete, meet, police
/u:/	くちびるを丸めて「ウー」と長く発音する。	move, group, fruit, choose
/ɔ:/	口をたてに大きく開けて「オー」と発音する。	tall, bought, August, abroad

I **saw** **a** big **cat** **c**ook **a**nd **eat** **a** red hot s**ou**p **i**n s**u**mmer.
/ɔ:/ /ə/ /ɪ/ /æ/ /u/ /ə/ /i:/ /ə/ /e/ /ɑ/ /u:/ /ɪ/ /ʌ/

(私は大きなネコが夏に赤くて辛いスープを作って飲むのを見た。)

発音記号	発音方法	例
/eɪ/	「エ」に短く「イ」を続けて「エィ」	race, take, say
/aɪ/	「ア」に短く「イ」を続けて「アィ」	like, height, sky
/ɔɪ/	「オ」に短く「イ」を続けて「オィ」	oil, toy, coin
/ou/	「オ」に短く「ウ」を続けて「オゥ」	go, toe, sew
/au/	「ア」に短く「ウ」を続けて「アゥ」	down, allow, south
/ə:r/	口をあまり開けず，舌先を上に巻いて「ウ」と「ア」を同時に言うように発音する。	girl, world, early

Both Tom's b**oy** and g**irl** like their n**ei**ghbor's l**ou**d dog.
/ou/ /ɔɪ/ /ə:r/ /aɪ/ /eɪ/ /au/

(トムの息子も娘も近所のうるさいイヌが好きだ。)

✧ [:]の記号は，音を伸ばすことを意味する。

✧ (ə)のような（ ）内の音や，[r]のような斜体字の音は，国や地域によって省略される場合がある。

Quiz 1 〈区別が難しい音〉それぞれ似た音の単語のセットが読まれたあとに, もう1度どちらかが読まれます。最後に読まれた方に○をつけよう。

(答えは16ページ下)

1. hall [hɔːl] / hole [hoʊl]
   ホール　　　穴

2. bought [bɔːt] / boat [boʊt]
   ＜buy 買う　　ボート

3. luck [lʌk] / lock [lɑ(ː)k]
   運　　　…に鍵をかける

4. hut [hʌt] / hot [hɑ(ː)t]
   小屋　　暑い

5. color [kʌ́lər] / collar [kɑ́(ː)lər]
   色　　　　えり

6. run [rʌn] / ran [ræn]
   走る　　＜run 走る

7. cut [kʌt] / cat [kæt]
   …を切る　ネコ

8. work [wəːrk] / walk [wɔːk]
   働く　　　歩く

9. seat [siːt] / sit [sɪt]
   座席　　座っている

10. raw [rɔː] / row [roʊ]
    生の　　列

013

発音記号 [子音]

発音記号	発音方法	例
/p/	閉じた口を開いた瞬間に息を吹き出し, 破裂させて「プッ」と発音する。	popular, happy, stop
/b/	/p/ と同じようにして,「ブッ」と発音する。	bed, bubble, tube
/t/	舌先を上あごから離しながら息を出して「トゥッ」と発音する。	title, travel, out
/d/	/t/ と同じようにして,「ドゥッ」と発音する。	dog, address, wind
/k/	息をはきながら「クッ」と発音する。	cup, occur, stomach, kick
/g/	/k/ と同じようにして,「グッ」と発音する。	give, baggage, big

The pictures Dad took on the beach were good.
/p/ /d/ /t/ /k/ /b/ /g/
(お父さんが浜辺で撮った写真は良かった。)

発音記号	発音方法	例
/f/	上の前歯を軽く下くちびるにあてながら息を出し摩擦させて発音する。	face, laugh, phrase
/v/	/f/ の口の形で声を出して発音する。	vase, advice, move
/θ/	舌先を上下の前歯の間に軽くはさんで息を出し摩擦させて発音する。	think, through, bath
/ð/	/θ/ の口の形で声を出して発音する。	that, rather, bathe
/s/	上下の歯を軽く合わせ, 隙間から息を出し摩擦させて発音する。	sea, center, science
/z/	/s/ の口の形で声を出して発音する。	zoo, desert, lose, scissors
/ʃ/	日本語の「シ」より少し口を丸めて息を押し出して発音する。	sure, passion, chef, social
/ʒ/	/ʃ/ の口の形で声を出して発音する。	usual, vision, pleasure

I thought I saw passion fruit and rather unusual vegetables in Zambia.
/θ/ /s/ /ʃ/ /f/ /ð/ /ʒ/ /v/ /z/
(私はザンビアでパッションフルーツとかなり珍しい野菜を見たと思った。)

/h/	日本語のハ行より少し強く息をはき出して発音する。	high, help, hill
/tʃ/	舌先を上の前歯の裏につけて，離しながら息を出して発音。「チッ」と舌打ちするような音。	chance, picture, teach
/dʒ/	/tʃ/ の口の形で声を出して発音する。	June, edge, adjust, danger
/m/	口を閉じて息を鼻に抜きながら「ンム」と発音する	morning, common, time
/n/	舌先を前上の歯ぐきの裏につけ，口を閉じずに鼻から「ンヌ」と発音する。	number, unit, one
/ŋ/	舌の奥の方を上あごにつけて鼻から「ング」と発音する。	long, ring, singer

Mr. Jones sings hip-hop in church.
/m/ /dʒ/ /ŋ/ /h/ /h/ /n/ /tʃ/

（ジョーンズさんは教会でヒップホップを歌う。）

/l/	舌先を前上の歯ぐきの裏につけて発音する。日本語のラ行に近い。	light, fly, little
/r/	「ウ」の口の形を作って，舌先を口の中のどこにもつけずに「ル」と発音する。	right, rain, true
/j/	日本語のヤ行の「イ」のイメージ。	you, yes, yard
/w/	くちびるを丸くすぼめて「ウ」と発音。	warm, watch, with

The yellow lion is resting in the woods.
/j/ /l/ /r/ /w/

（その黄色いライオンは森で休んでいる。）

Quiz 2 〈区別が難しい音〉それぞれ似た音の単語のセットが読まれたあとに，もう1度どちらかが読まれます。最後に読まれた方に○をつけよう。

（答えは16ページ下）

1. berry [béri] / very [véri]
　　ベリー　　　とても

2. trouble [trʌb(ə)l] / travel [trǽv(ə)l]
　　苦労　　　　　旅行する

3. light [laɪt] / right [raɪt]
　　明るい　　正しい

4. thick [θɪk] / sick [sɪk]
　　厚い　　病気の

5. sea [siː] / she [ʃiː]
　　海　　彼女は

6. ear [ɪər] / year [jɪər]
　　耳　　　年

015

本書で使用している主な記号

●KEY **KEY MEANING (キー・ミーニング：鍵となる意味)**
さまざまな意味を持つ単語の「中心的な意味」を表します (STAGE 0のみ)。

発音 **発音注意**
発音に注意したい語。発音記号を赤で表示しているので，赤シートで消して
チェックすることができます。

アク **アクセント注意**
アクセントに注意したい語。アクセント記号を赤で表示しているので，赤シー
トで消してチェックすることができます。

[ ] **置き換え可能**
《例》 go[come] back「帰る[帰ってくる]」

( ) **省略可能**
《例》 hear (that) it snowed「雪が降ったことを聞く」

活 **活用**
[原形 - 過去形 - 過去分詞形] の順に動詞の活用を示します。活用形を赤シート
でチェックすることができます。

⇨ **派生語**

同 **同意語**

類 **類義語**

反 **反意語**

関 **関連語**

成 **成句**

複 **複数形**

短 **短縮形**

似 **似ている語**

〈米〉 主にアメリカで使用されることを示します。

〈英〉 主にイギリスで使用されることを示します。

---

p.13・15 **Quiz** の答え

Quiz 1 1. hall 2. boat 3. lock 4. hut 5. collar 6. run 7. cat 8. work 9. seat 10. row
Quiz 2 1. very 2. trouble 3. light 4. thick 5. she 6. year

STAGE

0

[Active]

STAGE 0では，表現活動を行う上で土台となる，最も重要な英単語・熟語を集めています。ここに収載した語は中学校で学習するような基本的な語ばかりですが，これらの語はhave＝「持つ」のように覚えていてもあまり自己表現の役には立ちません。1つの単語が複数の意味や用法を持つため，それらをしっかりと身につけることが必要です。

前置詞・副詞

　ここではまず，表現する際に重要となる前置詞と副詞を学習しよう。それぞれの前置詞や副詞にはいろいろな意味があり，一見するとわかりにくいかもしれない。だが実はそれらは KEY MEANING (= 中心的な意味) によって根本ではつながっている。まず「KEY」を読んで中心となる意味を確認しよう。

---

1 □ at
[ət / æt]

● KEY ▶ **場所や時のある1点で**

前 ①〈場所の1点〉…で，…に	**at** the station 駅<u>で</u>
前 ②〈時の1点〉…に	**at** seven thirty 7時30分<u>に</u>
前 ③〈目標・対象〉…に向けて，…を見て・聞いて	laugh **at** his jokes 彼の冗談<u>を聞いて</u>笑う

引き出し
□ look at A 「Aを見る」(→67)
□ smile at A 「Aにほほえみかける」
□ be surprised at A 「Aに驚く」(→455)

A1

---

2 □ in
[ɪn]

● KEY ▶ **空間や時のある範囲内に**

前 ①〈場所〉…の中に	live **in** Hokkaido 北海道<u>に</u>住む
前 ②〈時〉…のうちに	**in** July 7月<u>に</u>

💡 I'll be back in ten minutes.「10分後に戻ります。」のように，「…後に」と訳せる用法があるが，これは「…を超えない範囲内で」という意味を表すと考えるとよい。

前 ③〈手段・方法〉…で	answer **in** English 英語<u>で</u>答える

A1

また前置詞は，単独で用いられるだけでなく，look at のように基本動詞と結びついて１つの動詞のように機能することもある。だから前置詞を正しく把握しておけば，そうした【動詞＋前置詞】表現のマスターにも役立つ。

場所や時における１つの点を表すのが基本の意味。③「〈目標・対象〉…に向けて」のように感情などを向ける対象を１つの点のようにとらえる用法もある。

I saw Kenta **at** the station.	私は駅で健太を見かけた。
The movie starts **at** seven thirty.	その映画は7時30分に始まる。
We laughed **at** his jokes.	私たちは彼の冗談を聞いて笑った。

at が１点を表すのに対し in は空間や幅のある時間の中のどこかにあること（範囲内）を意味する。この「…の範囲内で」という基本の意味から③〈手段・方法〉の範囲も表す。

I live **in** Hokkaido.	私は北海道に住んでいる。
My birthday is **in** July.	私の誕生日は7月にあります。
Answer the question **in** English.	質問には英語で答えてください。

3 into

[íntə/íntuː]

KEY 何かの中 [状態] へ

前 ①〈場所〉（外から）…の中へ ⊗ **out of** A (→4③)	go **into** the house 家の中へ入る
前 ②〈変化〉…に（変化して）	change dollars **into** yen ドルを円に替える

A1

4 out

[aʊt]

KEY ある範囲の外へ

副 ①【be out】（人が）外にいて, 外出中で	be **out** 外出中である
副 ②【動+out】 （…を）外へ～する	go **out** 外へ出る

引き出し
□ get out「外へ出る」(→43)
□ come out「出てくる」
□ take out A「Aを取り出す」(→63)

副 ③【out of A】Aの外に, A (の中) から外へ　⊗ **into** (→3①)	come **out of** the tunnel トンネルから出る

引き出し
□ be out of the office「職場を出て, 外出中で」

A1

5 on

[ɑ(ː)n/ɔːn]

KEY 何か (の上) に接して

前 ①〈接触〉…の上に, …にくっついて	**on** the table テーブルの上に

引き出し
□ a poster on the ceiling「天井に貼られたポスター」
□ on page 35「35ページに」
□ on Oxford Street「オックスフォード通りで」

前 ②〈特定の時〉…に	**on** Friday 金曜日に
前 ③〈手段〉…で, …に乗って	talk **on** the phone 電話で話す

引き出し
□ on TV[the radio/the Internet]
「テレビ [ラジオ／インターネット] で」

A1

in (中) +to (…へ) で「中へ」。人や物が，ある対象の中へと入っていく動きを意味する。「何らかの状態（の中）への移動」から「変化」の意味にもなる。

| The girl <u>went</u> **into** <u>the house</u>. | その少女は<u>家**の中へ**入った。</u> |

| Please <u>change</u> these <u>dollars</u> **into** <u>yen</u>. | これらの<u>ドルを円に</u>替えてください。 |

人や物がある範囲の外にあること（状態），また中から外へと動くこと（動作）を意味する。

| May I speak to Kate?
— <u>She is</u> **out** at the moment. | （電話で）ケイトをお願いします。
一彼女は今**外出中**です。 |

| Please lock the door when you <u>go</u> **out**. | **外へ**出るときはドアに鍵をかけてください。 |

out は副①「外にいる（状態）」と副②「外へ出る（動き）」を表す。副①では普通 be 動詞を，副②では動作を表す動詞（左ページ）を使う。

| The train <u>came</u> **out of** <u>the tunnel</u>. | 電車は<u>トンネル**から**出た。</u> |

out of ... も，〈状態〉〈動作〉の両方の意味で用いられる。

原則として何かに接している状態を意味するが，一般的には上に乗った状態を表すことが多い。②の〈特定の時〉も「ある時間上に（接して）」と考えればよい。

| Put it **on** <u>the table</u>, please. | それを<u>テーブル**の上に**</u>置いてください。 |

① 〈接触〉の意味では a poster on the ceiling のように，必ずしも「上」でない場合もある。on page 35 や, on Oxford Street のような〈特定の場所〉を表す用法があるが，これも同様に「…の上に接して」と考えればよい。

| The English exam is **on** <u>Friday</u>. | 英語の試験は<u>金曜日に</u>あります。 |

| I often <u>talk</u> **on** <u>the phone</u> with my friends. | 私はよく<u>友達と電話で</u>話します。 |

左のような，「（メディア）で」の用法も〈手段〉の一例。

021

6 □ for
[fər / fɔːr]

● KEY 対象に向かって

| 前 ①〈方向〉…に向かって | the train **for** Aomori 青森行きの電車 |

| 前 ②〈目的・利益〉…のために | a present **for** you あなたへのプレゼント |

引き出し □ That's all for today. 「(教室で) 今日はここまでとします。」

| 前 ③〈期間〉…の間 | **for** three months 3カ月間 |

A1

7 □ to
[tə / tuː]

● KEY 対象に到達して

| 前 〈方向＋到達点〉…に，…まで | walk **to** school 学校まで歩く |

引き出し □ get to A 「Aに着く」（→40）
　　　　 □ answer to a question 「質問の答え」

A1

8 □ from
[frəm / frʌm]

● KEY 動きや範囲の起点から

| 前 ①〈場所・時の起点〉…から | 40 kilometers **from** Kyoto 京都から40キロメートル |

| 前 ②〈出身地〉…の出身で | be **from** China 中国の出身である |

💡 from「…から」(起点) ＋to「…まで」(到達点) で，「(場所・時の) 範囲」の
意味になる。

A1

向かう先が「場所」なら①「…に向かって」,「目的」や「利益の対象」なら②「…のために」,「時間の流れ」なら③「…の間」となる。対象に到達したかどうかは示さない点が to (→7) との違い。

| Is this <u>the train</u> **for** <u>Aomori</u>? | これは<u>青森行きの電車</u>ですか。 |

| This is <u>a present</u> **for** <u>you</u>. | これは<u>あなたへのプレゼント</u>です。 |

That's all for today. の for today は「今日のためには」→「今日のところは」と考えればよい。

| I <u>worked</u> in Italy **for** <u>three months</u> last year. | 私は去年イタリアで<u>3カ月間</u>働きました。 |

for は単に「向かう」ことを意味し、到達したかどうかまでは含まないが、to は「到達する」ことまでを基本の意味に含む。

| I <u>walk</u> **to** <u>school</u> every day. | 私は毎日<u>学校まで</u>歩く。 |

人や物が移動する際や、時間や数の範囲を示す際などの起点(出発点)を意味する。

| Nara is about <u>40 kilometers</u> **from** <u>Kyoto</u>. | 奈良は<u>京都から</u>約40キロメートルです。 |

| My friend <u>is</u> **from** <u>China</u>. | 私の友達は<u>中国の出身</u>です。 |

☞ This department store is open **from** ten **to** seven.
「このデパートは10時から7時まで開いている。」

9 off

[ɔːf]

KEY 接している状態から離れて

B1	前 〈分離〉…から離れて	keep **off** the grass 芝生から離れている
A2	副 ①(機械の電源が) 落ちて，切れて 反 **on** (→5)	turn **off** the lights 照明を消す
	副 ②(仕事・学校などが) 休みで	be **off**※ 休みである

💡 ※ be off work[school]「仕事[学校]が休みである」とも言う。

| | 副 ③割り引いて | the shoes are 30% **off**
その靴は30%引きだ |

10 of

[əv/ʌv]

KEY …の一部分の

| | 前 ①〈部分〉…のうちの | half **of** the students
生徒の半分 |

引き出し □ one of my friends「私の友達の1人」

| | 前 ②〈所属・所有〉…の | the captain **of** the team
チームのキャプテン |
| A1 | 引き出し □ a friend of mine「私の友達の1人」【of+所有格】の形に注意。 |

11 with

[wəð/wɪθ]

反 **without**
…がなくて

KEY 人や物とともに

	前 ①〈同伴〉(人)と一緒に	go **with** my parents 両親と一緒に行く
	前 ②〈所有〉…をもった，…を身につけた	a girl **with** long hair 長い髪をした少女
A1	前 ③〈道具・手段〉…で，…を使って	eat **with** a spoon スプーンで食べる

「接している状態から離れる」という基本の意味から，圓①「(電源が) 切れて」や，圓②「休みで」の意味に広がる。

Please keep **off** the grass. ※ grass 芝生 (→1368)	芝生に**入らないで**ください。
Please turn **off** the lights when you leave the classroom.	教室を出るときは照明を**消して**ください。
He is **off** today.	今日彼は**休み**だ。
All the shoes are 30% **off** in this shop now.	この店では今すべての靴が30%**引き**です。

「何かの一部分である」ことが基本の意味で，そこから①〈部分〉，②〈所属・所有〉の意味が出てくる。

Half **of** the students are girls at our school.	私たちの学校では生徒**の半分**が女子です。
I am the captain **of** the school baseball team.	私は学校の野球チーム**のキャプテン**です。

「人」であれ「物」であれ「ともにある」ことが基本の意味。「物とともに」から③〈道具・手段〉の「(物) を使って」の意味にもなる。with に out がついた without はほぼ反対の意味。

I went to Hawaii **with** my parents.	私は両親**と一緒に**ハワイに行きました。
The girl **with** long hair is Yuka.	その長い髪**をした**少女はユカです。
In India, people do not eat curry **with** a spoon.	インドでは，人々はカレーを**スプーンで**食べません。

12 by

[baɪ]

● **KEY** > すぐそばにある

前 ①〈近接〉…のすぐそばに	**by** the sea 海のすぐそばに
前 ②〈動作主〉…によって	be painted **by** Monet モネによって描かれた
前 ③〈手段〉…によって	**by** listening to music 音楽を聞くことによって
前 ④〈期限〉…までには	**by** lunch time 昼食の時間までには

until (→410) との違いに注意。until が「その時までずっと」を表すのに対して by は「その時までには」の意味。 [A1]

13 away

[əwéi]

● **KEY** > 離れたところに

副 ①離れて，不在で	be **away** from here ここから離れている
副 ②【動+away】〜して離れる， (…を)〜して引き離す	**throw away** the cheese チーズを捨てる

引き出し □ go[walk/run/fly] away
「立ち去る [歩み去る，走り去る，飛び去る]」
□ take A away[away A] 「Aを取り去る，Aを連れていく」
[A1]

「すぐそばにある」という KEY から，②〈動作主〉「(人) によって」や③〈手段〉，さらに④〈期限〉(タイムリミットのそば) へと広がる。near (→547) よりも対象に近い状態を表す。

My house is **by** the sea.	私の家は海の**すぐそばに**あります。
This was painted **by** Monet.	これは<u>モネ**によって**</u>描かれた。
I can relax **by** listening to music.	私は音楽を聞くこと**によって**リラックスできます。
We will be back **by** lunch time.	私たちは<u>昼食の時間**までには**</u>戻ります。

ある対象から離れている状態や，対象から離れる動きを表す。「人が (家や職場から) 離れている」場合は「不在」であることを意味する。

The school is about 300 meters **away** from here.	学校は約300メートル<u>ここから**離れ**</u>ている。

💡「不在」の例としては，We were **away** last weekend. 「私たちは先週末出かけていました。」など。

Throw away that old cheese.	その古い<u>チーズ**を捨てて**</u>。

□ put A **away**[**away** A]　「A を片付ける」(→116)
　代名詞など短い語が目的語にくる場合，take[put] it away のように【動＋[代)名]＋away】の語順になる。

14 back
[bæk]

● KEY 後ろに（戻って）

| 副 ①戻って | be **back** 戻る |

引き出し □ go[come] back「帰る［帰ってくる］」
□ pay back「返済する」 □ call back「電話をかけ直す」

| 副 ②後ろへ | move **back** 後ろへ下がる |

A1

15 behind
[bɪháɪnd]

● KEY 何かの後ろに

| 前 ①〈位置〉…の裏に，…の後ろに ⊗ in front of A (→704) | **behind** the museum 美術館の裏に |

| 前 ②〈時間〉…に遅れて | **behind** schedule 予定より遅れて |

引き出し □ three hours behind Japan「日本よりも（時差が）3時間遅れで」
「(国)よりも（時差が）…時間遅れで」は，... hour(s) behind＋国
で表す。

A1

16 against
[əgénst]

● KEY 何かと対立して

| 前 ①…に反対して，…に対抗して | **against** war 戦争に反対して |

| 前 ②…に押し当てて，…にぶつかって | put A **against** B A を B に押し当てて置く |

💡 ①の意味では，against Italy「イタリアが相手で」のように，「試合の相手」を表すこともできる。

A2

もとは「背中」の意味で，そこから「後ろ（へ）」，さらに「（もとの場所へ）戻って」の意味が生じた。

I'll be **back** in a minute.	私はすぐに**戻ります**。

The police asked the fans to move **back**.	警察はファンに**後ろへ下がる**ように頼んだ。

同じ「後ろ」でも back とは違い，「何かの後ろに隠れて」のニュアンス。また，「（時間的に）後ろに」から「遅れ」も表す。

The hotel is **behind** the museum.	そのホテルは美術館**の裏に**ある。

The building work is six months **behind** schedule.	その建設工事は6カ月予定**より遅れて**いる。

人や物が，何かと対立関係にあるということが基本の意味。「何か」が壁のように動かないものであれば「押し当てて」のような意味になる。

We are **against** war.	私たちは戦争**に反対**だ。

I put my bed **against** the wall.	私は自分のベッドを壁**に押し当てて**置いた。

☞ Japan's next match is **against** Italy. 「日本の次の試合は**イタリアが相手**だ。」

17 about
[əbáut]

	● KEY	何かの周辺にある
前 〈話題〉…について，…に関する		a book **about** history 歴史についての本
副 〈時間・数値〉…くらい， およそ…　　　　　[A1]		at **about** 10 o'clock 10時ぐらいに

18 around
[əráund]

	● KEY	何かの周囲にある
前 ①〈場所〉…の周囲に		sit **around** the table テーブルの周りに座る
前 ②〈時間・数値〉…のあたりに， およそ…		**around** 10 o'clock 10時ぐらいに

[A1] ①の意味では，〈英〉では round を用いる。

19 across
[əkrɔ́:s]

	● KEY	場所を横切って
前 ①…を横切って		run **across** the road 道路を走って渡る
前 ②…の向こう側に		live **across** the road 道の向かい側に住む

前置詞 from (→8) と組み合わせた A is across from B「A は道を挟み B の向
[A2] かい側に」の形もある。

「(ばくぜんと) 何かの周辺にある」が基本の意味で, 「何か」が「話題」であれば「…について」の意味となり, 「何か」が「数字や時間」であれば, 「約…, およそ…」となる。

This is a book **about** Chinese history.	これは中国の歴史**についての**本です。

The concert finished at **about** 10 o'clock.	コンサートは10時**ぐらい**に終わった。

about と似ているが, 同じ「周り」でも「円を描くように」というニュアンスで, あるものの周りを囲んだ状態も表す。

We sat **around** the table.	私たちはテーブル**の周りに**座った。

We left the party **around** 10 o'clock.	私たちは10時**ぐらいに**パーティー (会場) を出ました。

(①の例文＝) We sat **round** the table.

日本語でも「クロスする」というが, その cross「十字」がもと。通りなどを横切って反対側に移動することや, 何かが自分から見て反対側にあることを意味する。

We ran **across** the road.	私たちは道路を走って**渡った**。

My grandparents live **across** the road.	祖父母は**道の向かい側に**住んでいる。

☞ The hotel **is across from** the park. 「ホテルは道を挟み公園の向かい側に**ある**。」

20 along
[əlɔ́ːŋ]

● KEY 何かに沿って

前 …に沿って | **along** the beach
海岸に沿って

💡 例文の There are many palm trees along the beach. は「…に沿ってある」の意味だが,「…に沿って移動する」と言う場合にも用いられる。
A2

21 through
[θruː]

● KEY 何かを通り抜けて

前 ①〈通過〉…を通り抜けて | drive **through** a tunnel
トンネルを車で抜ける

前 ②〈手段〉…を通じて,
…によって | **through** a website
ウェブサイトを通じて

前 ③〈時間〉…の間じゅう | **through** the winter
冬の間じゅう

💡 A through B「A から B まで」もある。
A1　ただし〈英〉では from A to B が好まれる。

22 between
[bɪtwíːn]

● KEY 2つの間にある

前【between A and B】
A と B の間に | **between** 10 **and** 11
10時から11時の間に

A1

23 among
[əmʌ́ŋ]

● KEY 3つ以上の中にある

前（3つ以上）の中に | **among** the trees
木々の中に

A2

長さを持った何か（通りや川など）に沿ってあることや，それに沿って移動することを意味する。

| There are many palm trees **along** the beach. | たくさんのヤシの木が海岸**に沿って**ある。 |

☞ **walk along** the street「通りに沿って歩く」

「何かの中を通り抜けること」から，②の〈手段〉，さらに③〈時間〉の「…の間じゅう」（=「最初から最後まで」）となる。

| We drove **through** a very long tunnel. | 私たちはとても長いトンネルを車で**抜けた**。 |

| I booked a hotel room **through** a website.
※ book …を予約する（→608） | 私は**ウェブサイトを通じて**ホテルを予約した。 |

| Bears sleep **through** the winter. | 熊は**冬の間じゅう**寝ている。 |

☞ The store is open **Monday through Friday**.「その店は月曜から金曜まで**開いている**。」
☞ The shop is open **from Monday to Friday**.（shop〈英〉= store〈米〉）（→8 **from**）

2人または2つ〈AとB〉の間にあることを意味する。3人（3つ）以上の場合は次の among を使うのが基本。

| I usually go to bed **between** 10 **and** 11. | 私はたいてい10時**から**11時**の間に**寝ます。 |

3人または3つ以上の中にあることを意味する。2人（2つ）の場合は between を使うのが基本。

| My house is **among** those trees. | 私の家は**あの木々の中に**ある。 |

24 up
[ʌp]

KEY 上へ向かって

A2 副 【動+up】(…を)上へ~する | **stand up** 立ち上がる

引き出し □ go up「上がる」　□ put up「(絵など)をかける・貼り出す」
□ turn up A「A(ラジオの音など)を大きくする」(→151)

A1 前 …を上がって | **walk up** the tower タワーを歩いて上る

25 down
[daʊn]

KEY 下へ向かって

A1 副 【動+down】(…を)下へ~する | **sit down** 座る

引き出し □ go down「下がる」　□ look down「見下ろす」
□ turn down A「A(ラジオの音など)を小さくする」(→151)

A2 前 …を下がって | **fall down** the stairs 階段から落ちる

26 over
[óʊvər]

KEY 何かの上を覆って

A1 前 ①…の(真)上に | fly **over** the Alps アルプス山脈の上を飛ぶ

前 ②〈時間〉…の間じゅう | **over** the weekend 週末ずっと

前 ③…の一面に, …じゅうに | **all over** the world 世界中で

前 ④〈数量〉…を超えて | **over** 200 years old 古さが200年を超えて

A2 副 終わる, 済む | vacation is **over** 休暇が終わって

STAGE 0

「上へ向かうこと」が基本の意味。「立ち上がる」のように物理的な「上」だけでなく，数量や程度などが上がることも表す。(⇔25 **down**)

| Please **stand up**. | **立って**ください。 |

目的語を取る場合，turn the TV up のように【動+代名+up】の語順になることもある。

| Can we **walk up** that tower? | あのタワー**を歩いて上る**ことはできますか。 |

下へ向かうこと」が基本の意味で，数量や程度などが下がることも表す。(⇔24 **up**)

| Please **sit down**. | **座って**ください。 |

目的語を取る場合，turn the TV down のように【動+代名+down】の語順になることもある。

| She **fell down** the stairs and broke her leg. | 彼女は階段**から落ちて**足を折った。 |

「覆うように（弧を描くように）上にある」が基本で，「覆う」から②〈時間〉の「…の間じゅう」と③の「…じゅうに」は理解できる。④〈数量〉は「上にある」→「…を超えて」と考えればよい。(⇔27 **under**)

| We flew **over** the Alps. | 私たちはアルプス山脈**の上**を飛んだ。 |

| It was raining **over** the weekend. | 週末は**ずっと**雨が降っていた。 |

| English is now used **all over** the world. | 英語は今**世界中で**使われている。 |

| This house is **over** 200 years old. | この家は築200年**を超えて**いる。 |

| The summer vacation will soon be **over**. | 夏休みはもうすぐ**終わる**。 |

035

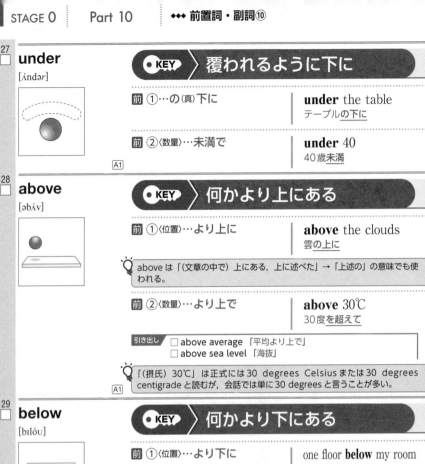

27 under
[ʌ́ndər]

● KEY 〉 覆われるように下に

前 ① …の(真)下に | **under** the table
テーブルの<u>下に</u>

前 ②〈数量〉…未満で | **under** 40
40歳<u>未満</u>

A1

28 above
[əbʌ́v]

● KEY 〉 何かより上にある

前 ①〈位置〉…より上に | **above** the clouds
雲の<u>上に</u>

🔆 above は「(文章の中で) 上にある，上に述べた」→「上述の」の意味でも使われる。

前 ②〈数量〉…より上で | **above** 30℃
30度を<u>超えて</u>

引き出し □ above average 「平均より上で」
□ above sea level 「海抜」

🔆 「(摂氏) 30℃」は正式には 30 degrees Celsius または 30 degrees centigrade と読むが，会話では単に 30 degrees と言うことが多い。
A1

29 below
[bɪlóʊ]

● KEY 〉 何かより下にある

前 ①〈位置〉…より下に | one floor **below** my room
私の部屋の1階<u>下</u>

🔆 below のあとを省略して使用することも多い。

前 ②〈数量〉…より下で | one year **below** me
私の1年<u>後輩</u>

A1

over の逆で「覆われるように下にある」が基本。②のように〈数量〉がある点よりも下であることも表す。(⇔26 **over**)

The cat is sleeping **under** the table.	そのネコはテーブル**の下で**寝ている。

I think her father is **under** 40.	彼女のお父さんは40歳**未満**だと思う。

「位置関係が何かよりも上にある」が基本の意味であり，必ずしも真上になくてもよい。数量や程度が「上」の意味にもなる（②）。(⇔29 **below**)

We are now flying **above** the clouds.	私たちは今雲**の上**を飛んでいる。

☞ as is written **above**「上述の通り」

It's usually **above** 30℃ in Rome in summer.	ローマでは，夏はたいてい30度**を超え**ます。

また，米国では主に Fahrenheit（華氏。略号：℉）を用いる。

「位置関係が何かよりも下にある」が基本の意味であり，必ずしも真下になくてもよい。数量や程度が「下」の意味にもなる（②）。(⇔28 **above**)

Your room is one floor **below** mine.	あなたの部屋は私の部屋の1階**下**です。

☞ Men's shoes are one floor **below**.「男性の靴は1階下です。」(above についても同様。)

She was one year **below** me at college.	彼女は大学で私の1年**後輩**だった。

表現の土台となる最重要基本動詞

　続いて，表現する際に土台となる基本動詞を学習しよう。自己表現をするためには多くの動詞を覚える必要があると思いがちだが，実際にはここにある基本動詞だけで大体のことは表現できる。

30 be
[bi / biː]

● KEY （場所・時・状態に）ある

動 ①(場所・時に)ある，いる	**be** in Paris パリに<u>いる</u>
動 ②(…の状態・性質)である　[A1]	the flower **is** beautiful その花はきれい<u>だ</u>

31 be *doing*

【進行形】〜している	**be reading** a book 本を<u>読んでいる</u>

32 be *done*

【受動態】〜される	my bicycle **was stolen** 私の自転車が<u>盗まれた</u>

💡 be の形を原形と呼び，主語や時制によりさまざまな形に変化する。

主語	現在	過去	現在分詞	過去分詞
I	am	was		
we, you, they, 複数名詞	are	were	being	been
he, she, it, 単数名詞	is	was		

33 do
[duʊ / duː]
③ do-did-done

● KEY 人が何かをする

動 …をする　[A1]	**do** my homework 宿題<u>をする</u>

34 do *one's* best

ベストを尽くす，精一杯頑張る	**do my best** in the test テストで<u>ベストを尽くす</u>

35 do+ S + V (原形) /don't+ V (原形)

助 ①【疑問文】〜しますか	**Do you eat** rice? あなたは米を<u>食べますか</u>。
助 ②【否定文】〜しません	**don't drink** coffee コーヒーは<u>飲みません</u>

💡 主語が3人称単数の場合，疑問文の do は does に，否定文の don't は doesn't を用いる。

STAGE 0

肝心なことは，これらの動詞の多彩な用法を，しっかりマスターしておくことである。ここでも KEY MEANING が理解の助けになるだろう。

何かがどこかにあるということ（存在）を意味する。「どこかの場所」に「ある」だけでなく，「時の流れのどこか」や「何らかの状態」に「ある」ことも意味する。

She **is** in Paris now.	彼女は今パリに**いる**。
These red flowers **are** very beautiful.	これらの赤い花はとてもきれいだ。
He **is reading** a book now.	彼は今本を**読んでいる**。
My bicycle **was stolen** last week, but I found it today.	先週私の自転車が**盗まれた**が，今日それを見つけた。

「人が何かをする」が基本の意味だが，助動詞としても用いられる。助動詞としては，疑問文や否定文を作る際に用いられる。

I'll **do** my homework later.	私はあとで宿題を**します**。
I **did my best** in yesterday's test.	私は昨日のテストで**ベストを尽くした**。
Do you eat rice every day?	あなたは毎日米を**食べますか**。
I **don't drink** coffee in the evening.	私は晩に**コーヒーは飲みません**。

039

---

36 □

have
[həv/hæv]

㊉ have-had-had

動 ① …を持っている, …がある	**have** a watch 腕時計を持っている

引き出し
□ have classes 「授業がある」
□ have a problem 「問題がある」
□ have time 「時間がある」
□ have a dream 「夢を持っている」
time や dream のように, 目に見えない抽象的なものを「持っている」場合にも have を使う。

動 ② …を食べる	**have** breakfast 朝食を食べる

A1

---

37 □

have to *do*

過去 had to *do*

〈義務〉〜しなければならない	**have to eat** vegetables 野菜を食べなければならない

💡【have to *do* と must】 have to *do* は must (→189) とほぼ同じ意味だが, must には過去形がないため, 「〜しなければならなかった」と過去のことについて言う場合は had to *do* を用いる。

A1

---

38 □

have *done*

助 ①〈完了・結果〉〜してしまった	**have** already **had** lunch すでに昼食を食べた
助 ②〈経験〉〜したことがある	**have been** to Canada カナダに行ったことがある
助 ③〈継続〉ずっと〜している	**have known** him for ... …の間彼のことを知っている

STAGE 0

人が手に何かを持っている状態を意味する。経験や時間など，手に持つことができない抽象的なものなどを「持っている」場合にも用いられる。また助動詞として，完了形の文で用いられる。

| My father **has** a very expensive <u>watch</u>. | 父はとても高価な腕時計**を持っている**。 |

| Did you **have** <u>breakfast</u> this morning? | あなたは今朝，朝食**を食べ**ましたか。 |

| You **have to eat** more <u>vegetables</u>. | あなたはもっと野菜**を食べなければならない**。 |

| We **have** already **had** <u>lunch</u>. | 私たちはすでに昼食**を食べた**。 |

💡「すでに〜しましたか」と聞くときは Have you had lunch **yet**? 「もう昼食はお済みですか。」とする。

| **Have** you ever **been** <u>to</u> Canada? | あなたは今までにカナダに**行ったことがありますか**。 |

| I **have known** him <u>for</u> many years. | 私は何年もの間彼のこと**を知っている**。 |

💡 have known him for ... の for の代わりに since を使えば「…以来知っている」の意味になる。
☞ I have known him **since I was little**. 「彼を小さいときから知っている。」

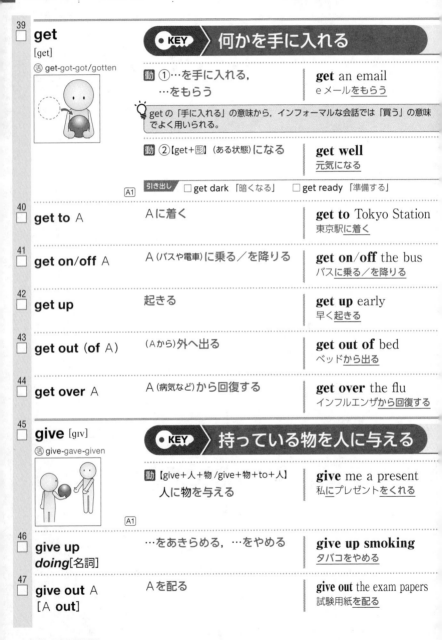

39 get [get]
③ get-got-got/gotten

● KEY 〉 何かを手に入れる

| 動 ①…を手に入れる，…をもらう | **get** an email
eメールを<u>もらう</u> |

💡 get の「手に入れる」の意味から，インフォーマルな会話では「買う」の意味でよく用いられる。

| 動 ②【get+形】(ある状態)になる | **get well**
元気に<u>なる</u> |

A1　引き出し　□ get dark「暗くなる」　□ get ready「準備する」

40 get to A
| Aに着く | **get to** Tokyo Station
東京駅に<u>着く</u> |

41 get on/off A
| A(バスや電車)に乗る／を降りる | **get on/off** the bus
バスに<u>乗る</u>／を<u>降りる</u> |

42 get up
| 起きる | **get up** early
早く<u>起きる</u> |

43 get out (of A)
| (Aから)外へ出る | **get out of** bed
ベッドから<u>出る</u> |

44 get over A
| A(病気など)から回復する | **get over** the flu
インフルエンザ<u>から回復する</u> |

45 give [gɪv]
③ give-gave-given

● KEY 〉 持っている物を人に与える

| 動 【give+人+物/give+物+to+人】
人に物を与える | **give** me a present
私に<u>プレゼント</u>を<u>くれる</u> |

A1

46 give up *doing*[名詞]
| …をあきらめる，…をやめる | **give up smoking**
タバコを<u>やめる</u> |

47 give out A [A out]
| Aを配る | **give out** the exam papers
試験用紙を<u>配る</u> |

「何かを手に入れる」が基本の意味だが，「ある状態を手に入れる（→ある状態になる）」の意味もある。用途の幅が広い動詞。

I **got** 50 emails today.	私は今日50通の e メールをもらった。

☞ Please **get** some milk on your way home. 「帰りにミルクを買ってきて。」

I hope you will **get well** soon.	あなたがすぐに元気になることを願っています。

□ get angry「怒る」

How do I **get to** Tokyo Station?	どうやったら東京駅に着けますか。
Let's **get on/off** the bus at the station.	駅でバスに乗り／を降りましょう。
I **got up** very early this morning.	私は今朝とても早く起きた。
You must **get out of** bed now. You'll be late for school.	もうベッドから出なさい。学校に遅刻するよ。
He **got over** the flu.	彼はインフルエンザから回復した。

「持っている物を相手に与える」が基本の意味だが，「物」だけでなく，advice や chance のような抽象的なものを「与える」場合にも用いられる。

My uncle **gives** me a present every year.	私のおじは毎年私にプレゼントをくれる。
My father **gave up smoking** last year.	私の父は去年タバコをやめた。
I will now **give out** the exam papers.	さあ，試験用紙を配ります。

48 make

[meɪk]

画 make-made-made

> **● KEY** 手を加えて何かを作り出す

動 ①【make A (for B)】
(Bのために) Aを作る

make a paper crane
折り鶴を作る

引き出し
- □ make an effort 「努力する」(→977)
- □ make a mistake 「間違える」(→462)
- □ make a decision 「決める，決心する」(→461)
  このように抽象的なものを「作り出す」場合もある。

動 ②【make＋人＋物】
人に物を作ってやる

make her a cake
彼女にケーキを作ってあげる

A1

49 make ○ C※

※ ○：目的語
　 C：補語

○ を C にする

make me sad
私を悲しくさせる

💡「補語」とは，主語や目的語を説明する語のこと。make me sad の場合は，目的語 (me) を補語 (sad) が説明している。補語がなければ文は成り立たない。

50 be made from A

A(原料)から(別の物が)作られる

be made from milk
ミルクから作られる

51 be made of A

A(材料)でできている

be made of wood
木でできている

💡【be made from A と be made of A】 一般的に素材がすっかり変化して見た目ではわからない場合は be made from A を，素材が見た目でわかる場合は be made of A を用いる。

「手を加えて何かを作り出す」が基本の意味だが，物理的なものだけでなく，抽象的なものを「作り出す」場合にも用いられる。「(手を加えることで)何かをある状態にする」(make ○ C)という意味にもなる。

We **made** 1,000 paper cranes for our school trip to Hiroshima.

私たちは広島への修学旅行のために1,000羽の折り鶴**を作った**。

I **made** my sister a cake yesterday.

私は昨日妹にケーキを作ってあげた。

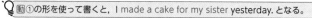

動①の形を使って書くと，I made a cake for my sister yesterday. となる。

The news **made** me sad.

その知らせは私を悲しくさせた。

Cheese **is made from** milk.

チーズは**ミルクから作られる**。

This chair **is made of** wood.

この椅子は**木でできている**。

52 go
[gou]

活 go-went-gone

KEY	今いるところから離れた場所へ移動する

| 動 ①(離れたところへ)移動する | **go** to Hokkaido 北海道へ行く |
| 動 ②【go C】(悪い状態)になる | a computer **goes wrong** コンピューターが故障する |

A1 | 引き出し □ go bad「腐る」 □ go blind「目が見えなくなる」

53 be going to do
~するつもりだ，~する予定だ | **be going to study** Chinese 中国語を勉強するつもりだ

54 go out
外へ出る，外出する | **go out** with *one's* friends 友達と外出する

55 go doing
~しに行く | **go shopping** 買い物に行く

引き出し □ go swimming「泳ぎに行く」 □ go fishing「釣りに行く」

56 go on doing
~し続ける
同 continue to do[doing] (→664) | **go on talking** 話し続ける

57 come
[kʌm]

活 come-came-come

KEY	自分や相手のところへ移動する

| 動 ① 来る，(相手のいる場所へ)行く | I'm **coming**. (相手のほうへ) 行きます。 |
| 動 ②【come C】…になる | **come true** 実現する |

A1

58 come from A
A出身の | **come from** Boston ボストンの出身である

59 come back (to/from) A
(Aへ/から)戻る | **come back from** Rome ローマから戻る

60 come into A
Aの中に入る | **come into** the classroom 教室に入ってくる

今いるところ，あるいは話題の中心となっている場所から「離れていく」ことを意味する。

STAGE 0

I **went** to Hokkaido with my family last summer.	去年の夏私は家族と北海道へ**行った**。
My computer often **goes wrong**.	よく私のコンピューターは**故障する**。
I **am going to study** Chinese at university.	大学では中国語を**勉強するつもりだ**。
I often **go out** with my friends on Saturdays.	私はよく土曜日に友達と**外出する**。
I **went shopping** and bought a bag.	私は**買い物に行って**かばんを買った。
After the teacher entered the classroom, the students **went on talking**.	先生が教室に入ったあとも，生徒たちは**話し続けた**。

自分のいるところ，あるいは話題の中心へと「近づいていく」ことを意味する。会話で，自分が相手のほうへ「行く」と言う場合は，英語では go ではなく come を用いる点に注意。

Dinner is ready. — I'm **coming** soon.	夕食の準備ができました。 —すぐに**行きます**。
I hope my dream will **come true**.	私は自分の夢が**実現して**ほしい。
She **comes from** Boston in the US.	彼女はアメリカのボストン**の出身である**。
When will he **come back from** Rome?	彼はいつローマ**から戻り**ますか。
When the teacher **came into** the classroom, we stopped talking.	先生が教室**に入ってきた**とき，私たちは話すのをやめた。

047

61 take
[teɪk]
活 take-took-taken

	KEY 何かを自分のものにする

動 ①…を自分のものとする，…を取る	**take** a cookie クッキーを取る
動 ②【take A (to B)】Aを(Bへ)連れて[持って]いく	**take** me to the station 駅まで私を連れていく
動 ③…をする，…を行う	**take** a shower シャワーを浴びる

引き出し □ take a walk「散歩する」 □ take a rest「休憩する」

動 ④(時間・労力など)が必要である	it **takes** an hour 1時間かかる
動 ⑤(授業・試験)を受ける	**take** a test テストを受ける

引き出し □ take a class「授業を受ける」
□ take a course「講座を取る」

動 ⑥(乗り物)に乗る [A1]	**take** a train 電車に乗る

62 take off A
[A **off**]

Aを脱ぐ 反 put A on[on A] (→117)	**take off** one's shoes 靴を脱ぐ

63 take out A
[A **out**]

①Aを取り出す ②〈米〉A(飲食物)を店から持ち帰る	**take out** one's textbook 教科書を取り出す

64 bring
[brɪŋ]
活 bring-brought-brought

	KEY 何かを自分や相手のところに移動させる

動 ①【bring A (to B)】Aを(Bに)連れて[持って]くる 反 take (→61)	**bring** my sister 妹を連れてくる
動 ②【bring+人+物】人に物を持ってくる [A1]	**bring** me my drink 私に飲み物を持ってくる

65 bring up A
[A **up**]

Aを育てる	be **brought up** 育てられる

STAGE 0

何かを自分の中に取り込むということを意味し，取り込む対象に応じてさまざまな日本語があてられる。②の「連れていく・持っていく」は取り込んだ状態でどこかへ行く(go)と考えればよい。

I **took** the last cookie from the plate.	私はお皿から最後のクッキーを取った。
Please **take** me to the station.	駅まで私を**連れていって**ください。
I **take** a shower every morning.	私は毎朝シャワーを**浴びる**。

□ take a trip「旅行する」　　□ take a photo「写真を撮る」

It **takes** an hour from Tokyo to Karuizawa.	東京から軽井沢まで1時間**かかる**。
I must **take** an English test tomorrow.	私は明日英語のテストを**受け**なければならない。
I always **take** the 7:30 train to go to school.	私は学校に行くのにいつも7時30分の電車に**乗る**。
Please **take off** your shoes here.	ここでは靴を**脱いで**ください。
Take out your textbook and open it to page 28.	教科書を**取り出して**，28ページを開いてください。

take が「何かを持って go」だとすれば，bring は「何かを持って come」である。一般に「持ってくる」と訳される場合が多いが，相手のところに出向く場合などは「持って[連れて]いく」と訳すこともある。

Can I **bring** my sister to the party?	パーティーに妹を**連れていって**もいいですか？
The waiter **brought** me my drink.	ウェイターは私に飲み物を**持ってきた**。
She was **brought up** in India.	彼女はインドで**育てられた**。

049

66 see
[si:]

変 see-saw-seen

KEY 何かが目に入る

| 動 ①…が目に入る・見える | **see** the sea 海が見える |
| 動 ②(人)を見かける，(人)に会う | **see** Ken ケンを見かける |

💡「初めて会う，予定して会う」の意味の【meet+人】と異なり，「(偶然に) 人

| 動 ③…がわかる，…を理解する | **see** the point 言いたいことがわかる |

A1 💡「…がわかる」の意味で，I see.「わかります。」だけで用いることもできる。

67 look
[luk]

KEY ある方向に目を向ける

| 動 ①【look at A】A を見る | **look at** the photo 写真を見る |
| 動 ②【look C】…に見える A1 | **look young** 若く見える |

68 look like A
Aのように見える，
Aに似ている

look like *one's* mother
母親に似ている

69 look for A
Aを探す

look for my textbook
自分の教科書を探す

70 look up A
[A **up**]
A (未知の単語など)を調べる

look up a word
単語を調べる

71 look forward to *doing*[名詞]
〜するのを楽しみにする

look forward to seeing
会うのを楽しみにする

72 look after A
Aの世話をする

look after a cat
ネコの世話をする

何かを見ようと努力せずとも，自然に目に入ることを意味する。それが人であれば，偶然見かけること（出会うこと）を表し，誰かの考えであれば「（見えてくる→）わかる」となる。

We can **see** the sea from here.	ここから海が**見える**。
I **saw** Ken in the library today.	私は今日図書館で**ケンを見かけた**。

を見かける」の意味だが，見かけたあとお互いに話すことを意味することもある（「会う」の意）。

I can **see** your point, but I don't agree with you.　※ point 言い分，論点（→1307）	私はあなたの言いたいこと**はわかる**が，同意はしない。

何かを見ようと目をそちらに向けることを意味する。at（→1）とともに用いる①の【look at …】が基本。

Look at the photo of a boy on the next page.	次のページにある少年の**写真を見てください**。
Your father **looks** very **young**.	あなたのお父さんはとても**若く見える**。
Kathy **looks like** her mother.	キャシーは**母親に似ている**。
I'm **looking for** my English textbook.	私は英語の**教科書を探している**。
Look up this word in your dictionary.	辞書で**この単語を調べなさい**。
I'm **looking forward to seeing** you again.	またあなたに**会えるのを楽しみにして**います。
Please **look after** my cat this weekend.	今週末，**私のネコの世話をして**ください。

73 watch
[wɑ(ː)tʃ]

 **KEY** 何かをじっと見守る

動 …を注意して見る，
…を観察する

watch TV
テレビを見る

引き出し □ Watch your step! 「足元に気をつけて！」
□ Watch out! 「危ない！」

A1

74 hear
[hɪər]

㊟ hear-heard-heard

KEY 何かが聞こえてくる

動 ① …が聞こえる，…を聞く

hear a voice
声が聞こえる

動 ②【hear (that) S+V】S が～す
ることを聞く・耳にする

hear (that) it snowed
雪が降ったことを聞く

A1

75 hear about A

A について聞く

hear about the accident
その事故について聞く

76 hear of A

A のことを耳にする

hear of York
ヨークのことを耳にする

💡 「何かの存在を聞いて初めて知る」というニュアンス。現在完了形で用いる
ことが多い。

77 hear from+人

人から(電話・メールなどの)便りが
ある

hear from her
彼女から便りがある

78 listen
[lís(ə)n]

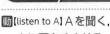 **KEY** 何かを注意して聞く

動【listen to A】A を聞く，
A に耳をすませる

listen to the CD
CD を聞く

💡 listen to ... には〈人〉が続くこともある。

A1

変化を見逃さないよう，集中力をもって見守ること，積極的に何かを観察しようとすることを意味する。

I **watch** TV every evening.	私は毎晩テレビ**を見る**。

聞こうと集中せずとも自然に何かが聞こえてくる，またはニュースなどが耳に入ることを意味する。

I **heard** a voice behind me.	私の背後で声が**聞こえた**。
Did you **hear** (**that**) it snowed in Kyushu yesterday?	昨日九州で雪が降った**ことを聞きまし**たか。
Did you **hear about** the accident?	あなたはその事故**について聞きました**か。
Have you **heard of** York? ※ York イギリスの都市名	ヨーク**のことを耳にした**ことがありますか。
I **heard from** my grandmother yesterday.	昨日祖母**から便りがあった**。

何かを聞こうとすること。hear が自然に耳に入ることであるのに対して，listen は集中力を要する。前置詞 to (→7) が必要であることに注意。

Listen to the CD and answer the questions.	CD **を聞いて**質問に答えなさい。

☞ Listen to **me**. 「私の言うことを聞きなさい。」

053

79 say

[seɪ]

活 say-said-said
※ said の発音は [sed]
※ says の発音は [sez]
⇨ saying 名 ことわざ

● KEY 〉 **何かを人に言う**

動 ①【say ... (to+人)】
(人に)…と言う

my mother **says**, "…"
母は「…」と言う

動 ②【say (that) S+V】
S は〜すると言う

say (**that**) he is an actor
彼は俳優だと言う

動 ③(新聞・天気予報)によると…
である

the newspaper **says** ...
新聞によると…だ

💡 「この本には…と書いてある」と言いたい場合，It is written in this book
[A1] that ... のように書くこともできるが，これはフォーマルな表現なので，

80 tell

[tel]

活 tell-told-told

● KEY 〉 **人に何かを伝える**

動【tell(+人) A】(人に) A を伝える

tell me the time
私に時刻を教える

引き出し
□ tell (+人+) a lie 「(人に) うそを言う」(→1564)
□ tell (+人+) the truth 「(人に) 真実を話す」(→1565)
□ tell (+人+) a story 「(人に) 物語をする」
[A1]

81 tell+人+ (that) S + V

人に S は〜すると言う・伝える

tell her (**that**) I'll be late
私は遅れると彼女に伝える

82 tell+人+about A

人にAについて話す・伝える

tell me **about** his family
私に彼の家族について話す

83 tell+人+to do

人に〜するように言う

tell me **to clean** the room
私に部屋を掃除するように言う

84 tell A from B

AとBを区別する

tell diamond **from** glass
ダイヤモンドとガラスを区別する

💡 **tell** the difference between A and B「A と B の違いを見分ける」もよく
用いられる。

日本語の「言う」に近い。say のあとには，実際に言った言葉を置くことができる。人以外のものも主語にできる点に注意。

<u>My mother</u> always **says**, "Do your homework."	母はいつも「宿題をしなさい」**と言う**。
<u>He</u> **says** (**that**) <u>he</u> is <u>an actor</u>, but I don't believe him.	彼は自分は俳優だ**と言う**けど，私は彼を信じない。
<u>The newspaper</u> **says** (that) it will rain tomorrow.	新聞**によると**明日は雨が降る。

会話では **This book says ...**「この本には…と書いてある」や **It says here ...**「ここに…と書いてある」などの表現が好まれる。

人に何かを伝える，つまり「情報の伝達」に意味の重点が置かれる。不定詞を使った【tell＋人＋to *do*】の形に特徴がある。

Can you **tell** <u>me</u> <u>the time</u>, please?	私に時刻**を教えて**くれますか。
Please **tell** <u>her</u> (**that**) <u>I'</u>ll <u>be late</u> for school.	私は学校に遅れる**と**彼女**に伝えて**ください。
He often **tells** <u>me</u> **about** <u>his family</u>.	彼はよく<u>私に彼の家族</u>**について話す**。
My mother always **tells** <u>me</u> **to clean** <u>my room</u>.	母はいつも<u>私に部屋</u>**を掃除するように言う**。
Can you **tell** <u>diamond</u> **from** <u>glass</u>?	<u>ダイヤモンド</u>**と**<u>ガラス</u>**を区別**できますか。

85 speak
[spi:k]

活 speak-spoke-spoken

KEY 言葉を口から発する

動 ①言葉を発する，しゃべる
⇨ **speech** 图 演説，スピーチ

can't speak
話すことができない

動 ②【speak+言語】言語を話す

speak French
フランス語を話す

[A1]

86 speak to+人
人に話しかける，
(電話で)人と話す

speak to Tom
トムと話す

87 talk [tɔ:k]

KEY 何かについて人と話す

動【talk about A】Aについて話す
同 **discuss**(→870) ※フォーマル

talk about school
学校について話す

[A1]

88 talk to[with]+人
人と話す

talk to[with] a partner
パートナーと話す

89 talk to oneself
独り言を言う

my father **talks to himself**
父は独り言を言う

90 ask [æsk]

KEY 人に何かを求める

動【ask (+人) A】(人に) Aを尋ね
る・質問をする

ask a question
質問をする

[A1] ask a question は【ask+人+a question】としてもよい。

91 ask+人+to do
人に～するよう頼む

ask me **to cook**
私に料理を作るよう頼む

ask の代わりに tell(→80) を使うこともできるが，ask は「～するよう頼む」，

92 ask (+人) +for A
(人に) Aを頼む・求める

ask him **for** some water
彼に水を頼む

言葉を口から発する，またはある言語をしゃべることを意味し，必ずしも相手とのやり取りを必要としない。

| I have a bad cold and I <u>can't</u> **speak**. | ひどい風邪をひいていて，**話すことができない**。 |

| Can you **speak** French? | あなたは**フランス語が話せ**ますか。 |

相手に「～できるか？」と聞くのは少し失礼なので can を使わずに **Do** you speak French? 「フランス語を話しますか。」と聞くことも多い。特に多くの人が話す言葉では Do you ...? が好まれる。

| Can I **speak to** Tom, please? | (電話で) <u>トムをお願い</u>できますか。 |

人と一緒に何かについて話すということを意味し，人との会話のやり取りに焦点がある。

| I often **talk about** school with my friends. | 私はよく友達と<u>学校について話す</u>。 |

| **Talk to**[**with**] <u>your</u> <u>partner</u> about this story. | この物語についてあなたのパートナー**と話し**なさい。 |

| <u>My</u> father sometimes **talks to himself** while cooking. | 料理をしているとき，父は時々**独り言を言う**。 |

人に何かを求めるということを意味する。「情報」を求めるなら「尋ねる」，「行為」を求めるなら「～するよう頼む」となる。

| May I **ask a question**? | <u>質問をして</u>いいですか。 |

☞ May I **ask** you a question? 「あなたに質問をしていいですか。」

| My mother **asked** me **to cook** tonight. | 母は<u>私に今夜料理を作るよう頼んだ</u>。 |

tell だと「～するよう命じる」というニュアンスの違いがある。

| I **asked** the waiter **for** some water. | 私は<u>ウェイターに水を頼んだ</u>。 |

057

93 **find**[faɪnd]

活 find-found-found

⇨ **findings** 名 調査結果

A1

KEY 何かを見つける

動 ①…を見つける — **find** my textbook 自分の教科書を見つける

動 ②【find (that) S+V】Sは～するとわかる — **find (that)** A is B AはBだとわかる

94 **find** O C

OがCだとわかる・感じる — **find** the book easy その本が易しいとわかる

Oにitが入り，その内容をto不定詞で表すfind it+形+to *do*「～することは…だとわかる」の形もよく用いられる。

95 **find out (about** A)

(Aについて)調べる・調べて発見する — **find out about** Iceland アイスランドについて調べる

find out A about B「BについてAを見出す」の形もある。

96 **know** [noʊ]

活 know-knew-known

A1

KEY あらかじめ頭の中にある

動 ①…を知っている — **know** the answer 答えを知っている

【know about A】や【know of A】の形で用いられることもあるが，これらは「Aについて（見たり聞いたりして）知っている」のニュアンス。

動 ②【know (that) S+V】Sが～することを知っている — **know (that)** A is B AがBだと知っている

97 **know when**[疑問詞] +S+V

Sがいつ～するか知っている — **know when** it was built いつそれが建てられたか知っている

【know+疑問詞+S+V】の形ではwhenの他に，what，where，howなどさまざまな疑問詞をとることができる。また，who，what，whichのように，それ自体が主語になれる疑問詞の場合は，know who [what/which]+Vの形になることもある。

STAGE 0

「見つける」という基本の意味から，物を発見する，経験によって何かがわかる，という意味になる。

I can't **find** my textbook.	私は自分の教科書を見つけられない。
I **found** (**that**) the book was difficult.	私はその本は難しいとわかった。
I **found** the book easy.	私はその本は易しいとわかった。

☞ Some children **find it difficult to keep quiet**.
「静かにしていることが難しいと思う子どももいる。」

Find out about Iceland on the Internet.	インターネットでアイスランド**について調べなさい**。

☞ I **found out** some interesting facts **about** Iceland.
「私はアイスランドについていくつか面白い事実を見つけました。」

すでに何かを知っているということを意味する。学習することで何かを知ったときは find (→93)，learn (→218) などを用いる。

I don't **know** the answer to this question.	私はこの質問に対する答えを知りません。

☞ I know **about[of]** him. He is a famous actor.
「私は彼を（見たことがあって）知っている。彼は有名な俳優だ。」

I didn't **know** (**that**) he was married.	私は彼が結婚していると知りませんでした。
Do you **know when** our school was built?	私たちの学校がいつ建てられたのか知っていますか。

☞ I don't know what happened.
「私は何が起きたのか知らない。」

059

98 think
[θɪŋk]
活 think-thought-thought

[A1]

動 ①【think (that) S+V】S は〜すると思う ⇨ thought 名 考え

think (that) A is B
A は B だと思う

動 ②【think about A】A について考える

think about an idea
アイデアについて考える

99 think of A

①A を思いつく

think of a word
言葉を思いつく

②A（人）のことを思う・思い描く

think of her
彼女のことを思う

③【think of doing】〜しようかと考える

think of buying a car
車を買おうかと考える

100 think so /don't think so

そう思う／そう思わない

I think so
私はそう思う

101 feel
[fiːl]
活 feel-felt-felt

● KEY 直感的に何かを感じる

動【feel C】…だと感じる

feel sad
悲しい

[A1]

💡 相手の「気持ち」を聞くときは How do you feel? と聞く。一方，相手の「考え」を聞くときは What do you think? を用いる。

102 feel like doing

〜したい気がする

feel like going out
外出したい気分だ

● KEY 頭を使って何かを考える

「頭で何かを考えること」が基本の意味。また頭で考えた結果「何かを思いつく」という意味でも用いる。

I **think** (**that**) English is useful.	私は英語は役に立つ**と思う**。

What do you **think about** this idea?	あなたはこのアイデア**について**どのように**考え**ますか。

× How do you think about ...? とする誤りが多いので注意。

I can't **think of** the right words to say.	言うべき適切な言葉を**思いつく**ことができない。

I'm always **thinking of** her. Maybe I'm in love.	僕はいつも彼女**のことを思っている**よ。たぶん恋してるんだろう。

I'm **thinking of buying** a car this year.	私は今年**車を買おうかと考え**ている。

Was Mozart from Austria? — Yes, **I think so**.	モーツァルトはオーストリアの出身ですか。—はい，**そう思います**。

頭の中で考える think とは異なり，直感的に感じることを意味する。身体の感覚から感情・気持ちまで，幅広く用いられる。

I **felt sad** when I heard the news.	私はそのニュースを聞いたとき**悲しかった**。

I don't **feel like going out** today.	今日は**外出したい気分**ではない。

103 want
[wɑ(:)nt]

● KEY 〉 何か（物や行為）をほしがる

動 …がほしい　　|　**want** a bicycle
A1　　　　　　　　|　自転車がほしい

104 want to *do*

～したい　　|　**want to be** a chef
　　　　　　|　シェフに<u>なりたい</u>

105 want＋人＋to *do*

人に～してもらいたい　|　**want** you **to read**
　　　　　　　　　　　|　あなた<u>に読んでもらいたい</u>

💡 want＋人＋to *do* は命令的な響きがあるため目上の人に対しては使用しない。

106 try
[traɪ]

● KEY 〉 何かを試してみる

動 …を試してみる　　|　**try** this pen
　　　　　　　　　　|　このペン<u>を試してみる</u>

💡 日本語の「挑戦する」は challenge ではなく try を用いることが多い。
A2

107 try to *do*

～しようと試みる・努力する　|　**try to think**
　　　　　　　　　　　　　　|　考えようとする

108 try *doing*

(試しに)～してみる　|　**try jogging**
　　　　　　　　　　|　ジョギングをしてみる

109 try A on
[on A]

Aを試着する　|　**try** this coat **on**
　　　　　　　|　このコート<u>を試着する</u>

STAGE 0

自分が持っていないものをほしがるということを意味するが，何らかの「行為」を「ほしがる」，すなわち「～したい，～してもらいたい」の意味にもなる。

I **want** a new bicycle.	私は新しい自転車がほしい。
I **want to be** a chef in the future.	私は将来シェフになりたい。
For homework, I **want** you **to read** page 10.	宿題として，10ページをあなたに読んでもらいたい。

「試してみる」が基本の意味。不定詞と結びついた try to *do*「～しようと試みる」の形で用いられることが多い。

Try this pen if yours doesn't work.	あなたのが使えなかったら，このペンを試してみて。

☞ I want to **try** [× challenge] many things in the future.
「私は将来たくさんのことに挑戦したい。」

Please **try to think** in English.	英語で考えようとしてみてください。
To lose weight, my father **tried jogging** every day. ※lose weight やせる	やせるために，父は毎日ジョギングをしてみた。
Can I **try** this coat **on**, please?	このコートを試着してもいいですか。

110 stop
[stɑ(:)p]

KEY 物や行為を止める

動 ①…を止める，…を中断する | **stop** this work
この仕事を中断する

動 ②(…が)止まる | a car **stops**
車が止まる

A1

111 stop *doing*

〜するのをやめる | **stop smoking**
タバコをやめる

💡 stop に to *do* をつけると「〜するために立ち止まる，〜するために（している
ことを）やめる」の意味になり（＝不定詞の副詞的用法），stop to smoke
は「タバコを吸うために立ち止まる」の意となる。「タバコをやめる」の意味
で stop to smoke と言わないよう注意。

112 finish
[fínɪʃ]

KEY すでに始めたことを完了する

動 ①…を終える | **finish** this work
この仕事を終える

動 ②(…が)終わる | the movie **finishes**
映画が終わる

A1

113 finish *doing*

〜し終わる | **finish writing** a report
レポートを書き終える

💡 食事をしたかどうかわからない相手に「お昼を済ませましたか」と聞く場
合，Have you finished your lunch? とするのは誤り。Have you had
your lunch? と言うのが正しい。日本語の「済ませる」は始めていないこと
にも用いるが，finish はまだ始めていないことには用いないことに注意。

「物 (の動き)」を (途中で)「止める」(または「止まる」) ことに加え,「行為」を「止める」, すなわち「やめる」ことも意味する。

Let's **stop** this work and go home.	この仕事を**中断して**家に帰ろう。
The car **stopped** because a cat jumped out.	ネコが飛び出してきたのでその車は**止まった**。
My father **stopped smoking** last month.	私の父は先月**タバコをやめた**。

☞ They **stopped to have lunch**.「彼らは昼食のために (していることを) 中断した。」

stop (→110) が「(途中で) 止める・中断する」の意味であるのに対して, finish は「すでに始めたことを (最後までやって) 終了する」の意味。

Let's **finish** this work by the weekend.	週末までには**この仕事を終わらせ**よう。
The movie **finished** at five.	映画は5時に**終わった**。
Have you **finished writing** your biology report?	生物のレポート**を書き終え**ましたか。

114 put [put]

例 put-put-put

A1

| 動 (物)を(ある場所に)置く | **put** a key
鍵を置く |

● KEY > 何かを動かしてどこかに位置させる

115 put A up/down [up/down A]

| Aを上げる／下ろす | **put** one's hand **up/down**
手を上げる／下ろす |

116 put A away [away A]

| Aを片付ける | **put** one's textbooks **away**
教科書を片付ける |

117 put A on [on A]

| Aを身に付ける | **put** a coat **on**
コートを着る |

118 put A into B

| AをBへと訳す | **put** this **into** Japanese
これを日本語に訳す |

💡 文字通りに「AをBの中に入れる」という意味になることもある (= put A in B)。

119 keep [ki:p]

例 keep-kept-kept

A1

● KEY > 一定期間保つ

| 動 ①…を持ち続ける，
…を自分のものにする | **keep** money
お金を自分のものにする |
| 動 ②【keep C】…の状態でいる | **keep** quiet
静かにしている |

120 keep O C

| O を C の状態にしておく | **keep** a room clean
部屋をきれいにしておく |

121 keep (on) doing

| ～し続ける | **keep** (on) raining
雨が降り続ける |

何かを手で持ち上げて，それをどこかに「置く」という意味が基本だが，状況に応じて「身に付ける，着る」「入れる」など，さまざまな意味に広がる。

Where did I **put** my bicycle key?	私はどこに自転車の鍵を置いたのだろう。
Please **put** your hand **up/down**.	手を上げて／下ろしてください。
Put your textbooks **away**, and we will have a test.	教科書を片付けてください，テストをします。
It's very cold today. **Put** a coat **on**.	今日はすごく寒い。コートを着なさい。
Put the next two sentences **into** Japanese. ※ sentence 文 (→1089)	次の2つの英文を日本語に訳しなさい。

「一定期間保つ」が基本の意味。「保つ」ものが「物」であれば「…を持ち続ける」，「状態」を「保つ」ならば「…の状態でいる」となる。

You shouldn't **keep** money you find on the street.	道で見つけたお金を自分のものにするべきではない。
Please **keep** quiet in the library.	図書館の中では静かにしていてください。
You should **keep** your room clean.	部屋をきれいにしておかなければなりません。
It **kept** (**on**) raining for three days.	3日間雨が降り続けた。

122 pass
[pæs]

KEY 人や時間が通り過ぎる

動 ①…を過ぎる	the train **passes** Atami 電車は熱海を過ぎる
動 ②(時間が)過ぎる	time **passes** 時間が過ぎる
動 ③…に合格する [A2]	**pass** the exam 試験に合格する

123 pass+人+物
人に物を渡す

pass me the salt
私に塩を渡す

124 pass A around [around A]
Aを(人から人へ)回す

pass the handouts **around**
プリントを回す

125 leave
[li:v]
㊟ leave-left-left

KEY そのままにしてその場を離れる

動 ①【leave A (for B)】 (Bに向けて)Aを出る	**leave** home for school 学校に向けて家を出る

💡 leave A for B は A を省略し, leave for B の形で用いることもできる。

動 ②…を置き忘れる, …を置いていく [A1]	**leave** the notebook ノートを置き忘れる

126 leave O C
O を C の状態にしておく

leave the windows open
窓を開けたままにしておく

127 leave from A
Aから出発する

leave from platform 4
4番ホームから出る

STAGE 0

「通過する」が基本で，①「人・物が通り過ぎる」，②「時間が通り過ぎる」，③「試験を通過（パス）する」とさまざまに広がる。pass ... around のように「物」が人から人へ「通り過ぎる」の意味にもなる。

The train has just **passed** Atami.	たった今電車は熱海を過ぎた。
Time **passes** very quickly.	時間はとても速く過ぎる。
I **passed** the exam on my first try.	1回の挑戦で，私は試験に合格した。
Can you **pass** me the salt, please?	私に塩を取ってくれませんか。
Pass the handouts **around**, please.	(教室で) プリントを回してください。

今いる場所から離れてどこかへ行くということを意味するが，離れたあとの「場所」に焦点を当てると，「(何かをその場に)置き忘れる」「(その場を)そのまま(の状態)にしておく」といった意味にもなる。

I usually **leave** home for school at 7:30.	私はたいてい7時30分に学校に向けて家を出る。

☞ When are you **leaving for Europe**? 「いつヨーロッパに向けて出発しますか。」

I **left** my notebook at home.	私は家にノートを置き忘れた。
It is hot, so please **leave** the windows open.	暑いので窓を開けたままにしておいてください。
The train for Yokohama **leaves from** platform 4.	横浜行きの電車は4番ホームから出る。

069

128 stay
[steɪ]

● KEY ＞ ある場所・状態にとどまる

動 ①【stay in[at] A】
A(場所)に滞在する, …で過ごす

stay in Berlin
ベルリンに滞在する

💡 stay に続く前置詞は, in や at の他にも, 小さな島などの上であれば,【stay on A】が用いられることもある。また, 人と過ごす場合は【stay with A】を用いる。

動 ②【stay C】…のままでいる

[A1]

stay healthy
健康でいる

129 stay up

(寝ずに)起きている

stay up late
夜遅くまで起きている

引き出し □ stay up all night 「徹夜する」

130 run
[rʌn]

🔁 run-ran-run

● KEY ＞ ある方向に向かって止まらずに動く

動 ①(人や乗り物などが)走る

run very fast
とても速く走る

動 ②(道路や川などが)通る, 貫く

[A1]

run through London
ロンドンの中を通る[流れる]

131 run out

(…が)なくなる

time **runs out**
時間がなくなる

132 run away
(from A)

(Aから)逃げる

run away from the fire
火災から逃げる

ある場所にとどまっているということを意味する。②のようにある「状態」にとどまっている意味でも用いる。

I **stayed in** Berlin before going to Paris.	私はパリへ行く前に<u>ベルリンに滞在した</u>。

☞ I **stayed with a host family** in Australia for two weeks.
「**私はオーストラリアでホストファミリーと2週間**過ごした。」

She does yoga to **stay healthy**.	彼女は<u>健康でいる</u>ためにヨガをやっている。
I **stayed up** late last night.	私は昨晩遅くまで<u>起きていた</u>。

一方向に向かって，止まらず連続して動いていくということ。「人・電車・バス」などであれば「走る」，「川」なら「流れる」となる。

He can **run** very fast.	彼は<u>とても速く走る</u>ことができる。
The Thames **runs** through London.	テムズ川は<u>ロンドンの中を流れている</u>。
Time is **running out**, so finish this as homework.	時間が<u>なくなってきた</u>ので，これは宿題として仕上げてください。
People **ran away from** the fire.	人々は<u>火災から逃げた</u>。

133 live
[lɪv]
⇨ life 图 生命, 人生

[A1]

	KEY 生きている	
動【live in A】A に住んでいる	**live in** Alaska	アラスカに住んでいる

134 live to (be) ＋年齢

…歳まで生きる

live to (be) 100
100 歳まで生きる

135 live a ... life

…な生活を送る

live a happy **life**
幸せな生活を送る

引き出し □ live a quiet life 「静かな生活を送る」

136 work
[wəːrk]

	KEY 人や機械が仕事をする	
動 ①(人が)働く, (人が)仕事・勉強をする	**work** in a bank	銀行で働く
動 ②(機械や道具が)機能する・作動する	the phone **works**	電話が機能する

[A1] 💡 computer や machine, さらには pen などの道具にも用いられる。

137 play
[pleɪ]

	KEY 何かをして楽しむ	
動 (小さい子どもが)遊ぶ	children **play**	子どもたちが遊ぶ

[A1]

138 play＋スポーツ

スポーツをする

play soccer
サッカーをする

💡【play＋スポーツ】の「スポーツ」には tennis, baseball, soccer などの

139 play the＋楽器

楽器を演奏する

play the piano
ピアノを弾く

140 play＋役

…の役を演じる,
…の役割を果たす

play Hamlet
ハムレットを演じる

「住んでいる」「生活する」などとも訳せるが，要するに「生きている」ということ。

| My aunt **lives in** Alaska. | 私のおばはアラスカに住んでいる。 |

| My grandmother **lived to** (**be**) 100. | 私の祖母は100歳まで生きた。 |

| The couple **lived a** happy **life** together. | その夫婦はともに幸せな生活を送った。 |

「仕事をする，働く」が基本の意味で，「生徒」が主語なら「勉強する」，「機械」が主語であれば「機能する，作動する」といった日本語になる。

| My father **works** in a bank. | 私の父は銀行で働いている。 |

💡 work for a bank とも言う。

| My phone does not **work** abroad. | 外国では私の電話は機能しない。 |

☞ This pen doesn't **work**. 「このペンは書けない。」

「何かをして楽しむ」が基本の意味で，スポーツをしたり，楽器を演奏したりして楽しむといった意味で用いられるが，play＋役「…の役を演じる」の意味にも注意。

| Children are **playing** in the park. | 公園で子どもたちが遊んでいる。 |

| I often **play** soccer after school. | 私は放課後よくサッカーをします。 |

「球技」が入るのが普通。

| Can you **play** the piano? | あなたはピアノを弾くことができますか。 |

| The actor has **played** Hamlet twenty times. | その俳優は20回ハムレットを演じた。 |

141
become
[bikám]
活 become-became-become

● KEY ＞ あるもの・ある状態になる

動 ①【become+名】名になる
become a teacher
先生になる

動 ②【become+形】形になる
become famous
有名になる

②の意味では get を使うこともあるが，①の意味では get は不可。（→39 **get**）
また，want to の後では become よりも be のほうが好まれる。
☞ I want to be a teacher.「私は先生になりたい。」/
I want to be famous.「私は有名になりたい。」/
What do you want to be when you grow up?「大人になったら何になりたいですか。」
A1

142
grow
[grou]
活 grow-grew-grown
⇨ **growth** 名 成長

● KEY ＞ 人や植物が成長する

動 ①(…が)成長する・大きくなる
the baby **has grown**
赤ちゃんは大きくなった

動 ②(植物・野菜など)を育てる
grow roses
バラを育てる

「人を育てる」の意味では，raise（→654）や bring up（→65）を用いる。

動 ③【grow+形】(次第に)形になる
grow old
年をとる

引き出し　□ grow large[big]「大きくなる」
A1　　　　□ grow tall「背が高くなる」

143
grow up
大人になる，成長する
grow up in Japan
日本で成長する

比較的時間をかけて，あるもの，もしくはある状態へと変化するということを意味する。

He **became** a teacher after he graduated from university.	彼は大学を卒業して先生になった。
The singer **became** famous in 2015.	その歌手は2015年に有名になった。

人や植物が「成長する」という意味が基本。「…を育てる」の意味もあるが，育てる対象は主に植物で，人には用いない。

Your baby **has grown** since I saw her last.	最後に見て以来，あなたの赤ちゃんは大きくなりましたね。
My parents are **growing** roses in our garden.	私の両親は庭でバラを育てている。
My dog **has grown old**. He is 15 now.	私のイヌは年をとった。彼は今15歳です。
She was born in Germany, and **grew up** in Japan.	彼女はドイツで生まれ，日本で育った。

144 change
[tʃeɪn(d)ʒ]

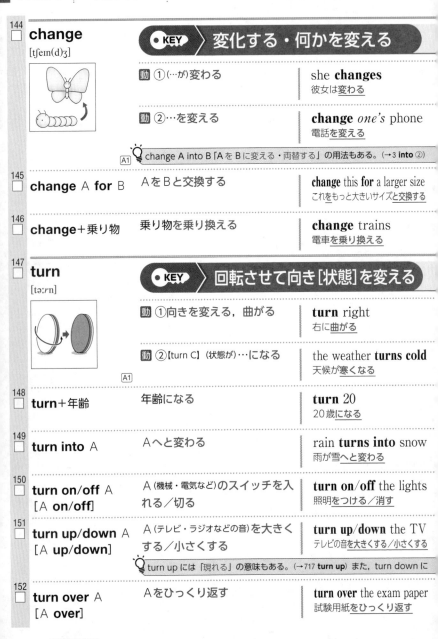

KEY 変化する・何かを変える

| 動 ①(…が)変わる | she **changes**
 彼女は変わる |
| 動 ②…を変える | **change** *one's* phone
 電話を変える |

💡 change A into B「A を B に変える・両替する」の用法もある。(→3 into ②) [A1]

145 change A for B
A を B と交換する

change this **for** a larger size
これをもっと大きいサイズと交換する

146 change＋乗り物
乗り物を乗り換える

change trains
電車を乗り換える

147 turn
[təːrn]

KEY 回転させて向き[状態]を変える

| 動 ①向きを変える, 曲がる | **turn** right
 右に曲がる |
| 動 ②【turn C】(状態が)…になる | the weather **turns** cold
 天候が寒くなる |

[A1]

148 turn＋年齢
年齢になる

turn 20
20 歳になる

149 turn into A
A へと変わる

rain **turns into** snow
雨が雪へと変わる

150 turn on/off A
[A on/off]
A (機械・電気など)のスイッチを入れる／切る

turn on/**off** the lights
照明をつける／消す

151 turn up/down A
[A up/down]
A (テレビ・ラジオなどの音)を大きくする／小さくする

turn up/**down** the TV
テレビの音を大きくする／小さくする

💡 turn up には「現れる」の意味もある。(→717 turn up) また, turn down に

152 turn over A
[A over]
A をひっくり返す

turn over the exam paper
試験用紙をひっくり返す

「変化する」「何かを変える」が基本の意味。「変える」から，「替える（→両替する）」，「換える（→交換する）」の意味にも広がる。

She has **changed** since she came to Japan.	日本に来てから，彼女は**変わった**。
He **changed** his phone recently.	彼は最近電話を**変えた**。

☞ I **changed** 10,000 yen into dollars at the airport. 「私は空港で1万円をドルに両替した。」

Can I **change** this **for** a larger size, please?	これをもっと大きいサイズ**と交換する**ことはできますか。
We must **change** trains at Shibuya.	私たちは渋谷で電車を**乗り換え**なければならない。

「回転させて向きを変える」が基本だが，主語が天候などの場合は「状態」が変わるという意味になる。change が主に「人の意志で変える」であるのに対し，turn は「自然に変化する」という意味。

Turn right at the next traffic light.	次の信号を右に**曲がって**ください。
The weather suddenly **turned cold**.	天候は突然**寒くなった**。
My sister **turned** 20 yesterday.	私の姉は昨日20歳**になった**。
The cold rain will **turn into** snow during the night.	夜の間に冷たい雨は雪**へと変わる**でしょう。
Please press this switch to **turn on/off** the lights.	照明**をつける／消す**のにこのスイッチを押してください。
Can you **turn up/down** the TV, please?	テレビの音を**大きく／小さくして**もらえませんか。

は「(申し出など) を断る」の意味もある。(→991 **be turned down**)

Please **turn over** the exam paper and start.	試験用紙**をめくって**始めてください。

表現の幅を広げる重要基本語

英単語の中には，どのような話題であっても頻繁に登場し，かつ文章中で重要な機能を果たす語がある。ここではそうした単語を学習しよう。これらの語も，先に学んだ前置詞や最重要基本動詞

153 all
[ɔːl]

A1 形 すべての…

all children
すべての子どもたち

💡 children に the が付く場合，× the all children ではなく，○ all the children とする（= all of the children）。

A1 代 【all of+特定された名※1】
…のすべて

all of the students ※2
生徒たちのすべて

💡 ※1 「特定された名」とは，the, these, my, your などの，限定する語が付く名詞。

【not all …】〈部分否定〉
すべて…というわけではない

not all the shops are open
すべての店が開いているわけではない

154 most
[moust]

A1 形 【most+不特定の名】
ほとんどの…

most people
ほとんどの人たち

A2 名 【most of+特定された名】
…のほとんど

most of the books
本のほとんど

155 almost
[ɔ́ːlmoust]

副 ほとんど，もう少しで(〜する
ところだ)

almost ready
ほとんど準備ができた

💡 「ほとんどの生徒」の意味で almost students などとする誤りが多く見られるが，この意味では almost all students とする（≒ most students）。
A1

156 each
[iːtʃ]

形 【each+単数名】(2つ以上について)
それぞれの 代 それぞれ

each answer sheet
それぞれの解答用紙

引き出し □ each other 「お互い」(→170)
A1

157 every
[évri]

形 【every+単数名】(3つ以上について)
あらゆる，どの…も

every question
すべての質問

💡 【each と every】 一般的に each は2つ以上のもの，every は3つ以上のものについて用いられ，たとえば each answer sheet でイメージする枚数は2枚以上，every answer sheet では3枚以上になる。それ以外では同じ
A1

と同じく，単純に日本語の意味を１つ覚えただけでは不十分な場合が多いので注意が必要だ。

All children like chocolate.	**すべての子どもたち**はチョコレートが好きだ。

all children と all the children の違いは，the がないと「（一般的に）子どもたちは」の意味で，the があると特定の子どもたちを指し「その子どもたちはすべて」の意味。

All of the students in the class went to Australia.	クラスの生徒たち全員がオーストラリアへ行った。

※２　of を抜いて all the students としてもほぼ同じ意味（この場合 all は圏）。ただし不特定の「生徒」の場合，○ all students とすることはできても，× all of students とすることはできない。

Not all the shops are open on Sundays.	日曜日に**すべての**店が開いている**わけではない**。

Most people use computers.	**ほとんどの人たち**はコンピューターを使います。

I have read **most of** the books in the school library.	私は学校図書館の**本のほとんど**を読んでしまった。

Dinner is **almost** ready.	夕飯は**ほとんど**準備ができました。

また【almost＋動】は現在完了形での使用が多い。
☞ I have **almost** finished my homework. 「私は宿題をほとんど終えた。」

Please write your name on **each** answer sheet.	**それぞれの**解答用紙に名前を書いてください。

I was able to answer **every** question in the test.	私はそのテストで**すべての**質問に答えることができた。

意味で使用することも多いが，every は「どれも（みんな）」と全体を意識している点に each との違いがある。all（→153）は「それぞれ」を意識しない，何もかもをひっくるめた「すべて」。

---

158 □ **many** [méni]
⑧ many-more-most ［A1］

形【many+Ⓒ(数えられる名詞)】
たくさんの…

many students
たくさんの生徒

---

159 □ **how many ...**

〈数〉いくつの…が

how many eggs
いくつの卵

---

160 □ **much** [mʌtʃ]
⑧ much-more-most

［A1］ 形【much+Ⓤ(数えられない名詞)】
たくさんの…

much snow
たくさんの雪

［A1］ 副【much+比較級】(比較級を強めて)
ずっと…，はるかに…

much colder
ずっと寒い

---

161 □ **how much ...**

〈量〉どれだけの…が

how much salt
どれだけの塩

💡 How much is A? は「A はいくらですか。」の意味で値段を尋ねる表現。

---

162 □ **a lot of** A

【a lot of+Ⓒ・Ⓤ】たくさんのA

a lot of rain
たくさんの雨

💡 a lot of ... は many (→158) や much (→160) に比べて口語的。lots of とも言う。また，many と much が too や so を前に置くことができるのに対し，a lot of はできない。

---

163 □ **a few** A

【a few+Ⓒ】少数のA

a few students
少数の生徒

💡 a few ... が表す数を「2，3の…」とすることがあるが，実際は2は含まず「3から5程度」の数を表すほうが多い。

---

164 □ **a little** A

【a little+Ⓤ】少量のA

a little salt
少量の塩

💡【a little+Ⓒ】の形では，「小さな…」の意味になる。

【a little+形・副など】(大きさや程度が)
少し(Aである)

a little small
少し小さい

💡 a をつけない【few+Ⓒ】や【little+Ⓤ】は「ほとんどない」の意味で主に書き言葉で使用する。

There are **many** students in this school.	この学校には**たくさんの**<u>生徒</u>がいる。
<u>How</u> **many** <u>eggs</u> are there in the fridge?	冷蔵庫には卵が**いくつ**ありますか。
Is there still **much** <u>snow</u> in Akita?	秋田にはまだ**たくさんの雪**がありますか。
It's **much** <u>colder</u> today than yesterday.	今日は昨日より**ずっと寒い**。
<u>How</u> **much** <u>salt</u> should I put in the pan?	鍋に**どれだけの塩**を入れるべきですか。

☞ **How much** is this, please?「これはおいくらですか。」

We have **a lot of** <u>rain</u> in June in Japan.	日本では，6月には**たくさんの**雨が降ります。

☞ ○ too[so] many[much] …　× too[so] a lot of …

There were **a few** <u>students</u> absent today.	今日は**数人の**<u>生徒</u>が欠席した。
I always use only **a little** <u>salt</u> in cooking.	私は料理にはいつも，ほんの**少量の塩**を使います。

☞ I have **a little** dog.「私は小さなイヌを飼っている。」

This dress is **a little** <u>small</u> for me.	このドレスは私には**少し小さい**。

165 one
[wʌn]

代 ①【one (of+特定された图)】 (…の中の)ひとつ	one of my hobbies 私の趣味のひとつ
代 ②【修飾語+one】(前出の□を受け) …なもの	this shirt or that red one このシャツかあの赤いもの

💡 この one は複数形 (ones) でもよく用いられる。
A2

166 some
[s(ə)m / sʌm]

A1 形 ①【肯定文】いくつかの, いくらかの	some eggs いくつかの卵

💡 some はばくぜんと数量を示すため, 日本語に訳す必要がない場合が多い。any (→167) も同様。

形 ②【疑問文】(人に勧めて)多少の…	some coffee 多少のコーヒー

💡 否定文・疑問文では普通 some ではなく any を用いるが, 人に物を勧める場合など肯定の答えを期待する場合は some を用いる。

A1 代 【some (of+特定された图)】〈集団の一部〉(…の中の)いくつか・何人か	some of my friends 友人の中の何人か

引き出し　□ some …, others ～
「ある人[もの]は…, またある人[もの]は～」(→172)

167 any
[əni / éni]

形 ①【疑問文】いくつか(でも), いくらか(でも)	any milk いくらかのミルク
形 ②【否定文(not any …)】〈全体否定〉少しも…ない	there aren't any boys 男子はひとりもいない
形 ③【主に肯定文】どの…でも, …は誰でも	any book 本はどれでも

A1

One of my hobbies is reading. | 私の趣味**のひとつ**は読書です。

Which do you like better, this shirt or that **red one**? | このシャツかあの**赤いもの**，どちらのほうが好きですか。

☞ I like this shirt, but do you have any green **ones**?
「私はこのシャツが気に入っていますが，緑色のものはありますか。」

I need **some** eggs to make an omelet. | 私はオムレツを作るのに卵が**（いくつか）**必要だ。

Would you like **some** coffee? | コーヒーを**（いくらか）**いかがですか。

Some of my friends will go camping in summer. | 友人**の中の何人か**は夏にキャンプへ行きます。

Is there **any** milk in the fridge? | 冷蔵庫に**（いくらか）**ミルクはありますか。

There **aren't any** boys in my class. | 私のクラスには男子は**ひとりもいません**。

You can borrow **any** book here. | ここにある本は**どれでも**借りられます。

168 another [ənʌ́ðər]	形 もう１つ[１人]の，別の 代 もう１つ[１人]	another knife もう１本のナイフ
169 other [ʌ́ðər]	①形【the other+Ⓒ・Ⓤ】（２つ以上の うちの）残りの… 代【the other(s)】残り	the other part 残りの[後半]部分
	②形【other+複数名】他の 代【others】他の人[物]	other people 他の人たち

💡 other が「(…のうちの) 残り (の…)」と特定の人やものを指す場合は the を付け，「他の…」と多くの中の不特定の人やものをばくぜんと指す場合は the を付けない。

170 each other	代 お互い ⑥ one another	help each other お互いに助け合う

💡 each other は副詞のように「お互いに」と訳すことが多いが，each other は代名詞で「お互い」の意味。help each other を直訳すると「お互いを助

171 one ..., the other ~	１つ[１人]は…で，もう１つ[１ 人]は~（→下図①）	one is A, the other is B １つはA，もう１つはB

💡 ３以上なら one ..., the others ~「１つ[１人]は…で，残りは~」や two ..., the others ~「２つ[２人]は…で残りは~」などを使う。（→下図②）

172 some ..., others ~	ある人[もの]は…，またある人 [もの]は~（→下図③）	some like A, and others like B　Aが好きな人もいればBが好きな人もいる

💡 同意表現として，Some ..., some ~もある。また，some ..., the others ~とすれば，「いくつかは…で，残りのすべては~」の意。（→下図④）

one, some, other の用法

① one（~のうちの）１つ／the other 残りの１つ（単数・特定）
② one（~のうちの）１つ／the others 残りのすべて（複数・特定）

Can I have **another** knife, please?	（レストランで）**ナイフをもう一本**いただけますか。
The first part of the test was listening, and **the other** part was reading.	そのテストの前半部分はリスニングで、**後半**部分はリーディングだった。
I like running but **other** people don't like it.	私は走ることが好きだが、**他の人たち**はそれが好きではない。

We helped **each other** in our group presentation.	グループプレゼンテーションで私たちは**お互いに**助け合った。

けCJ る」。なお one another もほぼ同じ意味だが、フォーマルなので普通の会話では each other のほうが好まれる。

I have two rabbits. **One** is white, and **the other** (is) brown.	私はウサギを2匹飼っています。**1匹**は白で、**もう1匹は**茶色です。

☞ I have five rabbits. **Two** are white, and **the others** (are) brown.
「私はウサギを5匹飼っています。2匹は白で、残りは茶色です。」

Some like dogs, and **others** like cats.	イヌが好きな**人もいれば**、ネコが好きな**人もいる**。

☞ **Some** like the city, and **some** like the countryside.
「都会が好きな人もいれば、田舎が好きな人もいる。」
☞ **Some** went home by bus, and **the others** walked home.
「何人かはバスで帰宅したが、残りは皆徒歩で帰った。」

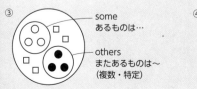

③ some あるものは…／others またあるものは〜（複数・特定）

④ some （〜のうちの）いくつか／the others 残りのすべて（複数・特定）

173 □ **both** [bouθ]	副【both A and B】A と B の両方	**both** bread **and** rice パンとご飯の両方
	副【not both A and B】〈部分否定〉A と B の両方とも…というわけではない　[A1]	**not both** pizza **and** cake ピザとケーキの両方というわけではない

174 □ **either** [íːðər]	副【either A or B】A か B のどちらか 閲 **neither** A **nor** B　A も B も…ない	**either** French **or** Chinese フランス語か中国語のどちらか
	副【否定文】…も〜ない　[A1]	I **can't**, **either**. 私もできない。

175 □ **too** [tuː]	副【肯定文】…もまた	I like pasta, **too**. 私もまたパスタが好きだ。

[A1] 💡 「…もまた」と言う場合，肯定文では too，否定文では either を用いる。

176 □ **too ... to** *do*	〜するには…すぎる	**too cold to swim** 泳ぐには寒すぎる

💡 to *do* が明らかな場合は省略することが多い。

177 □ **no** [nou]	形【no+图】〈全体否定〉1 つ[1 人]の…もない，少しの…もない 圓 **not any**（→167 any ②）　[A1]	there are **no** clouds 雲はひとつもない

178 □ **not** [nɑ(ː)t]	副①【否定文】…でない，…しない	No, I'm **not**. いいえ，そうではない。
	副②【not ... at all】〈全体否定〉まったく…ない　[A1]	do **not** watch TV **at all** まったくテレビを見ない

I like **both** bread **and** rice.	私は**パンとご飯の両方**が好きです。
I **cannot** eat **both** pizza **and** cake.	私は**ピザとケーキの両方は**食べられま**せん**。
We can learn **either** French **or** Chinese at our school.	私たちの学校では**フランス語か**中国語**のどちらか**を学ぶことができる。
I can't do the math homework. — I **can't**, **either**.	僕は数学の宿題ができない。 —**私も**できない。
I like pasta very much. — I like it, **too**.	私はパスタが大好きです。 —**私も**それが好きです。
It's **too** cold **to swim** in the sea.	海で**泳ぐには寒すぎる**。

☞ This coffee is too hot to drink. → This coffee is too hot. 「このコーヒーは熱すぎる。」
（コーヒーは飲むためのものなので to drink は言わなくてもよい。）

There are **no** clouds in the sky today.	今日は空に雲が**ひとつもない**。

There are**n't any** clouds と書いてもほぼ同じ意味。(→167 any ②)

Are you a junior high school student? — **No**, I'm **not**.	あなたは中学生ですか。 —**いいえ，違います**。

相手の質問に対して Yes, No だけで答えるとぶっきらぼうな印象を与えるので，このように I'm not を付けて答えるとより丁寧。

My brother **doesn't** watch TV **at all**.	私の弟は**まったく**テレビを見ません。

179
so
[souʊ]
A2 副 ①とても，非常に
look **so** happy
とても幸せそうに見える

副 ②そう，そのように
I think **so**
私はそう思う

A1 接 【..., so S+V】それで，だから
it is very hot, **so** ...
とても暑い，だから…

💡 so の前には普通コンマを置く。

180
so ... (that) S + V　とても…なので〜だ
it is **so cold** (that) ...
とても寒いので…だ

💡 so の後ろの "…" には形もしくは副が入る。

181
such
[sətʃ/sʌtʃ]
A2 形 ①そのような　②【such (a) +形+名】とても形な名
such a big temple
そのような大きな寺

182
A (,) **such as** B　たとえばBのようなA
颲 such A as B
colors, **such as** red
たとえば赤のような色

183
enough
[ɪnʌf]
A2 形 【enough+名(+to do)】
(〜するのに)十分な名
enough time to read
読むのに十分な時間

A2 副 【形+enough to do】
〜するのに十分形だ
be old **enough** to drive
運転するのに十分な年齢だ

💡 enough は「十分な」と訳されることが多いが，many (→158) や a lot of (→162) などとは違い，必ずしも数量が「多い」ことを意味しない。「何かをするのに（最低限）必要な数量があること」を意味する。

184
like
[laɪk]
前 …のような，…に似ている
be **like** my mother
母に似ている

💡 like には動詞の用法「…が好きだ」もある。動 She **likes** you.「彼女はあなたが好きです。」と前 She is **like** you.「彼女はあなたに似ている。」の違いに注意。なお前置詞 like を用いた重要表現に look like ... (→68) がある。
A1

185
What is A **like?**　A (人・物)はどのよう(なもの)か
What is the weather **like**?
天気はどのようか。

引き出し □ What is New York like? 「ニューヨークはどんなところですか。」

She looks **so** happy.	彼女は**とても**幸せそうに見える。
I think (that) learning about different cultures is important. — I think **so**, too.	異なる文化について学ぶことは重要だと思う。―私も**そう**思う。
It was very hot last night, **so** I couldn't sleep well.	昨晩はとても暑かった，**だから**よく眠れなかった。
It was **so cold** yesterday (**that**) I didn't go out.	昨日は**とても寒かったので**私は外出しなかった。
I visited Todaiji Temple. I've never seen **such** a big temple.	私は東大寺を訪れました。**あのような大きな**寺を見たことがありません。
I like bright colors, **such as** red.	私は**たとえば赤のような**明るい色が好きです。
I don't have **enough** time to read books.	私には本を読むのに**十分な**時間がない。
I'm not old **enough** to drive a car in Japan.	私は日本では車の**運転に十分な年齢**ではありません。
I'm just **like** my mother.	私は母によく**似ている**。
What is the weather **like** in Spain in winter?	スペインでは冬は**天気はどのようですか**。

☐ What is the Kanto Festival like? 「竿燈祭りはどんなお祭りですか。」

089

186
□ **can**
[k(ə)n/kæn]
過去 could

助 ①〈能力・可能〉～することができる 同 **be able to do** (→438)
can play the guitar
ギターを弾く<u>ことができる</u>

助 ②〈可能性〉～することはありうる・起こりうる
accidents **can** happen
事故は<u>起こりうる</u>

助 ③【cannot[can't] do】〈推量〉～のはずはない 反 **must** (→189②)
she **can't be** here
彼女がここに<u>いるはずはない</u>
A1

187
□ **could**
[kəd/kʊd]
現在 can

助 ①〈過去の能力〉～する能力があった
could play the piano
ピアノを弾く<u>ことができた</u>

💡 could は過去に何かをする能力があった，つまりしようと思えばいつでもできたということを表すため，過去の１回きりの行為について言う場合は was [were] able to do を用いる。

助 ②【Could I do?】〈許可〉～してよいですか(≒ Can I do?)
Could I borrow A?
Aを<u>お借りできますか</u>。

💡 動詞に have を用いた【Could[Can] I have ...?】は「…を頂け[もらえ]ますか。」の意味。

助 ③【Could you do?】〈依頼〉～してくださいませんか(≒ Can you do?)
Could you teach A?
Aを<u>教えてくださいませんか</u>。

💡 【Could I[you] do?】と【Can I[you] do?】 can を用いた【Can I[you] do?】も【Could I[you] do?】とほぼ同じ意味だが，【Could I[you]
A1

188
□ **may**
[meɪ]
過去 might

助 ①〈許可〉～してもよい
may ask a question
質問<u>してもよい</u>

助 ②〈推量〉～かもしれない
it **may** snow
雪が降る<u>かもしれない</u>

A1 💡 過去形の **might** も「～かもしれない」の意味でよく用いられる。

Can you <u>play</u> the <u>guitar</u>?	あなたは**ギターを弾くことができます か**。
Accidents **can** happen any time. Be careful!	いつでも**事故は起こりうる**。気をつけて！
Isn't that Mami? — <u>She</u> **can't be** <u>here</u>. She is in China.	あれはマミじゃない？―**彼女がここにいるはずはない**。中国にいるんだから。
She **could** <u>play</u> the <u>piano</u> when she was five.	彼女は5歳のときに**ピアノを弾くことができた**。

☞ I was able to[× could] get there on time yesterday.
「私は昨日そこに時間通りに着くことができた。」

Could I borrow your dictionary to check this word?	この単語をチェックするのにあなたの辞書を**お借りできますか**。

☞ **Could I have** a handout, please. 「プリントを1枚頂けますか。」

Could you teach me how to ski?	私にスキーを**教えてくださいませんか**。

do?】のほうがより丁寧な表現。くだけた場面では【Can I[you] *do*?】が好まれる。

May <u>I</u> <u>ask</u> <u>a</u> <u>question</u>?	質問**してもいいです**か。
It's very cold today. It **may** snow tonight.	今日はとても寒い。今晩は**雪が降るかもしれない**。

189 □ must

[məs(t)/mʌst]

過去形なし
had to を使う(→37)

助 ①〈義務〉
〜しなくてはならない

I **must** get up
起きなければならない

助 ②〈確信〉〜に違いない
反 **cannot** (→186③)

A1

must be sweet
甘いに違いない

190 □ shall

[ʃ(ə)l]

過去 should

助 ①【Shall I *do*?】〈申し出〉
(私が)〜しましょうか

Shall I call you?
電話しましょうか。

助 ②【Shall we *do*?】〈提案〉
(私たちは)〜しましょうか

A2

Shall we discuss this?
これを議論しましょうか。

191 □ should

[ʃəd/ʃʊd]

現在 shall

助 ①〈義務・助言〉〜すべきだ
類 **ought to *do*** (→449)

you **should** drink water
水を飲むべきだ

助 ②〈推量〉〜するはずだ

he **should** be back
彼は戻るはずだ

💡 【shall と should】 should は shall の過去形だが、両者は意味や用法が
A1 大きく異なるため、単純に時制の一致が適用できない場合がほとんどである。

192 □ will

[w(ə)l/wɪl]

過去 would
短 【否定文】won't

助 ①〈未来〉〜するだろう

it **will** rain
雨が降るだろう

助 ②〈意志〉〜するつもりだ

A1

I **will** do my homework
私は宿題をするつもりだ

193 □ would

[wəd/wʊd]

現在 will

助 ①〈過去からみた未来〉
〜するだろう

thought it **would** rain
雨が降るだろうと思った

助 ②【Would you *do*?】〈依頼〉
〜してくださいませんか
類 **Could you *do*?** (→187③)

A1

Would you speak slowly?
ゆっくり話してくださいませんか。

💡 【Will you *do*?】にも〈依頼〉の意味があるが、「〜してくれないか」と命令
A1 的な響きを持つことがあるため please を付けることが多く、家族内や親しい

194 □ would like to *do* /would like+名詞

(できれば)〜したい、(できれば)名が
ほしい

would like to go abroad
外国に行きたい

💡 want に比べ、would like は控えめで丁寧な言い方。【would like+名詞】は
相手に欲しいものを伝える丁寧な表現。

STAGE 0

I **must** get up early tomorrow.	明日は早く起き**なければならない**。
This melon smells nice. It **must** be sweet.	このメロンは香りが良い。甘い**に違いない**。
When **shall I** call you tonight?	今晩いつ電話**しましょうか**。
Shall we discuss this in groups?	グループでこれを議論**しましょうか**。
It's very hot today. You **should** drink more water.	今日はすごく暑い。あなたはもっと水を飲む**べきだ**。
Father **should** be back soon, so let's wait for him.	まもなくお父さんは戻る**はず**だから、待っていましょう。

そのため shall と should は別々の単語と考えておくほうがよい。

It **will** rain tomorrow.	明日は雨が降る**だろう**。
I **will** do my homework in the library.	図書館で宿題をする**つもりだ**。
I thought it **would** rain today, but it's sunny.	今日は雨が降る**だろう**と思ったのに、良い天気だ。
Would you speak more slowly, please?	どうかもっとゆっくり話して**ください** **ませんか**。

間柄で使われる。
☞ **Will you** wash the dishes after dinner, please? 「夕食後皿を洗ってもらえるかな。」

I **would like to go** abroad someday.	私はいつか外国に**行きたい**。

☞ **I'd like** some coffee. 「コーヒーをいただきたい。」【Would you like＋名詞？】は「…はいかがですか。」と丁寧に相手に何かを勧める言い方。

【疑問詞おさらい】

□ **who** [hu:]　　　　　　　　　　　　　誰
  Who is your English teacher?　　　あなたの英語の先生は誰ですか。
  — Mr. Ito is.　　　　　　　　　　　—伊藤先生です。

□ **whose** [hu:z]　　　　　　　　　　　誰の
  Whose coffee is this? ※1　　　　　これは誰のコーヒーですか。
  — It's mine.　　　　　　　　　　　—私のです。

□ **what** [(h)wʌt]　　　　　　　　　　　①何を　②何の
  ① **What** did you buy in town?　　　①あなたは街で何を買いましたか。
  ② **What** time shall we meet tomorrow?　②明日は何時に会いましょうか。

□ **when** [(h)wen]　　　　　　　　　　いつ
  When is your birthday?　　　　　あなたの誕生日はいつですか。

□ **where** [(h)weər]　　　　　　　　　どこで
  Where should I get off the bus?　私はどこでバスを降りるべきですか。

□ **why** [(h)waɪ]　　　　　　　　　　なぜ
  Why are you sleepy?　　　　　　どうして眠いのですか。

□ **which** [(h)wɪtʃ]　　　　　　　　　どちらの，どの
  Which bus should I take?　　　　私はどのバスに乗るべきですか。

□ **how** [haʊ]　　　　　　　　　　　①〈手段〉どのように　②〈程度〉どのくらい
  How do you go to school every day?　あなたは毎日どうやって学校へ行きますか。
  — By bus.　　　　　　　　　　　—バスで行きます。
  How tall is Tokyo Skytree? ※2　　東京スカイツリーはどのくらいの高さですか。
  — It's 634 meters tall.　　　　　—634メートルです。

※1　Whose is this coffee? と言うことも可能。
※2　建物やタワーの高さを聞くときは【how high ...】を使うこともできるが tall のほうが好まれる。山の高さについては high を用いる。

STAGE

1

[Active]

STAGE 1では，身近な
話題でよく用いられる基
本的な英単語・熟語を中
心に集めました。日常会
話でよく使われるような
語句が多く登場しますの
で，ここにある語彙は主
にSpeakingで役に立っ
てくれるでしょう。自己表
現する際に自由に使える
ように，英単語の「意味」
だけでなく「発音」「つづ
り」までしっかりマスター
しておくことが大切です。

同じジャンルで覚える① 学校に関する語

195	elementary [èlɪmént(ə)ri] A1	形 小学校の，初歩的な 〈英〉primary (→1393)	elementary school 小学校
196	junior [dʒú:njər] A2	形 地位が下の	junior high school 中学校
197	senior [sí:njər] A2	形 地位が上の	senior high school 高校
198	university [jù:nɪvə́:rsəti] A2	名 (総合)大学 ⑩ college (単科)大学	enter university 大学に入る

似ていて紛らわしい語をセットで覚える① 〈意味が似ている〉

| 199 | good [gʊd] ⑩ good-better-best A1 | 形 良い，上手な | a good friend 良い友達 |
| 200 | well [wel] ⑩ well-better-best A1 | 副 良く，上手に | play the piano well ピアノを上手に弾く |

💡 両者の品詞の違いに注意。good は名詞を修飾できるが well はできない。

| 201 | interesting [ínt(ə)rəstɪŋ] A1 | 形 面白い，興味深い ⇨ interest 名 興味，関心 | the book is interesting その本は面白い |
| 202 | fun [fʌn] A1 | 名 楽しみ，面白み ⇨ funny 形 おかしい，笑える | be great fun すごく楽しい |

💡 interesting は知的に興味を引かれる面白さを表し，fun は娯楽的な楽しさを表す。両者は品詞が異なるので使い方に注意。fun は名詞なので × The party

203	choose [tʃu:z] A1 ⑩ choose-chose-chosen	動 …を選ぶ ⇨ choice 名 選択	choose a book 本を選ぶ
204	select [səlékt] B2	動 …を(慎重に)選ぶ ⇨ selection 名 選択	select subjects 教科を選ぶ
205	elect [ɪlékt] B2	動 …を(投票で)選ぶ ⇨ election 名 選挙 (→1247)	elect her 彼女を(投票で)選ぶ

💡 choose は「選ぶ」の意味の最も一般的な語。select はやや堅い語で，「(多

English is now taught at **elementary school**.	英語は今**小学校**で教えられている。
There are three **junior high schools** in my town.	私の町には**中学校**が3校あります。
Our **senior high school** opened two years ago.	私たちの**高校**は2年前に開校した。
My father entered **university** in 1990.	私の父は1990年に**大学**に入った。
He is a **good** friend of mine.	彼は私の**良い**友達です。
He plays the piano very **well**.	彼はピアノをとても**上手に**弾く。
The book was very **interesting**.	その本はとても**面白かった**。
The party was great **fun**.	そのパーティーはすごく**楽しかった**。

was very fun. とせず，great (形容詞)で強めて ... was great fun. とする。be fun を訳す際は「楽しい」「愉快だ」とすればよい。

Go to the library and **choose** a book to read.	図書館へ行って読む**本を選び**なさい。
We have to **select** some subjects for the next year.	私たちは来年に向けていくつか**教科を選ば**なければならない。
We **elected** Yuki as class leader for this year.	私たちは今年の学級長として由紀**を選んだ**。

（のものの中から）えり抜く」のニュアンス。elect は選挙だけでなく「挙手で選ぶ」場合にも用いる。

コロケーションで覚える① 〈動詞を含む形〉

206	set [set] ⊛ set-set-set	動 …を設定する，…を置く A1　⊛ set A up [up A]　A を始める	set an alarm 目覚ましをセットする
207	alarm [əlá:rm]	名 ①目覚まし時計 ②警報 (装置)	
	A2 🔍 set は「しかるべき場所に位置させる」ということで，「物」の場合は「置く」		
208	share [ʃeər]　A1	動 …を共有する	share a handout プリントを一緒に使う
209	handout [hǽndàʊt]　B2	名 プリント，配布資料	
210	answer [ǽnsər]　A1	動 …に答える 名 答え	answer a question 質問に答える
211	question [kwéstʃ(ə)n]　A1	名 質問	
212	solve [sɑ(:)lv]　A1	動 …を解決する，…を解く ⇒ solution 名 解決(策)	solve a problem 問題を解く
213	problem [prá(:)bləm]　A1	名 問題	
	🔍 solve a math question のように言うことはあるが，× answer a problem		

同じジャンルで覚える② 学校生活で使われる動詞

214	teach [ti:tʃ] ⊛ teach-taught-taught　A1	動【teach+人+物 [物+to+人]】人に 物を教える　⇒ teacher 名 先生	teach you English あなたに英語を教える
215	show [ʃoʊ]　A1 ⊛ show-showed-shown	動【show+人+物】 人に物を見せる・示す	show us a photo 私たちに写真を見せる
216	understand [ʌndərstǽnd]　A2 ⊛ understand-understood-understood	動 …を理解する ⇒ understanding 名 理解，知識	understand the handout プリントを理解する
217	introduce [ìntrədjú:s]　A1	動【introduce A to B】 A を B に紹介する ⇒ introduction 名 紹介，導入	introduce him to you 彼をあなたに紹介する

I **set** the **alarm** for five o'clock yesterday.	私は昨日**目覚まし**を5時に**セットした**。

となる。また，set a date「日取りを決める」のようにも使う。

STAGE 1

Please **share** the **handouts**, because there aren't many.	たくさんありませんので，**プリントは一緒に使って**ください。
Can you **answer** this **question**?	この**質問に答え**られますか。
It will be difficult to **solve** the **problem**.	その**問題を解く**のは難しいでしょう。

とは言わないので注意。

Who **taught** you English?	誰が**あなたに英語を教えた**のですか。
Mr. Smith **showed** us a photo of his family.	スミス先生は**私たちに**家族の**写真を見せてくれた**。
It was not easy to **understand** the handout.	その**プリントを理解する**のは簡単ではありませんでした。
Let me **introduce** the new student **to** you.	**皆さんに**新入生を**紹介**しましょう。

099

似ていて紛らわしい語をセットで覚える② 〈意味が似ている〉

218 □	**learn** [ləːrn] A1	動 …を学ぶ, …を身につける	**learn** French フランス語を学ぶ
219 □	**study** [stʌ́di] A1	動 …を勉強する, …を研究する 名 勉強, 研究	**study** English 英語を勉強する

💡 learn は何かを学ぶことを広く意味するのに対し, study は本格的な勉強や研究を意味することが多い。また learn は目的語を必要とするため, ただ「勉強する」と言う場合は study を用いる。

220 □	**test** [test] A1	名 小テスト, 試験	a listening **test** リスニングテスト
221 □	**examination** [ɪgzæmɪnéɪʃ(ə)n] B1	名 試験, 考査 ⑱ **exam** ⇨ **examine** 動 …を調べる	the **examinations** start 試験が始まる

💡 一般的には test は比較的小さなもの(量が少なく時間も短い)を, examination はより大きなものを指す場合が多い。従って「単語テスト」は

222 □	**practice** [præktɪs] A1	動 …を練習する 名 (反復)練習	**practice** the guitar ギターを練習する
223 □	**exercise** [éksərsàɪz] A2	名 ①練習(問題) ②運動 動 運動をする	do **exercise** A 練習問題Aをする

💡 practice は特定の技術を伸ばすための「反復練習」を意味し, exercise は主に教科書などの「練習問題」と, 体を動かす「運動」の意味を持つ。

同じジャンルで覚える③ 成績・点数を意味する語

224 □	**grade** [greɪd] A1	名 成績	my **grade** is A 私の成績はAだ
225 □	**point** [pɔɪnt] A1	名 ①(1点刻みの)点数 ②要点, 論点(→1307) ③意味(→730)	lose two **points** 2点失う
226 □	**score** [skɔːr]	名 (合計)点数 動 (点)を取る	my **score** is 87 私の合計点は87点だ

💡 **[grade / point / score]** grade は「成績」の意味で A, B や数字などで評価する。point は1点刻みの点数で, それを合計したものが score。score

| I **learned** French before I went to France. | 私はフランスへ行く前に<u>フランス語を学んだ</u>。 |

| My sister is **studying** English at university. | 私の姉は大学で<u>英語を勉強して</u>いる。 |

☞ Taro is **studying** (× learning) in his room now. 「太郎は今自分の部屋で**勉強している**。」
なお，learn は目的語に不定詞をとるが，動名詞はとらない。
☞ I'm learning **to speak** (× speaking) Chinese. 「私は中国語を**話すことを**学んでいます。」

| We have <u>a</u> listening **test** tomorrow. | 私たちは明日<u>リスニングテスト</u>がある。 |

| <u>Our</u> **examinations** start today. | <u>私たちの試験</u>は今日始まります。 |

○ word test とは言っても × word exam とは言わない。

| How often do you **practice** <u>the</u> guitar? | どれくらいの頻度で<u>ギターを練習し</u>ますか。 |

| Please <u>do</u> **exercise** <u>A</u> on page 15. | 15ページの<u>練習問題Aをして</u>ください。 |

また，「練習問題」の意味では three exercises「3つの練習問題」と数えるのに対して，「運動」の意味では数えられない。☞ take[do] some exercise「運動をする」

| <u>My</u> **grade** was <u>A</u> for English for the first term. | <u>私の</u>1学期の英語の<u>成績</u>はAでした。 |

| I <u>lost</u> <u>only</u> two **points** in the speaking test. | 私はスピーキングテストで<u>2点しか失点</u>しなかった。 |

| <u>My</u> **score** was 87 on the test. | そのテストで<u>私の合計点</u>は87点だった。 |

は「(点)を取る」の意味の動詞でも用いる。

同じジャンルで覚える④　高校で学ぶ教科・科目名

227 □	**math** [mæθ] A1	名 数学 ※ mathematics を短くした形	**math** is difficult 数学は難しい
228 □	**science** [sáɪəns] A1	名 科学，理科 ⇨ **scientist** 名 科学者 ⇨ **scientific** 形 科学の	**science** is important 科学は重要だ
229 □	**biology** [baɪá(ː)lədʒi] アク B1	名 生物学 ⇨ **biological** 形 生物学的な	study **biology** 生物学を勉強する
230 □	**physics** [fízɪks] B1	名 物理学	**physics** is interesting 物理学は面白い
231 □	**chemistry** [kémɪstri] B1	名 化学 ⇨ **chemist** 名 化学者	study **chemistry** 化学を勉強する
232 □	**history** [híst(ə)ri] A1	名 歴史 ⇨ **histórical** 形 歴史の ⇨ **históric** 形 歴史上重要な	Japanese **history** 日本史
233 □	**geography** [dʒiá(ː)grəfi] アク B1	名 地理 ⇨ **geográphic(al)** 形 地理的な	the **geography** test 地理のテスト
234 □	**P.E.**	名 体育 ※ physical education の頭文字	your **P.E.** teacher あなたの体育の先生

💡【日本特有の科目名】 家庭科や古文などの科目については英語の決まった言い方はないが，「家庭科」は home economics や home science，「古文」

同じジャンルで覚える⑤　海外・留学に関する語

235 □	**abroad** [əbrɔ́ːd] A2	副 外国へ，外国で	study **abroad** 外国で学ぶ［留学する］

💡 abroad は副詞で，名詞ではないので × study <u>in</u> abroad としない。

236 □	**flight** [flaɪt] A2	名 航空便，空の旅 ⇨ **fly** 動 飛ぶ，飛行機で移動する	your **flight** あなたの乗る航空便
237 □	**host** [houst] 発音 A2	名 (客をもてなす)主人(役)	a **host** family ホストファミリー
238 □	**return** [ritə́ːrn] A2	動 (Aから)戻る(from A)，(Aに)戻る(to A)	**return** from the US アメリカから戻る

Math is difficult for me, but I like it.	私にとって**数学**は難しいですが，好きです。
I think **science** is very important.	私は**科学**はとても重要だと思います。
Are you studying **biology** at school?	学校で**生物学**を勉強していますか。
Physics is interesting to me.	**物理学**は私にとっては面白いです。
I want to study **chemistry** at university.	私は大学で**化学**を勉強したい。
We study Japanese **history** in the second year.	私たちは**日本史**を2年生で勉強します。
The **geography** test was easy.	**地理**のテストは簡単だった。
Who is your **P.E.** teacher?	あなたの**体育**の先生は誰ですか。

STAGE 1

は classical Japanese などと表すことが多い。その他芸術は art，音楽は music。また，国語は日本語のことなので Japanese (language) と言う。

I want to study **abroad**.	私は**外国**で学びたい［留学したい］。

同様に「外国へ行く」は go abroad とする（× go to abroad）。

What time is your **flight**?	あなたの乗る**航空便**は何時発ですか。
My **host** family came to meet me at the airport.	**ホスト**ファミリーが空港まで私を迎えに来てくれた。
When did your father **return** from the US?	あなたのお父さんはいつ**アメリカから戻った**のですか。

103

同じジャンルで覚える⑥　クラス・授業に関する語

239 activity
[æktívəti] A1
名 (クラス内外の)活動
⇨ **active** 形 活動的な(→1422)

a club **activity**
クラブ活動

240 subject
[sʌ́bdʒekt] A1
名 ①科目　②主題

which **subjects**
どの科目

241 course
[kɔːrs] A1
名 ①(科目の中の)課程, 講座
②料理のコース
熟 **of course** (→1317)

15 classes in the **course**
その課程の15回の授業

💡【subject と course】 subject が English, history などの科目名を意味するのに対し, course はその中の課程や講座を意味する。たとえば English

242 program
[próʊgræm] A1
名 ①教育課程, プログラム
②計画　③番組
〈英〉**programme**

study-abroad **program**
海外留学プログラム

243 project
[prɑ́(ː)dʒèkt] B2
名 ①研究課題
②事業計画, プロジェクト

my group's **project**
私のグループの研究課題

同じジャンルで覚える⑦　学習活動で用いる名詞

244 textbook
[téks(t)bʊ̀k] A2
名 教科書, テキスト
鬱 **text** 名 文章(→1740)

an English **textbook**
英語の教科書

245 notebook
[nóʊtbʊ̀k] A1
名 ノート
鬱 **note** 名 メモ, 注釈(→1677)

need a **notebook**
ノートが必要だ

💡日本語では「教科書(textbook)」のことを「テキスト」と言うが, 英語の text は普通「文章」の意味になるので注意。同様に, notebook のことを

246 essay
[éseɪ] A2
名 小論文, レポート

write an **essay**
小論文を書く

247 report
[rɪpɔ́ːrt] アク A2
名 レポート, 報告(書)
動 …を報告する

a chemistry **report**
化学のレポート

💡essay は自分の考えを論理的に述べることを中心とする場合に用いる。

248 draft
[dræft] B2
名 下書き, 草稿

the first **draft**
最初の下書き

In Japanese schools, <u>club</u> **activities** are important.	日本の学校では**クラブ活動**は重要です。
<u>Which</u> **subjects** do you like?	あなたは**どの科目**が好きですか。
There are <u>15</u> <u>classes</u> <u>in</u> <u>this</u> **course**.	この**課程**には15回の授業がある。

STAGE 1

は subject で，English Communication I は course である。

Our school has set up a new <u>study-abroad</u> **program** to Australia.	私たちの学校はオーストラリアへの新しい**海外留学プログラム**を開始した。
<u>My</u> <u>group's</u> **project** is to find out about our local history.	私のグループの**研究課題**は，地域の歴史について調べることだ。
I left <u>my</u> English **textbook** at home.	私は英語の**教科書**を家においてきてしまいました。
I <u>need</u> <u>a</u> new **notebook** for geography.	地理のための新しい**ノート**が必要だ。

日本語で「ノート」と言うが，英語の note には「（筆記帳の）ノート」の意味はないので注意。

I finished <u>writing</u> <u>the</u> **essay** last night.	昨晩その**小論文**を書き終えました。
I have to write <u>a</u> <u>chemistry</u> **report** by Friday.	私は金曜までに**化学のレポート**を書かなくてはならない。

一方 report は実験や調査などによるデータに基づいて報告する場合に用いることが多い。

I have finished <u>the</u> <u>first</u> **draft** of my essay.	私はレポートの最初の**下書き**を仕上げたところだ。

同じジャンルで覚える⑧　天気を表す語

249 □ sunny
[sʌ́ni] A1

形 太陽が照った
⇨ sun 图 太陽

it'll be **sunny** tomorrow
明日は太陽が照るだろう

250 □ clear
[klíər] A2

形 ①晴れた，雲のない　②明らかな
鬪 fine 晴れた (→336)

it's **clear** tonight
今夜は晴れ渡っている

> fine は「雨でない」ということで，晴天もくもりも含む。一方 sunny は「太陽が照っている」状態を指し，clear は「雲がない」ことを意味する。「今夜

251 □ cloudy
[kláʊdi] A1

形 くもった
⇨ cloud 图 雲

it is **cloudy**
くもっている

252 □ shine
[ʃáɪn] A2

動 (太陽・照明などが)光る，輝く

the sun **shines**
太陽が照る

253 □ rain
[réɪn] A1

動 雨が降る　名 雨
⇨ rainy 形 雨降りの

it **rains** all day
一日中雨が降る

254 □ snow
[snóʊ] A2

動 雪が降る　名 雪
⇨ snowy 形 雪の降る

it **snows** a lot
たくさん雪が降る

コロケーションで覚える②

255 □ weather
[wéðər] A1

名 天気
⑭ whether [同音] 腰 …かどうか (→408)

the weather
forecast says ...
天気予報によると，…だ

256 □ forecast
[fɔ́ːrkæst] B1

名 予報
※ fore は「前もって」の意味

257 □ wind
[wínd] A1

名 風
⇨ windy 形 風の強い

a wind **blows**
風が吹く

258 □ blow [blóʊ]
⑮ blow-blew-blown A1

動 (風などが)吹く，
(息など)を吹きつける

259 □ flow
[flóʊ] B1

動 (液体・気体などが)流れる

flow rapidly
速く流れる

260 □ rapidly
[rǽpɪdli] B1

副 急速に，すばやく
⇨ rapid 形 急速な，すばやい

| It's cloudy today, but it'll be **sunny** tomorrow. | 今日はくもっているが，<u>明日</u>は**太陽が 照る**だろう。 |
| It's **clear** tonight. Look at the stars. | <u>今夜</u>は**晴れ渡っ**ている。星を見て。 |

は晴れ（雲がなく星がよく見える）」と夜空について言う場合は clear を使用し，fine や sunny は使わない。

It was sunny this morning, but <u>it is</u> **cloudy** now.	午前中は太陽が照っていたが，今は**く もっ**ている。
<u>The sun is</u> **shining**, so let's go for a walk.	<u>太陽</u>が**照って**いるから，散歩に出かけ よう。
<u>It was</u> **raining** <u>all day</u> yesterday.	昨日は<u>一日中雨が降って</u>いた。
<u>It will</u> **snow** <u>a lot</u> tomorrow.	明日は<u>たくさん雪が降る</u>だろう。
<u>The</u> **weather forecast** <u>says</u> that it will snow tomorrow.	**天気予報**によると，明日は雪が降る<u>そ うです</u>。
<u>A</u> strong **wind** <u>is</u> **blowing** in Tokyo.	東京では強い**風が吹いて**います。
The river <u>was</u> **flowing** very **rapidly** after the rain.	雨のあと，川はとても**速く流れてい た**。

107

同じジャンルで覚える⑨ 人の様子を表す形容詞（1）

261 □	**honest** [ά(ː)nəst] 発音 B1	形 正直な ⇨ honesty 图 正直	be **honest** with A Aに対して<u>正直で</u>いる
262 □	**cheerful** [tʃíərf(ə)l] B1	形 快活な，明るい	a **cheerful** person <u>明るい</u>人
263 □	**shy** [ʃaɪ] A1	形 恥ずかしがりの	too **shy** to sing <u>恥ずかしくて</u>歌えない
264 □	**serious** [síəriəs] B1	形 まじめな，深刻な ⇨ seriously 副 まじめに，本気で	look **serious** <u>まじめに</u>見える
265 □	**friendly** [frén(d)li] B2	形 友好的な，好意的な ⇨ friendship 图 友情	be **friendly** to me 私に<u>好意的</u>だ
266 □	**famous** [féɪməs] A1	形 有名な ⑱ be famous for A (→448)	a **famous** writer <u>有名な</u>作家

同じジャンルで覚える⑩ 頻度を表す副詞

267 □	**always** [ɔ́ː(l)weɪz] A1	副 いつも	**always** eat rice <u>いつも</u>ご飯を食べる
268 □	**usually** [júːʒu(ə)li] A1	副 たいてい ⇨ usual 形 いつもの ⇨ unusual 形 珍しい	**usually** get up at six <u>たいてい</u>6時に起きる
269 □	**often** [ɔ́ːf(ə)n] A1	副 よく，しばしば	**often** play tennis <u>よく</u>テニスをする
270 □	**sometimes** [sʌ́mtàɪmz] B1	副 時々 ⑱ sometime 副 いつか (→540)	**sometimes** go out <u>時々</u>外出する
271 □	**occasionally** [əkéɪʒ(ə)n(ə)li] B1	副 たまに ⇨ occasion 图 (特定の)時，機会	**occasionally** sleep all day <u>たまに</u>一日中寝る
272 □	**rarely** [réərli] B1	副 めったに～しない ⑱ seldom ⇨ rare 形 まれな	**rarely** watch TV <u>めったに</u>テレビを見ない

💡【頻度を表す副詞】 上から下へ行くほど頻度が低くなる。10回中どの程度の回数を表すかは個人の主観や状況にもよるが，always は10回中10回，

STAGE 1

Please be **honest** with me.	私には**正直でいて**ください［正直に言ってください］。
My mother is a **cheerful** person.	私の母は**明るい人**だ。
I am too **shy** to sing in class.	私は**恥ずかしくて**授業で歌えない。
Our teacher looks **serious**, but his classes are fun.	私たちの先生は**まじめに見える**けど彼の授業は面白いよ。
My new classmates are **friendly** to me.	私の新しいクラスメートは私に**好意的です**。
Haruki Murakami is a very **famous** writer.	村上春樹はとても**有名な作家**です。

My father **always** eats rice for breakfast.	私の父は**いつも**朝食にご飯を食べます。
I **usually** get up at six.	私は**たいてい**6時に起きます。
I **often** play tennis after school.	私は放課後**よく**テニスをします。
We **sometimes** go out on Sundays.	私たちは日曜日に**時々外出**します。
My brother **occasionally** sleeps all day.	私の弟は**たまに**一日中寝ます。
I **rarely** watch TV.	私は**めったにテレビを見ません**。

usually は8，9回，often は6，7回，sometimes は4，5回，occasionally は2，3回，rarely は1回程度を目安とするとよい。never「一度も～ない」については→282。

109

同じジャンルで覚える⑪ 人の様子を表す形容詞(2)

273	**clever** [klévər] [A1]	形 頭が良い，利口な ⑳ wise 賢明な	my friend is **clever** 私の友人は頭が良い
274	**smart** [smɑːrt] [A1]	形 ①〈米〉頭が良い ②〈英〉身なりがよい	the **smartest** boy 最も頭の良い少年
275	**bright** [braɪt]	形 ①頭が良い ②明るい ⑳ light 明るい(→285)	a **bright** student 頭の良い生徒

> 〈英〉では「頭が良い」の一般的な語は clever を使用するが，〈米〉では「頭がよくて世渡りが上手い」というマイナスのイメージを持つこともある。smart
> [A1]

276	**kind** [kaɪnd] [A2]	形 親切な ⇨ kindness 图 親切	be **kind** to me 私に親切だ
277	**stupid** [stjúːpəd] [B1]	形 ばかげた，おろかな ⑳ foolish	a **stupid** idea ばかげた考え

文法・語法との関連で覚える① 完了形でよく用いる語

278	**already** [ɔːlrédi] [A1]	副 すでに(〜した)	have **already** *done* すでに〜してしまった
279	**just** [dʒəst / dʒʌst] [A1]	副 ①ちょうど ②ただ…だけ	have **just** *done* ちょうど〜したところだ
280	**yet** [jet]	副 ①【疑問文】もう	Have you *done* **yet**? あなたはもう〜したか
	[A1]	副 ②【否定文】まだ	haven't *done* **yet** まだ〜していない
281	**ever** [évər] [A2]	副 今までに	Have you **ever** *done*? あなたは今までに〜したことがあるか
282	**never** [névər] [A1]	副 一度も…ない，決して…ない	have **never** *done* 一度も〜したことがない
283	**since** [sɪns] [A2]	前 …以来 接 ①…以来 ②…なので	**since** elementary school 小学校以来

<u>My</u> <u>friend</u> <u>is</u> **clever**. She solved the puzzle in a moment.	私の友人は**頭がいい**。彼女はそのパズルをすぐに解いた。
He is <u>the</u> **smartest** <u>boy</u> in our school.	彼は私たちの学校で**最も頭の良い少年**です。
All the teachers think that Olivia is <u>a</u> **bright** student.	先生は皆オリビアは**頭の良い生徒**だと思っている。

は〈英〉では正装したり，着飾ったりするなどして「しゃれている」の意味で使用するが，〈米〉では「頭が良い」の意味で用いる。bright は主に子どもや生徒に用い，大人に対しては intellectual を用いる。

STAGE 1

My host family <u>was</u> very **kind** <u>to</u> <u>me</u>.	私のホストファミリーは<u>私に</u>とても**親切**だった。
You want an elephant as a pet? What a **stupid** idea!	ペットにゾウが欲しいって？ なんて**ばかげた考え**なの！

I'm not hungry because I <u>have</u> **already** <u>had</u> dinner.	私は**すでに**夕食を<u>取った</u>のでおなかはすいていません。
<u>I've</u> **just** <u>finished</u> reading this book.	私は**ちょうど**この本を読み終えたところです。
<u>Have</u> <u>you</u> <u>had</u> dinner **<u>yet</u>**?	あなたは**もう**夕食を<u>取り</u>ましたか。
I <u>haven't</u> <u>had</u> dinner **<u>yet</u>**.	私は**まだ**夕食を<u>取っていません</u>。
<u>Have</u> <u>you</u> **ever** <u>been</u> abroad?	あなたは**今までに**外国へ<u>行ったことが</u>ありますか。
I <u>have</u> **never** <u>been</u> abroad.	私は外国へは**一度も**<u>行ったことがない</u>。
I <u>haven't</u> seen Aimi **since** <u>elementary</u> <u>school</u>.	小学校**以来**愛美に会っていない。

▶ 反対の意味を持つ語をセットで覚える①

284 ☐	**dark** [dɑːrk] A1	形 暗い ⇨ **darkness** 名 暗闇	it gets **dark** 暗くなる
285 ☐	**light** [laɪt] A1	形 ①明るい ②軽い(→1726) 名 ①光，照明 ②信号	it's still **light** まだ**明るい**
286 ☐	**dry** [draɪ] A1	形 乾いた 動 …を乾かす	winter is **dry** 冬は乾燥している
287 ☐	**wet** [wet] A2	形 ぬれた	get **wet** in the rain 雨でぬれる

💡 dry は動詞「…を乾かす」としてもよく用いる。

| 288 ☐ | **absent** [ǽbs(ə)nt] B1 | 形 (Aを)欠席して (from A) ⇨ **absence** 名 欠席 | be **absent** from school 学校を欠席している |
| 289 ☐ | **present** [préz(ə)nt] B1 | 形 出席して 名 贈り物，プレゼント(→894) | be **present** today 今日出席している |

引き出し ☐ those present「出席者」 ※この those は「…な人々」の意味。

▶ 文法・語法との関連で覚える② 普通 very で修飾しない形容詞

290 ☐	**perfect** [pə́ːrfɪkt] A2	形 完璧な，最適の	the **perfect** present 最適の贈り物
291 ☐	**excellent** [éks(ə)lənt] A1	形 優秀な，非常に優れた	an **excellent** teacher 非常に優れた先生
292 ☐	**delicious** [dɪlíʃəs] アク A1	形 とてもおいしい	**delicious** curry とてもおいしいカレー
293 ☐	**wonderful** [wʌ́ndərf(ə)l] A1	形 すばらしい ⇨ **wonder** 名 驚き	a **wonderful** time すばらしい時間
294 ☐	**favorite** [féɪv(ə)rət] 〈英〉favourite A1	形 お気に入りの，大好きな	my **favorite** class 私の大好きな授業

💡 これらの語は「とても～，最も～」の意味を含むため，原則として very をつけない。

It's getting **dark**. Let's go home.	**暗く**なってきた。家へ帰ろう。
It's after nine p.m., but it's still **light** here in London.	午後9時過ぎなのに，ここロンドンはまだ**明るい**。
Winter in Tokyo is usually **dry**.	東京の冬はたいてい**乾燥している**。
I got **wet** in the rain.	私は雨で**ぬれて**しまった。

☞ I want to **dry** my hair before going to bed. 「寝る前に髪を乾かしたい。」

| I was **absent** from school yesterday. | 私は昨日学校を**欠席**しました。 |
| Every student is **present** today. | 今日生徒は皆**出席して**います。 |

This scarf is the **perfect** present for my mother.	このスカーフは私の母には**最適の贈り物**です。
Mr. Ota is an **excellent** teacher.	太田先生は**非常に優れた先生**だ。
My mother makes **delicious** curry.	私の母は**とてもおいしいカレー**を作ります。
I had a **wonderful** time in Paris.	私はパリで**すばらしい時間**を過ごした。
My **favorite** class is physics.	私の**大好きな授業**は物理です。

同じジャンルで覚える⑫ 感情・心理に関する語(1) 〈形容詞〉

295
glad
[glæd]

形 (…ということが) うれしい (that ...)
類 happy 幸せな, うれしい

I'm **glad** (that) ...
…ということが<u>うれしい</u>

A1 happy はその後に人を表す名詞を置くことができるが, glad はできない。

296
angry
[ǽŋgri]

形 怒って
⇨ anger 图 怒り
A1

the teacher is **angry**
先生は<u>怒っている</u>

297
sad
[sæd]

形 悲しい
⇨ sadness 图 悲しみ
A1

a **sad** story
<u>悲しい</u>物語

298
lonely
[lóunli]

形 寂しい, 孤独な
類 alone 形 1人きりで
⇨ loneliness 图 孤独
A1

feel **lonely**
<u>寂しく</u>感じる

299
nervous
[nə́ːrvəs]
A2

形 緊張して, 不安で

I'm **nervous** when I speak
話すとき私は<u>緊張する</u>

300
sure
[ʃuər]

形 【be sure (that) ...】…を確信している, 絶対に…だと思う
⇨ surely 副 確かに
A1

I'm **sure** that ...
私は<u>絶対に</u>…だと思う

301
certain
[sə́ːrt(ə)n]

形 【be certain (that) ...】…と確信している
⇨ certainly 副 確かに
A2

I'm **certain** that ...
私は…と<u>確信している</u>

sure と certain は似ているが, sure より certain の方が「確実な」の意味が

反対の意味を持つ語をセットで覚える②

302
strong
[strɔːŋ]

形 ①強い ②(茶などが) 濃い
⇨ strength [streŋ(k)θ] 图 力 (→1395)
A1

a **strong** team
<u>強い</u>チーム

303
weak
[wiːk]

形 ①弱い ②(茶などが) 薄い
⇨ weakness 图 弱さ
A2

weak tea
<u>薄い</u>お茶

304
right
[raɪt]

形 ①正しい 類 correct (→955)
②右の 副 ちょうど
A1

this sentence is **right**
この文は<u>正しい</u>

right には「右(の)」, また「ちょうど」(副詞) の意味もあることに注意。

305
wrong
[rɔːŋ]

形 間違った
類 long [lɔːŋ] 形 長い (→545)
A1

the answer is **wrong**
その答えは<u>間違っている</u>

引き出し □ What's wrong? 「どうしたの。」

| I'm **glad** (that) you came to the party. | あなたがパーティーに来てくれて**うれしいです**。 |

☞ ○ He is a **happy** person. 「彼は幸せな人です。」 × He is a glad person.

The teacher was **angry** because I didn't do my homework.	私は宿題をしなかったので先生は**怒っていた**。
This is a very **sad** story.	これはとても**悲しい**物語です。
I feel **lonely** when I can't see him.	私は彼に会えないとき，**寂しく感じます**。
I'm **nervous** when I speak English in class.	授業中に英語を話すとき，私は**緊張します**。
I'm **sure that** it won't rain tomorrow.	私は**絶対に**明日は雨が降らない**と思う**。
I'm **certain that** the world is getting better.	世界はだんだん良くなってきている**と**私は**確信しています**。

強い。また sure の方がくだけた会話に向く。

We have a **strong** baseball team in our school.	私たちの学校には**強い**野球**チーム**がある。
I drank **weak** tea before I went to bed.	私は寝る前に**薄いお茶**を飲みました。
Is this sentence **right**?	この文は**正しい**ですか。

☞ **right now** 「ちょうど今，ただ今」

| My answer is **wrong**. Your answer is right. | 私の答えは**間違っています**。あなたの答えが正しいです。 |

STAGE 1

115

▶ 同じジャンルで覚える⑬ さまざまな職業を表す語(1)

306 author
[ɔ́ːθər] A2

名 著者, 作家 ⑲ writer 作家
名 novelist 小説家

the **author** of this book
この本の著者

307 professor
[prəfésər] B1

名 大学教授

a biology **professor**
生物学の教授

308 actor
[ǽktər] A1

名 俳優 ※男女問わず用いる
⇒ act 動 (役)を演じる

he is an **actor**
彼は俳優だ

引き出し 【-or で終わる人を表す語】 □ doctor 「医者」(→340)

309 librarian
[laɪbréəriən] B1

名 図書館司書
⇒ líbrary 名 図書館

a school **librarian**
学校の図書館司書

310 journalist
[dʒɔ́ːrn(ə)lɪst] B1

名 ジャーナリスト, 報道関係者
⇒ journalism 名 ジャーナリズム

a **journalist** reports
ジャーナリストが報道する

311 specialist
[spéʃəlɪst] B1

名 専門家 ⑳ expert
⇒ special 形 特別な, 特殊な

a math **specialist**
数学の専門家

引き出し 【-ist で終わる人を表す語】 □ scientist 「科学者」

▶ スペリングに注目して覚える① -ing で終わる形容詞(1)

312 exciting
[ɪksáɪtɪŋ] A1

形 わくわくさせる, 興奮させる
⇒ excite 動 …を興奮させる
⇒ excitement 名 興奮

it is **exciting** to *do*
～するのはわくわくする

313 amazing
[əméɪzɪŋ] B1

形 (驚くほど)すばらしい
⇒ amaze 動 …を驚かせる

the skater is **amazing**
そのスケーターはすばらしい

314 surprising
[sərpráɪzɪŋ] A2

形 驚くべき
⇒ surprise 動 …を驚かせる 名 驚き

It is **surprising** that ...
…は驚くべきことだ

ϙ́ amazing が「驚くほど素晴らしい」の意味で使用することが多いのに対し,

315 amusing
[əmjúːzɪŋ] B1

形 愉快な
⇒ amuse 動 …を楽しませる
⇒ amusement 名 楽しみ, 娯楽

the movie is **amusing**
その映画は愉快だ

316 boring
[bɔ́ːrɪŋ] A1

形 退屈な
⇒ bore 動 …を退屈させる

be never **boring**
決して退屈させない

ϙ́ これらの語はいずれも It is+形容詞+to *do* の形を取ることができる。また, それぞれ過去分詞(-ed の形)を用いると「(人が) ～された」の意味になる。

The **author** of this book is my teacher.	この本の**著者**は私の先生です。
She is a biology **professor** at Harvard University.	彼女はハーバード大学の生物学の**教授**です。
He is an **actor** who was in Star Wars.	彼はスター・ウォーズに出た**俳優**だ。

□ visitor 「訪問者」　　□ advisor 「助言者」（adviser でもよい）

Mr. Mori is the school **librarian**.	森さんは学校の**図書館司書**です。
Journalists often report from dangerous places.	**ジャーナリストたち**はしばしば危険な場所から**報道する**。
She is a math **specialist**.	彼女は数学の**専門家**です。

□ pianist 「ピアニスト」　　□ violinist 「バイオリン奏者」

It is **exciting** to go skiing.	スキーに行くのは**わくわくする**。
The young skater was **amazing**. He won the gold medal.	その若い**スケーター**は**すばらしかった**。彼は金メダルを取った。
It was **surprising** that I passed the test.	私がテストに受かったのは**驚くべきこと**だった。

surprising では，驚いた原因は悪いこと，良いこと両方の可能性がある。

Charlie Chaplin's movies are **amusing**.	チャーリー・チャップリンの映画は**愉快だ**。
Mr. Ito's classes are never **boring**.	伊藤先生の授業は決して**退屈しない**。

☞ I **was surprised** that I got only 60 points in the test. 「僕はテストでたったの60点しか取れなかったことに驚かされた［60点しか取れなかったので驚いた］。」

117

同じジャンルで覚える⑭　人と人との関係を表す語

317 **parent**
[péər(ə)nt]　A1
名 親，保護者

meet the **parents**
保護者に会う

318 **relative**
[rélətɪv]　B1
名 親戚

some of my **relatives**
私の親戚のうちの何人か

319 **bride**
[braɪd]
名 花嫁
　🔊 **bridegroom** 名 花婿　🔊 **groom**

the **bride** is beautiful
花嫁はきれいだ

A2 💡 parent や relative は 1 人を意味するので複数の場合はそれぞれ parents,

320 **cousin**
[kʌ́z(ə)n] 発音　A1
名 いとこ

a lot of **cousins**
たくさんのいとこ

321 **niece**
[niːs]　B1
名 めい

my **niece** starts school
めいが就学する

322 **nephew**
[néfjuː]　B1
名 おい

my **nephew** lives in A
おいはAに住んでいる

323 **neighbor**
[néɪbər]
名 隣人，近所の人
　⇨ **neighborhood** 名 近所

our new **neighbors**
私たちの新しい隣人

A1 | 引き出し | □ **wife** 「妻」　□ **husband** 「夫」　□ **aunt** 「おば」

似ていて紛らわしい語をセットで覚える③　〈意味が似ている〉

324 **quiet**
[kwáɪət]　A1
形 静かな
　🔊 **noisy** 騒々しい

Be **quiet**.
静かにして。

325 **silent**
[sáɪlənt]
形 静まり返った，音を立てない
　⇨ **silence** 名 無音，沈黙

stay **silent**
黙っている

B1 💡 silent はまったく音の無い状態。quiet は多少音がある状態も意味する。

326 **cute**
[kjuːt]　A1
形 かわいい

a **cute** baby
かわいい赤ちゃん

327 **pretty**
[príti]
形 かわいい，（花などが）きれいな

a **pretty** village
きれいな村

A1 💡 cute は動物，赤ちゃん，小さい子どもに用いるのが普通。pretty は女性や子どもに用いるとともに，花や物などが「きれいな」の意味でも用いる（この意

STAGE 1

The homeroom teachers will <u>meet</u> <u>the</u> **parents** next week.	担任の先生方は来週**保護者**に会います。
Some <u>of</u> <u>my</u> **relatives** live in Shikoku.	私の**親戚**のうちの何人かは四国に住んでいます。
The **bride** <u>was</u> so <u>beautiful</u> in her wedding dress.	**花嫁さん**はウェディングドレスを着てすごくきれいだった。

relatives とする。bridegroom「花婿」は短く groom と言うことが多い。

I have <u>a</u> <u>lot</u> <u>of</u> **cousins**.	私にはたくさんの**いとこ**がいます。
<u>My</u> **niece** <u>will</u> <u>start</u> <u>school</u> next year.	私の**めい**は来年就学します。
<u>My</u> **nephew** <u>lives</u> <u>in</u> Canada.	私の**おい**はカナダに住んでいます。
<u>Our</u> <u>new</u> **neighbors** have a big dog.	私たちの新しい**隣人**は大きなイヌを飼っています。

☐ uncle「おじ」　　☐ grandmother「祖母」　　☐ grandfather「祖父」

| Please <u>be</u> **quiet**. I have to work. | **静かにして**ください。私は仕事をしなければなりません。 |
| You must <u>stay</u> **silent** during the exam. | 試験の間は**黙ってい**なければいけない。 |

| Tom was <u>a</u> very **cute** <u>baby</u>. | トムはとても**かわいい赤ちゃん**だった。 |
| We saw many **pretty** villages in Austria. | 私たちはオーストリアでたくさんの**きれいな村**を見ました。 |

味で cute は不可）。☞ Those flowers are **pretty**.「あの花はきれいですね。」

119

同じジャンルで覚える⑮　人の動き・行動を表す動詞

328 □	**move** [muːv] A2	動 ①動く，…を動かす　②引っ越す ⇒ **moving** 形 感動的な(→1416) ⇒ **movement** 图 動き，運動	**move** a desk 机を動かす
329 □	**carry** [kǽri] A1	動 …を運ぶ 熟 **carry out** A (→1003)	**carry** a table テーブルを運ぶ
330 □	**meet** [miːt] 変 meet-met-met A1	動 ①(人)と(正式に)会う，…と出会う ②(必要・要求など)を満たす ⇒ **meeting** 图 会議	Mom **meets** Dad お母さんがお父さんと出会う
331 □	**hold** [hould] 変 hold-held-held	動 ①…をつかんでいる	**hold** her hand 彼女の手をつかんでいる
	A2	動 ②(会議・パーティーなど)を開く ※フォーマル	**hold** a meeting 会議を開く
332 □	**join** [dʒɔin] A1	動 (組織)に入る， (活動など)に参加する	**join** the tennis club テニス部に入る
333 □	**catch** [kætʃ] A1 変 catch-caught-caught	動 ①…をつかむ，…を捕まえる ②(乗り物)に間に合う	**catch** the last train 最終電車に間に合う
334 □	**miss** [mis] A1	動 ①(狙ったもの)を逃す，…に乗り遅れる ②…がいなくて寂しく思う ⇒ **missing** 形 (あるべきものが)ない	**miss** a bus バスに乗り遅れる
335 □	**slip** [slip] B1	動 すべる，すべって転ぶ	**slip** on the ice 氷ですべって転ぶ

同じジャンルで覚える⑯　身体の状態を表す形容詞

336 □	**fine** [fain] A1	形 ①元気な　②晴れた ③細かい	I'm **fine** 私は元気だ
337 □	**healthy** [hélθi] A1	形 健康的な ⇒ **health** 图 健康	stay **healthy** 健康でいる
338 □	**tired** [taiərd] A1	形 疲れた 熟 **be tired from/of** A (→ Unit 24)	I'm **tired** 私は疲れている
339 □	**sleepy** [slíːpi] A2	形 眠い ⇒ **sleep** 動 眠る 图 眠り	I'm **sleepy** 私は眠い

The students **moved** their desks to make groups of four.	生徒たちは4人グループを作るために机を動かした。
Can someone help me **carry** this table into the hall?	誰か広間にこのテーブルを運ぶのを手伝ってくれませんか。
Mom, where did you **meet** Dad?	お母さん, お母さんはどこでお父さんと出会ったの?
I **held** her hand so that she would not fall.	彼女が転ばないように私は彼女の手をつかんでいた。
They will **hold** an important meeting in Osaka next week.	彼らは来週大阪で重要な会議を開く。
I **joined** the tennis club when I started high school.	私は高校に上がったときテニス部に入った。
I couldn't **catch** the last train, so I took a taxi.	私は最終列車に間に合わなかったのでタクシーを使った。
I **missed** the bus because the alarm didn't work.	目覚まし時計が鳴らなかったので, 私はバスに乗り遅れた。
He **slipped** on the ice and broke his arm.	彼は氷ですべって転び, 腕を骨折した。
I was sick yesterday, but I'm **fine** now.	昨日は病気だったが, 今私は元気だ。
I always try to stay **healthy**.	私はいつも健康でいるよう努めている。
I'm **tired** after working all day.	一日中働いて私は疲れている。
I'm often **sleepy** after lunch.	お昼を食べたあと, よく私は眠くなる。

STAGE 1

121

同じジャンルで覚える⑰　医療に関する語(1)

340 doctor
[dá(:)ktər] A1
名 医者
become a **doctor**
医者になる

341 dentist
[déntəst] A2
名 歯医者
⇒ dental 形 歯の
go to the **dentist**
歯医者へ行く

342 nurse
[nə:rs] A1
名 看護師
⇒ nursing 名 看護
my cousin is a **nurse**
私のいとこは看護師だ

343 medicine
[méds(ə)n] A1
名 ①薬　②医学
⇒ medical 形 医学の
take **medicine**
薬を飲む

medicine には「医学」の意味もあることに注意。

344 cold
[kould] A1
名 風邪
形 寒い，冷たい
have a bad **cold**
ひどい風邪をひいている

345 flu
[flu:] B1
名 インフルエンザ
※ influenza を短くした形
have the **flu**
インフルエンザにかかっている

have a cold, have the flu とは言うが，× have the cold，× have a flu

346 fever
[fí:vər] A1
名 (病気による)熱，発熱
have a **fever**
熱がある

347 temperature
[témp(ə)rətʃər] A2
名 温度，体温
check *one's* **temperature**
体温を測る

同じジャンルで覚える⑱　「痛み」に関する語

348 pain
[peɪn] B1
名 痛み
⇒ painful 形 つらい，痛い
have a **pain** in my neck
首に痛みがある

349 headache
[hédèɪk] A1
名 頭痛
閲 ache 名 痛み
have a **headache**
頭痛がする

ache は「痛み」の意味で，**toothache**「歯痛」や **stomachache**「腹痛」の

350 hurt [hə:rt] 発音
㉒ hurt-hurt-hurt A1
動 ①痛む
②(身体や心)を傷つける
my back **hurts**
背中が痛む

She is studying to <u>become</u> <u>a</u> **doctor**.	彼女は**医者**になるために勉強している。
I need to <u>go</u> <u>to</u> <u>the</u> **dentist** soon.	私は近いうちに，**歯医者**に行く必要があります。
<u>My</u> <u>cousin</u> <u>is</u> <u>a</u> **nurse** in a large hospital.	<u>私のいとこ</u>は大きな病院の**看護師**です。
I have to <u>take</u> <u>this</u> **medicine** after breakfast.	私は朝食後にこの**薬**を飲まなくてはいけない。

☞ My daughter is studying **medicine** at university. 「私の娘は大学で医学を勉強している。」

I <u>have</u> <u>a</u> <u>bad</u> **cold** and my nose is running.	私はひどい**風邪**をひいていて鼻水が出ます。
Many people <u>have</u> <u>the</u> **flu** now, so we should be careful.	多くの人が今**インフルエンザ**にかかっているから，注意すべきだ。

とは言わないので，冠詞に注意。

I think I <u>have</u> <u>a</u> **fever**. Can I go home?	私は**熱**があると思います。家に帰ってもいいですか。
You should <u>check</u> <u>your</u> **temperature**.	**体温**を測ったほうがいいですよ。
I <u>have</u> <u>a</u> **pain** <u>in</u> <u>my</u> neck.	私は首に**痛み**があります。
I <u>have</u> <u>a</u> bad **headache** today.	今日はひどい**頭痛**がする。

ように複合語で用いるのが普通。

<u>My</u> <u>back</u> **hurts** a little.	少し<u>背中</u>が**痛む**。

STAGE 1

123

似ていて紛らわしい語をセットで覚える④ 〈意味が似ている〉

351 **sick**
[sík]
A1

形 病気の，〈英〉気分が悪い
⇒ **sickness** 名 病気

sick children
病気の子どもたち

---

352 **ill**
[íl]
® ill-worse-worst
A2

形 〈米〉重病の，〈英〉病気の
⇒ **illness** 名 病気

he is **ill**
彼は病気だ

「病気」の意味では〈米〉では sick を，〈英〉では ill を用いるのが普通。

---

353 **slim**
[slím]
A2

形 細身の，すらりとした

keep **slim**
細身を保つ

---

354 **thin**
[θín]
A1

形 ①やせた ②薄い

he is **thin**
彼はやせている

slim は常に良い意味で用いる。thin は「やせた」の意味の一般的な語だが時にマイナスの意味を持つ。従って「やせすぎだ」と言う場合は × too slim と

---

355 **arm**
[ɑ́ːrm]
A1

名 腕

take A in *one's* **arms**
Aを腕に抱きしめる

---

356 **hand**
[hǽnd]
A1

名 手
動 …を手渡す(→634)

my **hands** are cold
私の手は冷たい

arm は肩から手首まで，hand は手首から先の部分を指す。

---

357 **foot**
[fút] 発音
B1

名 ①(くるぶしから下の)足
②(長さの単位)フット ※約30cm
® feet

big **feet**
大きな足

---

358 **leg**
[lég]
A1

名 (くるぶしから上の)足

long **legs**
長い足

leg は太ももからくるぶしまで，foot はくるぶしから下の部分を指す。

---

359 **finger**
[fíŋɡər]
B1

名 手の指

thin **fingers**
細い指

---

360 **toe**
[tóu] 発音
A2

名 足の指

dragons have three **toes**
龍には足の指が3本ある

日本語では「手の指」，「足の指」と言うが英語ではそれぞれ finger, toe と

There is a famous hospital for **sick** <u>children</u> in London.	ロンドンには**病気の子どもたちのため**の有名な病院があります。
<u>He</u> <u>has</u> <u>been</u> **ill** for a week.	彼はここ1週間**病気です**。

ただし，名詞を修飾する場合は sick を用いて ○ a sick person とし，× an ill person とは普通言わない。

How can fashion models <u>keep</u> **slim**?	ファッションモデルはどのように**細身**を保っていられるんだろう。
He always eats a lot but <u>he</u> is **thin**.	いつもたくさん食べるのに彼は**やせて**いる。

は言わず，too thin と言う。なお thin には「薄い」の意味もあるので注意。
☞ Don't walk on the lake. The ice is too **thin**.「湖の上を歩いてはいけない。氷が薄すぎる。」

He <u>took</u> <u>me</u> <u>in</u> <u>his</u> **arms**.	彼は私を**腕**に抱きしめた。
It's very cold today, so <u>my</u> **hands** <u>are</u> <u>cold</u>.	今日はとても寒いので私の**手**は冷たい。

日本語の「手」は arm「腕」まで含める場合があるが，英語では常に区別する。

My brother has <u>big</u> **feet**.	私の兄は**大きな足**をしている。
Some people have very <u>long</u> **legs**.	とても**長い足**を持った人もいる。

日本語の「足」ではそのような区別はないが，英語では常に区別する。

She has <u>thin</u> **fingers**.	彼女は**細い指**をしている。
Japanese <u>dragons</u> <u>have</u> <u>three</u> **toes**.	日本の龍には**足の指**が3本あります。

異なる語を用いる。× toe fingers/× foot fingers などと言わないように注意。

STAGE 1

同じジャンルで覚える⑲ 料理に関する語(1)

361 cook
[kʊk] A1

動 ①(加熱して)(料理)を作る
②(食材が)(加熱)調理される

cook dinner
夕食を作る

💡 cook は火を使って料理すること全般を意味する。そのためサラダなどを作る場合には使用せず、make a salad のように言う。

362 boil
[bɔɪl] A2

動 ①…をゆでる
②(水が)沸騰する

boil eggs
卵をゆでる

363 steam
[stiːm]

動 …を蒸す
名 蒸気

steam the vegetables
野菜を蒸す

364 fry
[fraɪ] B1

動 …を油で揚げる、…をいためる

fry some beef
牛肉をいためる

365 bake
[beɪk] A2

動 (オーブンでパンやケーキなど)を焼く

bake a cake
ケーキを焼く

366 broil
[brɔɪl]

動 (直火で肉や魚など)を焼く
〈英〉grill

broil chicken
チキンを焼く

同じジャンルで覚える⑳ 五感に関する語

367 taste
[teɪst] B1

動 【taste+形】…な味がする、…の味を見る 名 ①味 ②好み

the cake **tastes nice**
そのケーキはおいしい

368 smell
[smel] B1

動 【smell+形】…なにおいがする、【smell like A】Aのようなにおいがする 名 におい、香り

the curry **smells good**
そのカレーは良いにおいがする

369 sound
[saʊnd] A2

動 【sound C】…に聞こえる、(聞いたことが)…に思える 名 音

sound interesting
(聞いて)面白そう

370 touch
[tʌtʃ] B1

動 …に触れる

touch a snake
ヘビに触れる

371 sense
[sens]

名 感覚、五感(の1つ)

a good **sense of smell**
優れた嗅覚

💡 五感を表す動詞には他に see(→66)、look(→67)、hear(→74)、listen(→78)、feel(→101)がある。 A2

How often does your father **cook** <u>dinner</u>?	あなたのお父さんはどれくらいの頻度で夕食**を作り**ますか。
How long should I **boil** <u>the</u> <u>eggs</u>?	どのくらい長く卵**をゆでる**べきでしょうか。
Steam <u>the</u> <u>vegetables</u> for five minutes.	5分間野菜**を蒸して**ください。
My husband **fried** <u>some</u> <u>beef</u> for dinner.	私の夫は夕食に牛肉**をいためた**。
My mother often **bakes** <u>cakes</u>.	私の母はよくケーキ**を焼きます**。
Do you know how to **broil** <u>chicken</u>?	あなたはチキン**の焼き方**を知っていますか。
<u>The</u> <u>cakes</u> she makes always **taste** **nice**.	彼女が作るケーキはいつも**おいしいです**よ。
<u>The</u> <u>curry</u> you are cooking **smells** very **good**.	あなたが作っているカレーはとても**良いにおいがする**。
Misaki told me about Mr. Fraser's class, and it **sounded** very **interesting**.	美咲がフレイザー先生の授業のことを私に話してくれたけど、とても**面白そうだった**。
Can you **touch** <u>a</u> <u>snake</u>?	あなたはヘビ**に触れる**ことができますか。
Dogs have <u>a</u> very <u>good</u> **sense** **of** **smell**.	イヌはとても優れた**嗅覚**を持っている。

▶ 同じジャンルで覚える㉑　料理に関する語(2)

372 ☐	**recipe** [résəpi]　B2	名 調理法，レシピ	follow the **recipe** レシピに従う
373 ☐	**ingredient** [ɪngríːdiənt]　B1	名 (料理，食品などの)材料，成分	the main **ingredients** 主な材料
374 ☐	**refrigerator** [rɪfrídʒərèɪtər]　A2	名 冷蔵庫　❀ fridge ❀ freezer 名 冷凍庫	keep A in the **refrigerator** Aを冷蔵庫で保存する

💡 refrigerator は長いため，普段の会話では fridge と言うことが多い。

375 ☐	**add** [æd]　A1	動【add A (to B)】 A を (B に)加える	**add** salt to the soup スープに塩を加える
376 ☐	**mix** [mɪks]　A2	動【mix A with B】A と B を混ぜ る　❀ stir (液体)をかき混ぜる	**mix** wasabi **with** soy sauce わさびとしょうゆを混ぜる

💡 add と mix は料理のみならず幅広い場面で使うことができる。

377 ☐	**peel** [piːl]　B2	動 (果物・野菜)の皮をむく	**peel** the carrots ニンジンの皮をむく
378 ☐	**squeeze** [skwiːz]　B2	動 …を絞る	**squeeze** the lemon レモンを絞る

▶ 同じジャンルで覚える㉒　味覚を表す語

379 ☐	**sweet** [swiːt]　A1	形 甘い	chocolate is **sweet** チョコレートは甘い
380 ☐	**sour** [sauər] 発音　B1	形 すっぱい	**sour** apples すっぱいリンゴ
381 ☐	**spicy** [spáɪsi]　B1	形 辛い，香辛料が効いた ❀ hot 辛い，熱い ⇨ spice 名 香辛料	Indian food is **spicy** インドの食べ物は辛い
382 ☐	**salty** [sɔ́ːlti]　B2	形 しょっぱい ⇨ salt 名 塩	this soup is **salty** このスープはしょっぱい
383 ☐	**bitter** [bítər]　B1	形 苦い	**bitter** chocolate 苦いチョコレート

I always <u>follow the</u> **recipe** carefully.	私はいつも注意深く**レシピ**に従います。
The main **ingredients** for curry are onions, potatoes, and carrots.	カレーのための**主な材料**はタマネギ, ジャガイモ, ニンジンです。
I always <u>keep soy</u> sauce <u>in the</u> **refrigerator**.	私はいつもしょうゆを**冷蔵庫**で保存します。

fridge のつづりに注意(d を加える)。

| **Add** a little <u>salt to the</u> soup last. | 最後に, スープに塩を少々**加えてください**。 |
| When I eat sushi, I **mix** wasabi **with** <u>soy</u> sauce. | 私はすしを食べるとき, わさび**と**しょうゆ**を混ぜます**。 |

なお mix A with B は, mix A and B (together) 「A と B を一緒に混ぜ合わせる」とも言う。

| Shall I **peel** <u>the carrots</u> for the curry? | カレーのために**ニンジンの皮をむき**ましょうか。 |
| Can I **squeeze** <u>the lemon</u> on the fish? | その魚の上に**レモンを絞って**もいいですか。 |

Dark <u>chocolate</u> isn't very **sweet**.	ダークチョコレートはあまり**甘くない**。
I like **sour** apples more than sweet ones.	私は甘いリンゴより**すっぱい**リンゴのほうが好きです。
<u>Indian</u> food is often very **spicy**.	インドの食べ物はとても**辛い**ことがよくあります。
<u>This</u> soup is a little **salty**.	このスープは少し**しょっぱい**。
Do you like **bitter** chocolate?	**苦いチョコレート**は好きですか。

同じジャンルで覚える㉓ レストランなどでの食事に用いる語

384
restaurant
[rést(ə)r(ə)nt] A1
名 レストラン

an Italian **restaurant**
イタリア料理レストラン

385
food
[fu:d] A1
名 食べ物，食品，料理

Chinese **food**
中華料理

food は食べ物を表す最も一般的な語であり，食べ物の総称なので数えられない。× I had a food. → ○ I had some food.

386
meal
[mi:l] A1
名 (1回分の)食事，料理

a special **meal**
特別な食事

387
dish
[dɪʃ] A1
名 ①(深めの)皿 ②料理
⑲ plate 皿 / bowl ボウル

put the **dish** on A
その皿をAに置く

普通 dish は plate より深く，bowl より浅い皿を言う。

388
order
[ɔ́:rdər] A1
名 ①注文 ②順番 ③命令(→670)
動 ①…を注文する
　②(人)に命令する(→670)

take *one's* **order**
…の注文を取る

レストランでは次の文でもよく使われる。☞ Are you ready to order?
「注文の準備はできましたか[注文はお決まりですか]。」

389
dessert
[dɪzə́:rt] アク A2
名 デザート
⑲ désert 名 砂漠(→1323)

would like a **dessert**
デザートをいただきたい

同じジャンルで覚える㉔ 空腹・満腹・のどの渇きを表す形容詞

390
hungry
[hʌ́ŋgri] A1
形 おなかがすいた
⇨ hunger 名 空腹

I'm **hungry**
私はおなかがすいた

391
starving
[stá:rvɪŋ] B2
形 ひどくおなかがすいた，飢えた
⇨ starve 動 飢える

I'm **starving**
私はすごくおなかがすいた

392
thirsty
[θə́:rsti] A2
形 のどが渇いた

I'm **thirsty**
私はのどが渇いた

393
full
[fʊl] A1
形 満腹の，いっぱいの
⇨ fully 副 十分に

I'm **full**
私はおなかがいっぱいだ

| There are three Italian **restaurants** in my town. | 私の町には3軒の<u>イタリア料理</u>**レストラン**がある。 |
| Do you like Chinese **food**? | <u>中華</u>**料理**は好きですか。 |

また，Chinese food のように各種の料理を表す際にも使われる。

| My husband cooked a special **meal** for my birthday. | 私の夫は私の誕生日に**特別**な**食事**を作ってくれた。 |
| Please put the **dish** on the table. | その**お皿**をテーブルに<u>置いて</u>ください。 |

dish は「料理」の意味では Italian **dishes**「イタリア料理」などと言う。

| Can I take your **order**? | (あなたの)**注文**を<u>取らせて</u>いただけますか。 |

名詞の order には「順番」の意味もあるので注意。
☞ The list of students' names is in alphabetical **order**.「生徒名一覧は，アルファベット順です。」

| <u>Would you like</u> a **dessert**? | **デザート**を召し上がりますか。 |

I'm very **hungry**. Shall we have lunch now?	私はとても**おなかがすいて**います。今お昼を食べませんか。
I'm **starving**, because I didn't have lunch.	昼食をとっていないので，私は**すごくおなかがすいた**。
I'm very **thirsty**. Could I have some water?	私はとても**のどが渇いて**います。水をいただけますか。
I would like some cake, but I'm **full**.	ケーキをいただきたいのですが，私は**おなかがいっぱいです**。

似ていて紛らわしい語をセットで覚える⑤　〈発音が同じ〉

394	grate [greɪt]	動 (おろし金等で)…をすりおろす	**grate** the cheese チーズをすりおろす
395	great [greɪt]　A1	形 すばらしい, 偉大な ⇨ **greatly** 副 大いに	a **great** actor 偉大な俳優
396	piece [pi:s]　A1	名 [a piece of ...] 1つの…	**a piece of** cake 1切れのケーキ
397	peace [pi:s]　A1	名 平和 ⇨ **peaceful** 形 平和な(→1084)	world **peace** 世界平和
398	plain [pleɪn]　B1	形 ①(食品が)素材のままの, (衣服が)模様のない　②明白な	**plain** rice 味つけしていないご飯 [白米]
399	plane [pleɪn]　A1	名 飛行機	by **plane** 飛行機で
400	flour [fláʊər]　A2	名 小麦粉	mix **flour** with butter 小麦粉とバターを混ぜる
401	flower [fláʊər]　A1	名 花 ⇨ **blossom** (木に咲く)花(→1327)	my favorite **flowers** お気に入りの花
402	root [ru:t]　A2	名 根	a **root** vegetable 根菜
403	route [ru:t]　B2	名 ルート, 道筋	the best **route** 一番良いルート

スペリングに注目して覚える②　-ful で終わる形容詞(1)

404	careful [kéərf(ə)l]　A1	形 注意深い ⇨ **care** 名 世話 動 気にする(→676)	be **careful** about A Aに注意している
405	helpful [hélpf(ə)l]　A2	形 (人・物事が)役に立つ ⇨ **help** 名 助け 動 …を助ける(→666)	your advice is **helpful** あなたのアドバイスは役に立つ
406	useful [jú:sf(ə)l]　A2	形 (物事が)役に立つ ⇨ **use** 名 使用(法) 動 …を使う	this book is **useful** この本は役に立つ

Please **grate** the cheese for the salad.	サラダのためにチーズ**をすりおろして**ください。
He was a **great** actor.	彼は**偉大な**俳優だった。
I want to eat **a piece of** cake after lunch.	私は昼食後にケーキ**を1切れ**食べたい。
We hope for world **peace**.	私たちは**世界平和**を願っています。
Would you like fried rice or **plain** rice?	チャーハンと**味つけしていない**ご飯 [**白米**] のどちらがご希望ですか。
Did you come to Fukuoka by **plane**?	福岡まで**飛行機**で来ましたか。
Mix **flour** with butter in a bowl.	ボウルの中で**小麦粉**とバターを混ぜてください。
Sunflowers are my favorite **flowers**.	ひまわりは私のお気に入りの**花**です。
Carrots are **root** vegetables.	ニンジンは**根菜**です。
Which is the best **route** to Takayama?	高山への一番良い**ルート**はどれですか。
Be **careful** about washing your hands when cooking.	料理をするときは手洗いに**注意を払い**なさい。
Your advice is always **helpful**.	あなたのアドバイスはいつも**役に立ちます**。
This book is very **useful** to learn Chinese.	この本は中国語を学ぶのにとても**役立ちます**。

STAGE 1

文法・語法との関連で覚える③　基本的な接続詞・前置詞

407 **if** [ɪf]	接 ①もし…ならば	**if** you like pizza もしピザが好きなら
	接 ②…かどうか A1	ask him **if** he can *do* 彼に〜できるかどうか尋ねる

408 **whether** [(h)wéðər]	接 …かどうか(= **if** 接②)	**whether** it will rain 雨が降るかどうか

B1 💡 if には「もし…ならば」の意味があるが，whether にはない。

409 **while** [(h)waɪl]	接 ①〜している間に　②〜する一方で　参 **whereas** (→1747) A2	**while** I'm eating lunch 私がお昼を食べている間に

410 **until** [əntíl]	前 接 …までずっと 同 **till**	**until** eight o'clock 8時までずっと

A1 💡 until [till] を前置詞として使用する際は by (→12) との意味の違いに注意。

411 **as** [əz / æz]	接 …なので　前 …として 同 **because / since** (→283)	**as** we learn English 私たちは英語を学ぶので

A2 💡 because や since も文頭では同様の意味になるが，「理由」を最も強調した

同じジャンルで覚える㉕　程度を表す副詞(1)

412 **really** [ríːli]	副 本当に，とても ⇨ **real** 形 本当の，実在の A1　⇨ **reálity** 名 現実	**really** get 100 points 本当に100点を取る

413 **even** [íːv(ə)n]	副 …でさえ　形 平らな(→1789) 熟 **even if** S+V (→1275) A2	**even** in Okinawa 沖縄でさえ

414 **quite** [kwaɪt]	副 〈米〉非常に，とても 〈英〉まあまあ，比較的 A2	it is **quite** cold とても寒い

415 **mostly** [móʊs(t)li]	副 たいてい，主として， 大部分は A2	**mostly** boys 大部分が男子

416 **partly** [páːrtli]	副 部分的に，いくらか A2	be **partly** frozen 部分的に凍っている

If you like pizza, you should try this restaurant.	もしピザが好き**なら**, このレストランを試してみるべきです。
I asked him **if** he could play the piano.	私は彼にピアノが弾ける**かどうか**尋ねた。
I want to know **whether** it will rain tomorrow.	明日雨が降る**かどうか**知りたい。

また whether の代わりに if (接②) を使うこともできる。

Sakura called me **while** I was eating lunch.	さくらは私がお昼を食べ**ている間に**電話をくれた。
Many stores are open **until** eight o'clock here.	ここでは多くの店が8時**まで**開いています。
As we are learning English, I want to go abroad.	私たちは英語を学んでいる**ので**, 外国へ行きたいです。

いときは because が好まれる。

Did you **really** get 100 points on your test?	あなたは**本当に**テストで100点を取ったのですか。
This winter was very cold. It snowed **even** in Okinawa.	今年の冬はとても寒かった。沖縄で**さえ**雪が降った。
It was **quite** cold this morning.	今朝は**とても**寒かった。
The members of my club are **mostly** boys.	私のクラブのメンバーは**大部分が**男子だ。
This fish is still **partly** frozen.	この魚はまだ**部分的に**凍っている。

135

日常会話に用いる慣用表現

417

Nice to meet you.

はじめまして。

® **I'm pleased to meet you.** ※フォーマル

💡 It is nice to meet you. の It is が省略された形。

418

How are you?

お元気ですか。

💡 比較的丁寧な挨拶で，くだけた会話では右のような表現を使う。

419

Excuse me.

(相手の注意を引くために)すみません。

⇨ **excuse** 動 …を許す (→893)

💡 見知らぬ人に何かを尋ねる際などに用いるのが基本。

420

Well done!

よくやった！

® **Good job!**

421

Good luck!

がんばって！

⇨ **luck** 名 運

💡 Do your best. (→34) とすると「全力を出しなさい。」の意味。

422

I missed you.

(相手と離れていて)寂しかった。

⇨ **miss** 動 ①…がいなくて寂しく思う ②…を逃す (→334)

💡 これから離れていく人には I'll miss you. 「君と会えなくなっ

423

Congratulations!

おめでとう！ ※常に複数形

424

What's the matter?

どうしましたか。 ⇨ **matter** 名 問題 動 重要である

® **It doesn't matter.** 重要ではない，どうでもよい

425

You are welcome.

どういたしまして。

® **Welcome to＋場所** ようこそ場所へ

💡 ややていねいな言い方。親しい間柄では That's OK. でよい。

426

That's a pity.

それは残念だ。 ® **That's a shame.**

® **What a pity[shame]！** ※ That's a pity. を強めた言い方

<u>Nice</u> <u>to</u> <u>meet</u> <u>you.</u> — <u>Nice</u> <u>to</u> <u>meet</u> <u>you</u>, too.	**はじめまして。** — こちらこそ**はじめまして。**

同意の表現に How do you do? があるが，現在ではあまり使用しない。

<u>How</u> <u>are</u> <u>you?</u> — I'm OK. How about you?	**元気ですか。** — ええ。あなたは？

☞ How are you doing? / How are things?

STAGE 1

<u>Excuse</u> <u>me</u>, do you know where the station is?	**すみません**，駅がどこにあるか知っていますか。

日本語の「すみません」につられて I'm sorry. とする誤りが見られるので注意。

I was first place in the speech contest. — <u>Well</u> <u>done!</u>	私はスピーチコンテストで１位だった。 — **よくやった！**

I have a history test tomorrow. — <u>Good</u> <u>luck!</u>	明日歴史のテストがあるんだ。 — **がんばってね！**

I'm so glad you are back. <u>I</u> <u>missed</u> <u>you</u> so much.	きみが戻ってうれしいよ。すごく**寂しかったんだ。**

て寂しくなるね。」と言う。

I passed the entrance exam. — <u>Congratulations!</u>	入試に合格したよ。 — **おめでとう！**

<u>What's</u> <u>the</u> <u>matter?</u> You look tired.	**どうしたの。**疲れているように見えるよ。

Thank you very much for helping me. — <u>You</u> <u>are</u> <u>welcome.</u>	手伝ってくれて本当にありがとうございます。 — **どういたしまして。**

Yuki can't come to the party. — <u>That's</u> <u>a</u> <u>pity.</u>	由紀はパーティーに来られないよ。 — **それは残念だ。**

137

日常生活で使う表現(1)

427 wake up

(眠りから)目を覚ます

㊝ **get up** (目が覚めてから)寝床を出る，起きる(→42)

💡 wake+人+up は「人を起こす」の意。

428 brush *one's* teeth

歯を磨く ⇨ **brush** 動 …にブラシをかける

⇨ **teeth** < **tooth** 图 歯(→1030)

429 get dressed

(外出等のために)服を着る

⇨ **dress** 動 …に衣服を着せる 图 ドレス，衣服

引き出し □ get changed 「着替える」

💡 get dressed は外出などのために「(上下の)服を着る，身支度

430 have breakfast

朝食を取る ※ breakfast には冠詞をつけない。
lunch「昼食」，dinner[supper]「夕食」も同様。

431 skip breakfast

(意図的に)朝食を抜く

⇨ **skip** 動 …を省く，…を休む

💡 「意図的に食べない」の意味で，「時間がなくて食べられない」

432 be late for school

学校に遅れる ㊝ **be absent from school** 学校を休む

⇨ **late** 形 遅れた，遅い

433 make it

①(乗り物などに)間に合う，(目的地に)間に合って到着
する ②(活動・職業などで)成功する

434 have a rest

休憩する

㊒ **take a rest** (→61 take)

435 shake hands (with+人)

(人と)握手する

⇨ **shake** 動 …を振る，…をゆさぶる

436 go for a walk

散歩に行く

㊒ **take a walk** (→61 take)

437 go to bed

ベッドに入る，寝る ㊝ **go to sleep** 眠りにつく

㊝ **fall asleep** (無意識に)眠りに落ちる(→1057 asleep)

💡 日常生活の表現には他に **do *one's* homework**「宿題をする」，
put on *one's* pajamas「パジャマを着る」(→117 put A on)

I often read a newspaper in bed after I <u>wake</u> <u>up</u>.	私は**目覚めた**あとよくベッドで新聞を読みます。

☞ **Wake me up** at seven o'clock. 「私を7時に起こしてください。」

Many people in Japan <u>brush</u> <u>their</u> <u>teeth</u> after every meal.	日本では多くの人が毎食後に**歯を磨き**ます。
It's already eight o'clock. You must <u>get</u> <u>dressed</u> soon.	もう8時だ。すぐに**服を着**なくてはいけないよ。

STAGE 1

をする」ことを意味するが，put ... on （→117）は「（個々の服）を着る」の意味。

I didn't <u>have</u> <u>breakfast</u> this morning because I didn't have time.	時間がなかったので私は今朝**朝食を取ら**なかった。
My sister always <u>skips</u> <u>breakfast</u>.	私の姉はいつも**朝食を抜く**。

の意味ではない。

Ryota <u>is</u> often <u>late</u> <u>for</u> <u>school</u>.	涼太はよく**学校に遅れる**。
I can't <u>make</u> <u>it</u> at six, but seven is OK.	私は6時には**間に合わ**ないけれど，7時なら大丈夫です。
Don't work too hard. <u>Have</u> <u>a</u> <u>rest</u>.	働きすぎないで。**休憩して**。
People often <u>shake</u> <u>hands</u> in Western countries.	西洋諸国では，人々はよく**握手をする**。
The weather is beautiful. Shall we <u>go</u> <u>for</u> <u>a</u> <u>walk</u>?	とても天気がいいよ。**散歩に行きませ**んか。
I'll <u>go</u> <u>to</u> <u>bed</u> now because I have to get up early tomorrow.	明日は早く起きなくちゃいけないから，私はもう**寝ます**。

⇔ **take off** *one's* **pajamas** （→62 take off A），**take a shower**「シャワーを浴びる」（→61 take）などがある。

〈be＋形容詞＋to *do*〉の表現

438
☐ **be able to *do***

~することができる

◉ can (→186)

> 💡「~することができた」と過去に一度だけなしえたことについて言う場合は, was[were] able to *do* とし, could (→187) は用いない(could は過去に何かをする能力があったということを示す)。

439
☐ **be happy to *do***

喜んで~する

◉ would be happy to *do* ※より丁寧な表現

440
☐ **be ready to *do***

~する準備ができている, 喜んで~する

◉ be prepared to *do* ~する用意がある

⇨ ready 形 準備ができて

441
☐ **be likely to *do***

~しそうである, ~しがちである

⇨ likely 形 ありそうな, 起こりそうな

442
☐ **be about to *do***

(差し迫った未来を表して)まさに~するところだ
※この場合の about は形容詞

◉ be going to *do* ~するつもりだ, ~しそうだ

〈be＋形容詞＋前置詞〉の表現(1)

443
☐ **be proud of** A

Aを誇りに思う　⇨ pride 名 誇り

※親が子どもをほめるときによく用いる

444
☐ **be afraid of** A

Aが怖い

◉ be afraid to *do* 怖くて~できない

445
☐ **be full of** A

Aでいっぱいだ　◉ be filled with A Aでいっぱいだ

⇨ full 形 いっぱいの, 満腹の(→393)

446
☐ **be different from** A

Aとは異なる　◉ differ from A

⊘ be the same as A Aと同じだ

447
☐ **be similar to** A

Aと似ている　⇨ similarly 副 同様に

⇨ similarity 名 類似

448
☐ **be famous for** A

Aで有名な

◉ be well-known for A

I'll **be able to finish** my report tomorrow.

私は明日には私のレポートを**仕上げることができる**でしょう。

I**'m happy to help** you with your homework.

あなたの宿題を**喜んでお手伝いします**よ。

Are you **ready to order**?
※レストランでよく使う表現

ご注文の準備はよろしいですか [ご注文はお決まりですか]。

The game will finish soon. Our team **is likely to win**.

試合はもうすぐ終わる。私たちのチームは**勝ちそうだ**。

When I **was about to leave** the house, it started raining.

私が**まさに**家を**出ようとした**とき雨が降ってきた。

Well done, Emma! I**'m proud of** you.

エマ, よくやったね! **君を誇りに思うよ**。

I**'m afraid of** snakes.

私はヘビ**が怖い**。

What are you doing? The kitchen **is full of** smoke.

君は何をしているの? キッチンが煙**でいっぱいだ**よ。

American English **is different from** British English. ※ British 英国の

アメリカ英語はイギリス英語**とは異なります**。

Some dogs **are similar to** wolves.

イヌの中にはオオカミ**に似ている**ものもある。

Nagano **is famous for** *soba*.

長野はそば**で有名です**。

助動詞を含む表現

449 □	**ought to *do***	～すべきだ ⑤ should (→191)

| 450 □ | **had better *do*** | ～すべきだ，～しなさい |

> 💡 I や we を主語にすると「～すべきだ」の意味で，you を主語にすると「～しなさい」とかなり命令的な響きを持つため，you had better *do* は親しい間柄でのみ用いる。

| 451 □ | **used to *do*** | (今はそうではないが)以前はよく～したものだ，以前は～であった ⑤ be used to *doing* ～することに慣れている(→733) |

| 452 □ | **would often *do*** | よく～したものだった |

| 453 □ | **would rather *do* (than *do*)** | (～するよりも)むしろ～したい
⑥ A rather than B Bよりもむしろ A |

〈be＋過去分詞(の形の形容詞)＋前置詞〉の表現(1)

| 454 □ | **be interested in A** | Aに興味がある
⇨ interest 動 …に興味を持たせる 图 興味 |

| 455 □ | **be surprised at[by] A** | Aに驚く ⑲ be surprised that ... …ということに驚く
⇨ surprise 動 …を驚かせる 图 驚き |

> 💡 目的語に名詞の代わりに動名詞を用いた be surprised at *doing*「～して驚く」の形でも用いられる。

| 456 □ | **be excited at A** | Aにわくわくする，Aに興奮する
⇨ excite 動 …をわくわくさせる，…を興奮させる
⇨ exciting 圏 わくわくさせる，興奮させる(→312) |

> 💡 前置詞は at の他，about や by なども可。

| 457 □ | **be tired from A** | Aで疲れている |

| 458 □ | **be tired of A** | Aに飽きている，Aにうんざりしている |

> 💡 前置詞(from と of)で意味が変わるので注意。

| You **ought to eat** breakfast every day. | あなたは毎日朝食を**食べるべきだ**。 |

| We **had better go** to the airport by eight o'clock. | 私たちは8時までに空港に**行くべきだ**。 |

STAGE 1

| My family live in Chiba now, but we **used to live** in Yamagata. | 私の家族は今は千葉に住んでいるが，**以前は**山形に**住んでいた**。 |

| I **would often go** skiing when I was young. | 私が若いときにはよくスキーに**行ったものです**。 |

| I **would rather read** a book **than watch** TV. | 私はテレビを**見るよりも，むしろ**本が**読みたい**。 |

| I'm very **interested in** Japanese history. | 私はとても日本史に**興味がある**。 |

| I **was surprised at**[**by**] the news. | 私はその知らせに**驚いた**。 |

| Many soccer fans **were excited at** the game. | 多くのサッカーファンがその試合に**興奮した**。 |

| I'**m tired from** studying so hard for the exam. I need a rest. | 僕は試験のために一生懸命勉強した**ので疲れたよ**。休みが必要だ。 |

| I'**m tired of** studying so hard for the exam. I want to watch TV. | 僕は試験のために一生懸命勉強するの**に飽きたよ**。テレビが見たい。 |

基本動詞で表す表現 〈make＋名詞〉(1)

459 □ **make a plan** 　計画を立てる

460 □ **make coffee** 　コーヒーをいれる
🔊 **make tea** お茶をいれる

💡 coffee や tea は液体で数えられないため前に不定冠詞の a を

461 □ **make a decision** (〜する to *do*) 　(〜することに)決める・決心する
⇨ **decision** 图 決定，決心 ＜ **decide** 動 (→656)

462 □ **make a mistake** 　間違える
⇨ **mistake** 图 誤り

463 □ **make a speech** 　スピーチをする　🔊 **deliver a speech** ※フォーマル
⇨ **speech** 图 スピーチ，演説

464 □ **make friends with** A 　Aと友達になる

基本動詞で表す表現 〈have＋名詞〉(1)

465 □ **have an appetite** 　食欲がある
⇨ **appetite** 图 食欲

466 □ **have no idea** 　まったくわからない
⇨ **idea** 图 考え

💡 I don't know. の口語的な表現で，主に親しい間柄で用いる。

467 □ **have a baby** 　赤ちゃんを産む

468 □ **have a dream** 　夢を見る，夢がある
※× see a dream としない

469 □ **have a party** 　パーティーを開く
🔊 **hold a party** ※フォーマル(→331 hold)

💡 他に，**have breakfast**「朝食を取る」(→430)，**have a cold**

| Have you **made a plan** for this summer? | 今年の夏の**計画は立て**ましたか。 |
| Would you like me to **make coffee**? | **コーヒーをいれ**ましょうか。 |

つけないが，カップ等に入った状態では two coffees「コーヒー2つ」のように数えることができる。

STAGE 1

Have you **made a decision** what to study at university?	大学で何を勉強するか**決めて**いますか。
I only **made** a few **mistakes** in the test.	私はそのテストではほんのいくつか**間違えた**だけだ。
I **made a speech** in English in class yesterday.	私は昨日授業中に英語で**スピーチをしました**。
I want to **make friends with** many people in my school.	私は学校でたくさんの人**と友達になり**たい。

| I didn't **have an appetite** when I had a cold. | 私は風邪をひいていたとき**食欲があり**ませんでした。 |
| I **have no idea** where my key is. | 私は自分の鍵がどこにあるのか**まったくわからない**。 |

My sister will **have a baby** next month.	私の姉は来月**赤ちゃんを産む**予定です。
I **had a** strange **dream** last night. I was flying.	私は昨晩不思議な**夢を見ました**。私は飛んでいたのです。
I am going to **have a** birthday **party** on Saturday.	私は土曜日に誕生**パーティーを開きます**。

「風邪をひく」，**have a rest**「休憩する」（→434），**have a meeting**「会議を開く」がある。

同じジャンルで覚える㉖ 「お金」に関する動詞

470 sell
[sel]
活 sell-sold-sold

動 ①…を売る
⇨ sale 名 大売出し, セール

sell chocolate cakes
チョコレートケーキを売る

動 ②【sell+副】売れ行きが…だ, (値段で)売れる
A1

the shirts **sell well**
そのシャツはよく売れる

471 pay [peɪ]
活 pay-paid-paid　A1

動 (…を)支払う
⇨ payment 名 支払い

pay by card
カードで支払う

472 spend [spend]
活 spend-spent-spent　A1

動 (…に) (お金)を使う (on ...), (…に) (時間)を費やす (on ...)

spend 10 pounds
10ポンドを使う

473 cost [kɔːst] 発音
活 cost-cost-cost　A2

動 (人に) (お金)がかかる
名 費用　⇨ costly 形 高価な

cost me 20,000 yen
私に20,000円かかる

474 save
[seɪv]　A1

動 ①(お金・時間)を節約する
②(お金)を貯める ③(人)を救出する

save money
お金を節約する

同じジャンルで覚える㉗ 買い物・ファッションに関する語

475 price
[praɪs]　A1

名 値段, 価格

land **prices**
土地の価格

476 bargain
[báːrɡ(ə)n]　A2

名 掘り出し物, 割安な品物
※「大売出し (=sale)」の意味ではない

this coat is a **bargain**
このコートは掘り出し物だ

477 trend
[trend]　B1

名 ①流行, トレンド
②傾向, 動向

fashion **trends**
ファッションの流行

478 wear
[weər]
活 wear-wore-worn　A1

動 …を身につけている

wear a black jacket
黒いジャケットを身につけている

💡「身につけている (状態)」を表す。「着る」という動作を表す場合は put A on

479 clothes
[klouz/klouðz] 発音　A1

名 衣服
⇨ cloth 名 布(地)

shopping for **clothes**
服の買い物

480 close
[klouz]　A1

動 (ドア・店など)を閉める・閉まる
類 shut …を(ぴったり)閉める
⇨ closed 形 閉じた, 閉店した

a restaurant **closes**
レストランが閉まる

引き出し □ close down 「(永久に)店を閉じる, 閉店する」

This café **sells** the best <u>chocolate cakes</u> in town.	このカフェでは町で一番おいしい<u>チョコレートケーキ</u>を**売っています**。
<u>These shirts are</u> **selling well** this summer.	<u>これらのシャツ</u>は今年の夏**よく売れています**。
Can I **pay** <u>by</u> <u>card</u>?	<u>カードで</u>**支払う**ことはできますか。
I usually **spend** <u>10</u> <u>pounds</u> a month on books. ※ pound イギリスの通貨単位	私はたいてい1カ月に<u>10ポンド</u>を本に**使います**。
It **cost** <u>me</u> <u>20,000 yen</u> to fly to Seoul.	<u>私が飛行機でソウルに行くのに20,000円</u>**かかった**。
You should try to **save** <u>money</u>.	あなたは<u>お金</u>を**節約する**よう努めるべきだ。
<u>Land</u> **prices** in Tokyo are much higher than here.	東京の<u>土地</u>の**価格**はここよりずっと高い。
<u>This coat was a</u> real **bargain**.	<u>このコート</u>は本当に**掘り出し物**だった。
Young people are often interested in <u>fashion</u> **trends**.	若者はしばしば<u>ファッション</u>の**流行**に興味を持つ。
She always **wears** <u>a</u> <u>black jacket</u>.	彼女はいつも<u>黒いジャケット</u>を**身につけている**。

(→117)を使う。

I enjoy <u>shopping for</u> **clothes**, but my husband doesn't.	私は<u>服</u>の**買い物**が好きですが, 私の夫はそうではありません。
<u>This restaurant</u> will **close** at eleven o'clock.	<u>このレストラン</u>は11時に**閉まります**。

STAGE 1

同じジャンルで覚える㉘　お金・値段に関する語

481 □ **coin**
[kɔɪn] A2
名 硬貨，コイン
10-yen **coins**
10円硬貨

482 □ **bill**
[bɪl]
名 ①紙幣
※〈英〉では note を用いる
a one-thousand yen **bill**
1,000円札

名 ②請求書，勘定（書）
A2
water **bills**
水道料金の請求書

483 □ **cash**
[kæʃ] A2
名 現金
※紙幣と硬貨
pay in **cash**
現金で払う

484 □ **wallet**
[wá(:)lət]
名 財布，札入れ
類 purse 財布
lose *one's* **wallet**
財布をなくす

A2 💡 男性用の財布には〈米〉〈英〉ともに wallet を用いる。また〈英〉では小型の

485 □ **cheap**
[tʃíːp] A2
形 値段が安い
a **cheap** plane ticket
安い航空券

486 □ **expensive**
[ɪkspénsɪv]
形 値段が高い
反 inexpensive 低価格の
expensive shoes
高い靴

A1 💡 price「値段」(→475) が主語の場合，高い／安いは high/low を使う。

487 □ **reasonable**
[ríːz(ə)nəb(ə)l] B1
形 ①（値段が）手頃な
　②筋が通った
the price is **reasonable**
値段が手頃だ

同じジャンルで覚える㉙　物の素材を表す語

488 □ **wood**
[wʊd] 発音 A2
名 木材
⇨ wooden 形 木でできた
be made of **wood**
木でできている

489 □ **iron**
[áɪərn] B1
名 鉄，鉄分
類 metal 名 金属
a ship made of **iron**
鉄でできた船

490 □ **silk**
[sɪlk] B1
名 絹，シルク
⇨ silky 形 絹のような
a **silk** dress
絹のドレス

491 □ **wool**
[wʊl] 発音 A2
名 羊毛，ウール
coats made of **wool**
ウール製のコート

Do you have two <u>10-yen</u> **coins**?	<u>10円硬貨</u>を2枚持っていますか。
Who is on <u>a one-thousand yen</u> **bill**?	<u>1,000円札</u>に描かれている人は誰ですか。
We receive <u>water</u> **bills** every two months.	私たちは2カ月ごとに<u>水道料金</u>の**請求書**を受け取る。
Shall I <u>pay in</u> **cash** or by card?	**現金**で払いましょうか, それともカードで払いましょうか。
I <u>lost my</u> **wallet** while I was out yesterday.	私は昨日外出中に**財布**をなくした。

STAGE 1

女性用のものを purse と呼ぶが,〈米〉では一般的に purse は女性用のハンドバッグを意味する。

I'm looking for a **cheap** plane ticket to Paris.	私はパリへの**安い**航空券を探しています。
I usually don't buy **expensive** shoes.	私はふだんは**高い**靴を買いません。

☞ The price of plane tickets is **high[low]** these days. 「近頃航空券の値段が高い[安い]。」

<u>The price</u> of that computer <u>is</u> **reasonable**.	あのコンピューターの値段は**手頃です**。
Our house <u>is made of</u> **wood**.	私たちの家は**木**でできています。
<u>The</u> first <u>ship made of</u> **iron** was built in 1818.	最初の**鉄**でできた船は1818年に造られた。
What <u>a</u> beautiful **silk** dress!	なんてきれいな**絹**のドレスでしょう！
<u>Coats made of</u> **wool** are very warm.	**ウール**製のコートはとても暖かい。

文法・語法との関連で覚える④ 〈a ... of〉の形で用いる語

492 **glass** [glæs] A1
名 コップ，グラス，(素材としての)ガラス
⇨ **glasses** 名 めがね(→498)

a glass of water
コップ1杯の水

A1 💡 2杯以上の場合，two[three/four ...] glasses of ... とする。以下も同様。

493 **cup** [kʌp] A1
名 カップ，茶碗

a cup of tea
カップ1杯のお茶

494 **bottle** [bá(:)t(ə)l] A1
名 ボトル，びん
※先が細くなっているもの

a bottle of wine
1びんのワイン

495 **jar** [dʒɑːr] B1
名 (広口の)ガラス容器，びん

a jar of jam
1びんのジャム

496 **can** [kæn] A2
名 ①缶詰，缶　②容器

a can of beans
1缶の豆

497 **sheet** [ʃiːt] B1
名 (紙などの)1枚

a sheet of paper
1枚の紙

文法・語法との関連で覚える⑤ 〈a pair of ...〉を使って数える名詞

498 **glasses** [glǽsɪz] A1
名 めがね

a pair of **glasses**
めがね1つ

A1 💡 glasses「めがね」は常に複数形。単数形では意味が変わるので注意

499 **pants** [pæn(t)s] A1
名 〈米〉ズボン，〈英〉(下着の)パンツ
関 trousers 名 〈英〉ズボン

a pair of **pants**
ズボン1本

A1 💡 pants は〈英〉では下着の「パンツ」の意味になるので注意。

500 **sock** [sɑ(:)k] A2
名 靴下

a pair of **socks**
靴下1足

501 **shoe** [ʃuː] A1
名 靴

a pair of **shoes**
靴1足

502 **glove** [glʌv] 発音 A2
名 手袋
関 globe 名 地球(儀) (→961)

a pair of **gloves**
手袋1組

💡 めがねやズボンなど，1対で1つのものを構成するものは常に複数形で表す。ただし，靴や靴下など，2つに分かれたものの片方を言うときは単数形で表す。

| Can I have **a glass of** water, please? | **コップ1杯の水**をもらえますか。 |

| I always drink **two cups of** tea after supper. | 私はいつも夕食後に**カップ2杯のお茶**を飲みます。 |

| I bought **a bottle of** wine for my father's birthday. | 私は父の誕生日に**ワインを1本**買いました。 |

| There is **a jar of** strawberry jam in the fridge. | 冷蔵庫にイチゴの**ジャムが1びん**ある。 |

| My mother often puts **a can of** beans in her curry. | 私の母はよくカレーに**豆を1缶**入れます。 |

| Can you give me **a sheet of** paper? | **紙を1枚**もらえますか。 |

| I want to buy a new <u>pair</u> of **glasses**. | 私は新しい**めがね**を1つ買いたい。 |

(→492 **glass**)。2つ以上のペアを数える場合は two[three/four ...] pairs of ... とする。以下も同様。

| I bought <u>a pair of</u> **pants** last week. | 私は先週**ズボン**を1本買いました。 |

| I think I need <u>a few pairs of</u> **socks**. | 私は何足かの**靴下**が必要だと思う。 |

| I found <u>a nice pair of</u> **shoes** yesterday in town. | 私は昨日街ですてきな**靴**を1足見つけました。 |

| My aunt gave me <u>a pair of</u> **gloves** on Christmas Day. | 私のおばはクリスマスに(1組の)**手袋**をくれた。 |

☞ I can't find my other sock. 「もう片方の靴下が見つからない。」

文法・語法との関連で覚える⑥　go doing「〜しに行く」の形にできる動詞

503 shop [ʃɑ(:)p] B1
動 買い物をする
名 〈英〉店　※〈米〉では store（→1371）
⇨ shopping 名 買い物（をすること）
go shopping 買い物に行く

504 fish [fɪʃ] B1
動 釣りをする　名 魚
⇨ fishing 名 釣り，漁業
go fishing 釣りに行く

505 ski [skiː] B1
動 スキーをする
名 スキーの板
⇨ skiing 名 スキー（をすること）
go skiing スキーに行く

506 hike [haɪk]
動 ハイキングをする
⇨ hiking 名 ハイキング
go hiking ハイキングに行く

507 camp [kæmp]
動 キャンプをする
名 キャンプ，（チームの）合宿
⇨ camping 名 キャンプ（をすること）
go camping キャンプに行く

引き出し　□ go swimming「泳ぎに行く」

A2　go doing の形では，あとに場所を示すときの前置詞は×to ではなく，in や

反対の意味を持つ語をセットで覚える③

508 outside [àʊtsáɪd] A1
副 外で　形 外の　前 …の外で
関 outdoor 形 屋外の
wait outside 外で待つ

509 inside [ɪnsáɪd] A2
副 屋内で　形 屋内の
前 …の中に　関 indoor 形 屋内の
stay inside 屋内にいる

510 float [floʊt] B1
動 浮く
名 (釣りなどに使う)浮き
ice floats 氷は浮く

511 sink [sɪŋk]　活 sink-sank-sunk B1
動 沈む
a ship sinks 船が沈む

512 weekday [wíːkdèɪ] A2
名 平日，ウィークデー
on weekdays 平日に

513 weekend [wíːkènd] A1
名 週末，ウィークエンド
on weekends 週末に

weekend は土，日を指すが時に金曜の晩を含む。また，「今週末」は this weekend と表し前置詞は不要。

Shall we **go shopping** in Harajuku?	原宿へ**買い物に行き**ませんか。
My brother often **goes fishing** in summer.	弟は夏によく**釣りに行きます**。
We **went skiing** in Hokkaido last winter.	私たちはこの前の冬に北海道へ**スキーに行きました**。
I want to **go hiking** in the mountains in *Golden Week*.	ゴールデンウィークには山に**ハイキングに行き**たい。
We're **going camping** near Mt. Fuji next week.	私たちは来週富士山の近くへ**キャンプに行く**予定です。

□ go climbing「登山に行く」 □ go cycling「サイクリングに行く」

at を用いることに注意。☞ × Shall we go shopping to Harajuku?

STAGE 1

Please <u>wait</u> **outside** for a moment.	少し**外**で待ってください。
We <u>stayed</u> **inside** because it was raining all day yesterday.	昨日は一日中雨が降っていたので私たちは**屋内**にいた。
Why does <u>ice</u> **float** in water?	なぜ氷は水に**浮く**のですか。
People used to think iron <u>ships</u> would **sink**.	かつて人々は鉄の船は**沈む**だろうと思っていた。
Trains are busier <u>on</u> **weekdays**.	**平日**には電車がより混んでいる。
Schools are closed <u>on</u> **weekends** in many countries.	多くの国では, 学校は**週末**には閉まっています。

☞ I'm going out with my sister **this weekend**.「私は今週末姉と外出するつもりです。」

153

似ていて紛らわしい語をセットで覚える⑥ 〈意味が似ている〉

514 **fit**
[fɪt] B1
動 (大きさ, サイズが) (人)に合う

the jacket **fits** me
そのジャケットは私に合う

515 **suit**
[suːt]
動 ①(柄, スタイルなどが) (人)に似合う
②(人)に都合が良い
名 スーツ

the dress **suits** you
そのドレスはあなたに似合う

A2 💡 fit が「サイズが合う」であるのに対し, suit は「似合う」ということ。

516 **vacation**
[veɪkéɪʃ(ə)n] 発音 A1
名 〈米〉(長めの)休暇

winter **vacation**
冬休み

517 **holiday**
[há(:)lədèɪ]
名 祝日, (1日の)休日,
〈英〉【~s】(長めの)休暇

Christmas **holidays**
クリスマス休暇

A1 💡 祝日など1日の休みは holiday。☞ a national **holiday**「国民の祝日」

518 **person**
[pə́ːrs(ə)n] A1
名 (1人の)人
⇨ **personal** 形 個人の

one **person**
1人の人

519 **people**
[píːp(ə)l]
名 (複数の)人, 人々

most **people**
ほとんどの人々

A1 💡 2人以上の場合, person の複数形は使わず, たとえば「2人」であれば

520 **kind**
[kaɪnd] A1
名 種類 ⑭ **sort** 種類, タイプ
形 親切な(→276)

what **kind** of A
どんな種類のA

521 **type**
[taɪp]
名 型, タイプ, 種類

a **type** of pasta
パスタの一種

A1 💡 kind は「種類」を意味する一般的な語。type は「(ある特性を共有する)型」

522 **day**
[deɪ] A1
名 日, 曜日
⇨ **daily** 形 毎日の

my favorite **day**
私の大好きな曜日

523 **date**
[deɪt]
名 (ある特定の)日, 日付

today's **date**
今日の日付

A1 💡 曜日を尋ねるときは day を使い, What **day** is it (today)?「今日は何曜日ですか。」と言う。

| This jacket doesn't **fit** me. Do you have a larger size? | このジャケットは私には合いません。もっと大きなサイズはありますか。 |
| That dress really **suits** you. | そのドレスは本当にあなたに似合っている。 |

同じ「合う」でも意味が違うことに注意。

| I want to go abroad in the winter **vacation**. | 冬休みに外国へ行きたい。 |
| I went to England in the Christmas **holidays**. | クリスマス休暇にイングランドへ行った。 |

長期の休暇の意味では, 主に〈米〉では vacation を, 〈英〉では holiday を複数形にして用いる。

| Only one **person** in my family can speak English. | 私の家族の中では1人だけが英語が話せます。 |
| Most **people** use smartphones now. | 今ではほとんどの人々がスマートフォンを使っています。 |

two people と言う (two persons とは普通言わない)。

| What **kind** of vegetables do you like? | あなたはどんな種類の野菜が好きですか。 |
| Spaghetti is a **type** of pasta. | スパゲティはパスタの一種だ。 |

の意味で, kind よりも狭い意味で用いられる傾向があるが, 両者を同じ意味で使用することも多い。

| My favorite **day** is Tuesday because we don't have math. | 私の大好きな曜日は火曜日です。数学がないから。 |
| What's today's **date**? | 今日の日付は何日ですか。 |

日付を尋ねる場合は date を使い, What's today's **date**? や What's the **date** today? とするのが普通。

同じジャンルで覚える㉚ 時に関する前置詞

524 ☐ **during** [dɔ́ːrɪŋ] A2	前 …の間	**during** the rainy season 梅雨の間
525 ☐ **within** [wɪðín] A2	前 ①〈時〉…以内に ②〈場所〉…の内側で	**within** a week 1週間以内に
526 ☐ **past** [pæst] A1	前 …を過ぎて 名 過去(→700) ⑩ **passed** [同音] < **pass** (→122)	**10 past 11** 11時10分

同じジャンルで覚える㉛ 時や時刻を表す名詞

527 ☐ **afternoon** [æftərnúːn] A1	名 午後 ⑰ **morning** 名 午前，朝	in the **afternoon** 午後に

🔦 this afternoon「今日の午後」とする場合，前置詞は必要ないことに注意

528 ☐ **midnight** [mídnàɪt] A2	名 夜の12時	around **midnight** 夜の12時頃に

引き出し 【時を表す表現】 ☐ in the morning「午前中に」

529 ☐ **minute** [mínət] A1	名 分，わずかな時間 ㉒ **moment** 瞬間	three **minutes** left 残り3分

引き出し ☐ Just a second[minute/moment].「少し待ってください。」

530 ☐ **hour** [áuər] A1	名 1時間	work eight **hours** 8時間働く

🔦 hour は h を読まないので「1時間」は× a hour ではなく ○ an hour となる。

531 ☐ **half** [hæf] A1	名 30分，半分	**half** past two 2時30分

🔦 「3時間半」のように言う場合，three and a half hours と half の前に a が付くのが普通。

532 ☐ **quarter** [kwɔ́ːrtər] A1	名 15分，4分の1	**quarter** to six 6時15分前 ※「6時まで15分」の意
533 ☐ **decade** [dékeɪd] B2	名 10年間	the last few **decades** 過去数十年

During the rainy season it isn't so hot, but after that it gets hot.	梅雨の間はそれほど暑くはないが, その後は暑くなる。
I must finish my essay **within** a week.	私はレポートを1週間以内に仕上げなくてはなりません。
It's **10 past 11**. We should go to bed soon.	11時10分だ。早く寝なくちゃ。

STAGE 1

We usually have two classes in the **afternoon**.	私たちはたいてい午後に2クラスあります。

(this morning も同じ)。☞ It may rain (× in) this afternoon.「今日の午後は雨が降るかもしれない。」

I sometimes go to bed around **midnight**.	私は時々夜の12時頃に就寝します。

□ in the evening 「夕方[晩]に」　　□ at night 「夜に」

There are only three **minutes** left. I can't answer all the questions.	残り3分しかない。私はすべての質問には答えられない。

□ I'll be back in a second[minute / moment].「すぐに戻ります。」

I usually work eight **hours** a day.	私はたいてい1日8時間働く。
The next class starts at **half** past two.	次の授業は2時30分に始まります。
It's **quarter** to six now. Let's stop working.	もう6時15分前です。仕事をやめましょう。
It has become hotter over the last few **decades**.	過去数十年でより気温が高くなった。

同じジャンルで覚える㉜　さまざまな時を意味する語

534 future
[fjúːtʃər] A1
- 名 未来　反 past 過去 (→526)
- 形 未来の　熟 in the future (→701)

the **future** of Japan
日本の<u>未来</u>

535 modern
[mά(ː)dərn] A2
- 形 現代の，近代の

modern art
現代美術

536 recently
[ríːs(ə)ntli] A2
- 副 最近　※過去形・現在完了形で用いる
- ⇒ recent 形 最近の

recently bought a car
<u>最近</u>車を買った

537 lately
[léɪtli] B1
- 副 最近
- ※現在完了形で用いる

haven't seen him **lately**
<u>最近</u>彼を見かけない

538 nowadays
[nά(ʊ)ədèɪz] A2
- 副 近頃　※現在形で用いる
- 同 these days (→973)

send emails **nowadays**
<u>近頃</u>はメールを出す

539 someday
[sʌ́mdèɪ] A2
- 副 (未来の)いつか

live in Spain **someday**
<u>いつか</u>スペインに住む

540 sometime
[sʌ́mtàɪm] B1
- 副 (過去か未来の)いつか，そのうち
- 関 sometimes 副 時々 (→270)

sometime soon
<u>いつか</u>近いうちに

同じジャンルで覚える㉝　順序を表す表現

541 first
[fəːrst] A1
- 形 最初の
- 副 最初に，第一に　同 firstly

the **first** two pages
<u>最初の</u>2ページ

542 second
[sék(ə)nd] A1
- 形 2番目の
- 副 2番目に　同 secondly
- 名 秒，ほんのわずかな時間

in the **second** half
<u>後半</u>に

💡 the second half「後半」は全体を「半分」(= half)に分け，その「2番目」(= second)ということ。また「前半」は the first half。

543 last
[læst] A2
- 形 この前の，最後の
- 副 最後に　同 lastly / finally

your **last** essay
あなたの<u>この前の</u>小論文

544 final
[fáɪn(ə)l] A2
- 形 最後の，完全に終わりの
- 名 決勝戦　⇒ finally 副 ついに，最後に

the **final** day
<u>最後の</u>日

💡 同じ「最後の」でも，last は順番が一番後ろであることを意味し，final はそれで完結することを意味する。

Today, we will talk about <u>the</u> **future** of <u>Japan</u>.	今日は<u>日本の**未来**</u>について話し合います。
It is sometimes difficult to understand **modern** art.	**現代**美術は時に理解するのが難しい。
My father **recently** <u>bought</u> <u>a</u> <u>car</u>.	父は**最近**車を買った。
I <u>haven't</u> <u>seen</u> <u>him</u> **lately** at college.	**最近**大学で彼を見かけない。
We usually <u>send</u> <u>emails</u> **nowadays**, not letters.	**近頃では**、手紙ではなくメールを出すのが普通です。
I'd like to <u>live</u> <u>in</u> <u>Spain</u> **someday**.	**いつか**スペインに住みたいです。
Shall we go to the movies **sometime** <u>soon</u>?	**いつか**近いうちに映画を見にいきませんか。

STAGE 1

Please read <u>the</u> **first** <u>two</u> <u>pages</u> of your textbook.	テキストの**最初の**2ページを読んでください。
Japan got two goals <u>in</u> <u>the</u> **second** half.	日本は**後半に**2ゴールを取った。

なお、first と second は話をするときや作文するときのディスコースマーカー（文章の展開を示す目印となる語）として使うことができる。☞ **First**, ...「第一に、…」 **Second**, ...「第二に、…」

<u>Your</u> **last** <u>essay</u> was better than this one.	あなたの**この前の**小論文はこれよりも良かったですよ。
Today is <u>the</u> **final** <u>day</u> for the third year students.	今日は3年生にとっては**最後の日**だ。

なお、Last (ly), ... や Finally, ... も、「最後に、…」の意味のディスコースマーカーとしてよく用いる。

反対の意味を持つ語をセットで覚える④

545 □ **long** [lɔːŋ] A1
形 (時間や距離が)長い
関 **tall** 形 背が高い
⇨ **length** 名 長さ(→1394)
how **long** does it take ...?
…はどのくらい長くかかりますか。

546 □ **short** [ʃɔːrt] A1
形 (時間や距離が)短い，背が低い
関 **low** 形 (高さが)低い
⇨ **shortage** 名 不足
short stories
短編小説

2点間の距離を表す場合には long は使えないので注意。× How long is it between Tokyo and Osaka?　この場合は far を用いる。

547 □ **near** [nɪər] A1
前 …の近くに　形 (Aに)近い(to A)
副 (Aの)近くに(to A)
関 **nearby** 形 近くの
near a station
駅の近くに

548 □ **far** [fɑːr] A2
活 far-farther[further] - farthest[furthest]
副 ①〈距離〉(Aから)遠くに(from A)
※主に疑問文，否定文で用いる
not **far** from my school
学校から遠くない
副 ②〈程度〉はるかに，あまりに
※ too+形や比較級の前などに置いて意味を強める
spend **far** too much time
あまりに時間を使いすぎる

far の比較級は〈距離〉を意味する場合は farther-farthest，〈程度〉を意味する

549 □ **wide** [waɪd] A2
形 広い　⇨ **width** 名 幅
⇨ **widen** 動 …を広げる
the street is **wide**
その通りは広い

550 □ **narrow** [nǽroʊ] B1
形 (幅が)狭い
動 …を狭くする
the space is **narrow**
そのスペースは狭い

日本語の「狭い部屋」は「小さい部屋」の意味であり，「幅の狭い部屋」の意

同じジャンルで覚える㉞　時代・期間を表す語

551 □ **age** [eɪdʒ] A1
名 ①年齢
at the **age** of ...
…歳で
名 ②時代，…期
during the Ice **Age**
氷河期の間

552 □ **era** [íərə] 発音 B1
名 時代，時期
in the *Meiji* **era**
明治時代に

553 □ **century** [sén(t)ʃ(ə)ri] A2
名 世紀
in the 12th **century**
12世紀に

age ②は比較的長い期間を表し，古代の時代区分などは age を用いる。
☞ the Stone **Age**「石器時代」　the Iron **Age**「鉄器時代」

How **long** does it take from here to Tokyo by train?	ここから東京まで電車でどのくらい**長くかかりますか。**
I like to read **short** stories.	私は**短編**小説を読むのが好きです。

☞○ How far is it between Tokyo and Osaka?
また「背が高い／低い」は tall /short で表すが，「山が高い／低い」には high /low を用いる。

Our school is **near** a station.	私たちの学校は駅**の近く**です。
My house isn't **far** from my school.	私の家は学校から**遠く**ない。
My brother spends **far** too much time watching TV.	私の兄はテレビを見るのに**あまりに**時間を使いすぎる。

場合は further-furthest を用いるのが原則(further については→1688)。

The main street through the town is very **wide**.	街を通る大通りはとても**広い**。
This parking space is too **narrow** for my car.	この駐車スペースは私の車にはあまりに**狭い**。

味ではないので英語に直す際は ○ small room と言い，× narrow room とは言わない。

Children start school at the **age** of five in the UK.	イギリスでは子どもたちは**5歳**で就学します。
People didn't live here during the Ice **Age**.	氷河**期**の間，人々はここには住んでいなかった。
Japan changed a lot in the *Meiji* **era**.	日本は明治**時代**に大きく変わった。
The *Kamakura* era started in the 12th **century**.	鎌倉時代は**12世紀**に始まった。

一方 era は統治者や出来事によって区分できる期間を表すことが多い。☞ the Victorian **era**「ビクトリア朝」「明治時代」「昭和時代」など，日本の元号を表す際も era が用いられる(period も可)。

同じジャンルで覚える㉟　時に関する副詞(1)

554 fast
[fæst]

- 副 (スピードが)速く
- 形 (スピードが)速い　⊘ slow 遅い

walk **fast**
速く歩く

A1　first「最初の」(→541)との発音の違いに注意。

555 quickly
[kwíkli]

- 副 (動作が)速く, すばやく
- ⇨ quick 形 (動作が)速い

A1

finish it **quickly**
それをすばやく済ませる

556 early
[ə́:rli]

- 副 (時間が)早く
- 形 (時間が)早い

early this morning
今朝早く

A1　fast, early は形容詞としても用いる。

557 soon
[su:n]

- 副 (ある時から)まもなく

will **soon** arrive
まもなく到着する

A1　「あとどのくらいで〜しますか。」は How soon ...? を使う。

558 suddenly
[sʌ́d(ə)nli]

- 副 突然
- ⇨ sudden 形 突然の

B1

it gets dark **suddenly**
突然暗くなる

559 gradually
[grǽdʒu(ə)li]

- 副 徐々に, だんだんと
- ⇨ gradual 形 徐々の

A2

it **gradually** gets warmer
徐々に暖かくなる

560 forever
[f(ə)révər]

- 副 永遠に
- 🔁 for good

A2

love you **forever**
永遠にあなたを愛する

同じジャンルで覚える㊱　学校の期間を表す語

561 period
[píəriəd]

- 名 ①(授業の)時限　②期間
- 　③時代

the second **period**
2時間目

A1　period は「時代」の意味もある(≒551 age, 552 era)。

562 term
[tə:rm]

- 名 ①(学校の)学期
- ※3学期制のものをいう

the first **term**
1学期

- 名 ②(専門)用語

B1

hear of the **term**
その用語を耳にする

563 semester
[səméstər]

- 名 (主に大学の)学期
- ※2学期制のものをいう

A2

the spring **semester**
春学期

| Can you slow down? You <u>walk</u> very **fast**. | スピードを落としてくれない？ 君はとても**速く**歩くね。 |

| I'll <u>finish</u> <u>my</u> <u>homework</u> **quickly**. | 僕は宿題を**すばやく**済ませるよ。 |

| I heard a strange sound **early** <u>this</u> <u>morning</u>. | 今朝**早くに**変な音を聞いたんだ。 |

☞ He is a **fast** runner. 「彼は速いランナーです[走るのが速い]。」
☞ Shall we have an **early** lunch today? 「今日は早めの昼食にしましょうか。」

| This train <u>will</u> **soon** <u>arrive</u> at Ueno. | この列車は**まもなく**上野に到着します。 |

☞ **How soon** will the game start? 「あとどのくらいで試合が始まりますか。」

| <u>It</u> <u>got</u> <u>dark</u> **suddenly** and started to rain. | **突然**暗くなって雨が降り始めた。 |

| It's March now. <u>It's</u> **gradually** <u>getting</u> <u>warmer</u>. | 今は3月です。**徐々に**暖かくなってきています。 |

| I'll <u>love</u> <u>you</u> **forever**. | 私は**永遠に**あなたを愛します。 |

| Biology is in <u>the</u> <u>second</u> **period** today. | 今日は生物は**2時間目**だ。 |

☞ This house was built in the *Edo* **period**. 「この家は江戸時代に建てられた。」

| <u>The</u> <u>first</u> **term** finishes in late July. | **1学期**は7月下旬に終わる。 |

| Have you <u>heard</u> <u>of</u> <u>the</u> **term** "slow food"? | 「スローフード」という**用語**を耳にしたことがありますか。 |

| I have 10 classes a week in <u>the</u> <u>spring</u> **semester**. | 私は**春学期**には週10クラスある。 |

STAGE 1

同じジャンルで覚える㊲ 時に関する副詞(2)

564 □ **once** [wʌns]	副 ①一度 ②かつて 接 いったん〜すると A1	went to the UK **once** <u>一度</u>イギリスに行った
565 □ **then** [ðen]	副 ①その時 ②それから 劔 at that time 当時は A1	I was young **then** <u>その時</u>私は若かった
566 □ **still** [stɪl]	副 まだ, 今なお 形 じっとした A2	be **still** eating <u>まだ</u>食べている

同じジャンルで覚える㊳ 代名詞(誰か・誰も・何か・何も)

567 □ **someone** [sʌ́mwʌn]	代 誰か 劔 somebody A1	look for **someone** <u>誰か</u>を探す
568 □ **anyone** [éniwʌn]	代 〈肯定文で〉誰でも, 〈疑問文で〉誰か, 〈否定文で〉誰も(…ない) 劔 anybody A1	Can **anyone** answer? <u>誰か</u>答えられる人はいますか。
569 □ **everyone** [évriwʌn]	代 誰もみな, 全員 劔 everybody A1	**everyone** likes cake <u>誰もみな</u>ケーキが好き
570 □ **no one** [nou wʌn]	代 誰も〜ない 劔 nobody A2	**no one** lives in the house その家には<u>誰も</u>住んで<u>いない</u>

> 💡 -body で終わる語も意味は同じだが, -one で終わる語のほうが一般的。

571 □ **something** [sʌ́mθɪŋ]	代 何か, (後ろに修飾語を伴って)何か …なもの A1	**something** sweet <u>何か</u>甘い<u>もの</u>
572 □ **anything** [éniθɪŋ]	代 〈肯定文で〉何でも, 〈疑問文で〉何 か, 〈否定文で〉何も(…ない) A1	**anything** to drink <u>何か</u>飲み物
573 □ **everything** [évriθɪŋ]	代 すべてのもの A1	**everything** is delicious <u>すべて</u>がすごくおいしい
574 □ **nothing** [nʌ́θɪŋ]	代 何も…ない A1	there is **nothing** <u>何もない</u>
575 □ **none** [nʌn]	代 【none of A】Aのうちの誰[何]も 〜ない, (話題のものは)何もない B1	**none of** my friends 私の友達のうちの<u>誰も</u>〜ない

> 💡 【nothing と none】 nothing と none は意味としてはほぼ同じだが,
> nothing が不特定の名詞について用いるのに対し, none はすでに話題に出

I <u>went</u> <u>to</u> <u>the</u> <u>UK</u> **once** when I was a child.	私は子どもの頃に**一度**イギリスに行った。
Look at this old photo. <u>I</u> <u>was</u> very <u>young</u> **then**.	この古い写真を見てごらん。**その時**私はとても若かった。
When I left home, she <u>was</u> **still** <u>eating</u> breakfast.	私が家を出たとき, 彼女は**まだ**朝食を食べていました。
I'm <u>looking</u> <u>for</u> **someone** who can speak Russian.	私は**誰か**ロシア語を話せる**人**を探しています。
<u>Can</u> **anyone** <u>answer</u> this question?	**誰か**この質問に答えられる**人**はいますか。
I think **everyone** <u>likes</u> <u>cake</u>.	**誰も**みなケーキが好きだと思う。
<u>**No**</u> <u>**one**</u> <u>has</u> <u>lived</u> <u>in</u> <u>that</u> <u>house</u> for over 50 years.	あの家には50年以上**誰も**住んでい**ません**。

また, これらの語は単数扱いする。

I want to eat **something** <u>sweet</u>.	私は**何か甘いもの**を食べたい。
Would you like **anything** <u>to</u> <u>drink</u>?	**何か**飲み物を召し上がりますか。
Thank you for cooking. **Everything** <u>was</u> <u>delicious</u>.	料理してくれてありがとう。**すべてが**すごくおいしかった。
I went shopping yesterday, but <u>there</u> <u>was</u> **nothing** I liked.	昨日買い物に行ったんだけど, 気に入ったものは**何もなかった**。
None **of** <u>my</u> <u>friends</u> can drive yet.	私の友達**のうちの誰も**まだ運転でき**ない**。

た特定の名詞について用いる。 ☞ Can I have a cookie? ― No, there is **none** left. 「クッキーをもらえる? いや, (クッキーは)ひとつも残っていないよ。」

165

同じジャンルで覚える㊵ 道案内に用いる語

576 way
[weɪ] A1
名 道, 道順
※「方法」の意味では→1187
the **way** to the station
駅までの道

577 road
[roud] 発音 A2
名 道路
narrow **roads**
狭い道路

578 street
[stri:t] A1
名 通り
on this **street**
この通りに

【way / road / street】 way は「道」と訳すことができるが, その意味するところは「道順, 行程」である。road は一般的な「道路」を広く指す語

579 straight
[streɪt] A1
副 まっすぐに
形 まっすぐな
go **straight**
まっすぐに行く

580 block
[blɑ(:)k] A1
名 街区, ブロック
※通りで囲まれた区画
two **blocks** away
2ブロック離れて

581 corner
[kɔ́:rnər] A1
名 (町)かど, すみ
慣 in the corner of A (→710)
at the **corner** of A
Aのかどに

582 opposite
[á(:)pəzɪt] アク A2
前 …の向かいに 形 反対(側)の
名 反対のもの
opposite the station
駅の向かいに

前置詞「…の向かいに」は across from ... (→19)で言い換えることもできる。また, 名詞としての使用も多い。

コロケーションで覚える③

583 speed
[spi:d] A2
名 スピード
動【speed up】スピードを上げる
⇔ slow down スピードを下げる
the **speed limit**
制限速度

584 limit
[límət] B1
名 制限 動 …を制限する
⇨ limitátion 名 制限, 限界

585 traffic
[trǽfɪk] A2
名 交通
a **traffic accident**
交通事故

586 accident
[ǽksɪd(ə)nt] A2
名 ①事故 ②偶然

Can you tell me <u>the</u> **way** <u>to</u> <u>the</u> <u>station</u>, please?	<u>駅までの道</u>を教えてくれませんか。
There are a lot of <u>narrow</u> **roads** in Japan.	日本には<u>狭い道路</u>が多い。
There are three convenience stores <u>on</u> <u>this</u> **street**.	<u>この通り</u>には3軒のコンビニがある。

で，street はその中で特に「両側に建物の並んだ街中の道」を指す（日本語の「道路」と「通り」の違いとほぼ同じ）。

STAGE 1

<u>Go</u> **straight** along this street for three blocks.	<u>この通りを3ブロックまっすぐに行ってください</u>。
It's <u>two</u> **blocks** <u>away</u> from here.	それはここから<u>2ブロック離れています</u>。
The post office is <u>at</u> <u>the</u> **corner** <u>of</u> A street and B street.	郵便局はA通りとB通りの<u>かど</u>にあります。
Our hotel is **opposite** <u>the</u> <u>station</u>.	私たちのホテルは<u>駅の向かいに</u>あります。

☞ What is the **opposite** of 'true'? ― 'False.' 「『本当の』の反対は何ですか。 ― 『誤った』です。」

What's <u>the</u> **speed** **limit** on this road?	この道路の<u>制限速度</u>はどのくらいですか。
There was a **traffic** **accident** on this road yesterday.	この道路で昨日<u>交通事故</u>があった。

同じジャンルで覚える㊵　旅行・交通に関する語

587	travel [trǽv(ə)l] A1	動 旅行する	travel abroad 外国を旅行する
588	journey [dʒə́:rni] A2	名 (比較的長い)旅行，長い移動 ⚫ trip (一般に)旅行	on a long journey 長い旅で
589	tour [tuər] 発音 A2	名 (観光)旅行 ⇨ tourist 名 旅行者 ⇨ tourism 名 観光(業)	a group tour 団体旅行
590	cross [krɔ:s] A2	動 …を横切る，…を渡る ⇨ crossing 名 交差点	cross the road 道路を横切る
591	transportation [trænspərtéiʃ(ə)n] B1	名 交通機関，輸送機関 〈英〉tránsport ⇨ transpórt 動 (人や物)を輸送する	public transportation 公共交通機関
592	vehicle [ví:ək(ə)l] 発音 A2 B1	名 (車輪のある陸上の)乗り物，車	electric vehicles 電気自動車 ※ electric 電気の(→ 1362)
593	delay [dɪléi] B1	動 …を遅らせる，…を延期する 名 遅れ，遅延	a train is delayed 電車が遅れる
594	cancel [kǽns(ə)l] B1	動 …を取り消す，…をキャンセルする	the flight is canceled 航空便がキャンセルになる

同じジャンルで覚える㊶　東西南北を表す語

595	north [nɔ:rθ] A2	名 北 副 北へ 形 北の ⇨ northern 形 北の	from the north 北から
596	east [í:st] A2	名 東 副 東へ 形 東の ⇨ eastern 形 東の	go east 東へ行く
597	south [sauθ] A2	名 南 副 南へ 形 南の ⇨ southern 形 南の	to the south of A Aの南の方角に
598	west [west] A2	名 西 副 西へ 形 西の ⇨ western 形 西の	in the west of A Aの西部に

💡 A is to the+方角+of B は，A が B の隣か，離れた場所にある場合に用いる。一方 A is in the+方角+of B は，A が B の内部にある場合に用いる。

You need a passport to **travel** abroad.	外国を**旅行する**にはパスポートが必要です。
I always listen to music on a long **journey**.	私は長い**旅**ではいつも音楽を聴きます。
My parents went on a group **tour** to Moscow last year.	私の両親は昨年団体**旅行**でモスクワへ行きました。
Be careful when you **cross** the road.	道路を**横切る**ときは気をつけてね。
It's better to use public **transportation** in Tokyo.	東京では公共**交通機関**を使うほうがよい。
Electric **vehicles** are more popular now.	今電気**自動車**の人気が高まっている。
My train was **delayed** by the heavy rain.	大雨により私の電車は**遅れました**。
Our flight was **canceled**, so we couldn't go to Okinawa.	私たちの乗る便が**キャンセルになって**，沖縄へ行けなかった。
A strong cold wind is blowing from the **north**.	強く冷たい風が**北**から吹いています。
We went north, but we should have gone **east**.	私たちは北に向かったのだが，**東に行く**べきだった。
Nara is to the **south** of Kyoto.	奈良は京都**の南の方角に**あります。
Okayama is in the **west** of Japan.	岡山は日本の**西部**にあります。

STAGE 1

似ていて紛らわしい語をセットで覚える⑦　〈意味が似ている〉

599 □ **job**
[dʒɑ(:)b]　A1
名 (具体的な)仕事，職

start a **job**
仕事を始める

600 □ **work**
[wəːrk]　A1
名 (一般に)仕事，勉強
⇨ **worker** 名 労働者，勉強する人

a lot of **work** to do
するべきたくさんの仕事

601 □ **career**
[kəríər]　アク
名 (生涯の)仕事，職業

start *one's* **career**
生涯の仕事を始める

B1　job が個々の具体的な「仕事」を意味するのに対して，work は「仕事」全般を広く意味する(a job と数えるのに対して work は「仕事」の意味では数えられない)。career は一時的な仕事ではなく，生涯にわたる「仕事」や「職

602 □ **ability**
[əbíləti]　A2
名 (～する)能力(to *do*)
⇨ **able** 形 ～する能力がある

lose the **ability** to *do*
～する能力を失う

603 □ **skill**
[skɪl]　A1
名 (学んで身につける特殊な)技能，技術
⇨ **skilled** 形 熟練した

computer **skills**
コンピューターの技能

604 □ **talent**
[tǽlənt]　A2
名 (Aに対する)(生まれながらの)能力・才能(for A)
⇨ **talented** 形 (生まれつき)才能のある

a **talent** for music
音楽の才能

ability が「能力」を意味する最も一般的な語で，skill は学んで身に付ける特

605 □ **company**
[kʌ́mp(ə)ni]　A2
名 (組織としての)会社，企業

large **companies**
大企業

606 □ **office**
[ɑ́(:)fəs]　A1
名 職場，(職場としての)会社

my father's **office**
父の職場

607 □ **factory**
[fǽkt(ə)ri]　A1
名 (製品を作る)工場

build a new **factory**
新しい工場を建てる

company は組織としての「会社」の意味で，office は仕事をする場所として

608 □ **book**
[bʊk]　B1
動 …を予約する　名 本
⇨ **booking** 名 予約

book a flight
航空便を予約する

609 □ **reserve**
[rizə́ːrv]　B1
動 …を予約する
⇨ **reservátion** 名 予約
熟 **have a reservation** (→981)

reserve a hotel room
ホテルを予約する

「ホテルを予約する」を book[reserve] a hotel とするとホテル全体を予約するような印象になるので注意。book[reserve] a hotel <u>room</u> あるいは

STAGE 1

I'm starting a new **job** next week.	私は来週新しい**仕事**を始めます。
I'm busy. I have a lot of **work** to do.	私は忙しい。**するべきたくさんの仕事**がある。
My son started his **career** as a teacher this April.	私の息子はこの4月に教師として**生涯の仕事**を始めた。

業」の意味を持つ。なお work は「勉強する」の意味でも用いられ，worker も「勉強する人」として用いられることがある。
☞ He is a hard **worker** in class.「彼は授業では一生懸命勉強する人です[勉強します]。」

My dog lost the **ability** to walk after the traffic accident.	私のイヌは交通事故のあと**歩く能力**を失った。
People need computer **skills** for most jobs today.	人々は今日ではほとんどの仕事で**コンピューターの技能**が必要だ。
She has a great **talent** for music.	彼女には優れた**音楽の才能**がある。

殊な「技能」，talent は生まれながら持っている「才能」。

Many university students want to work for large **companies**.	多くの大学生が**大企業**で働きたいと考えている。
My father's **office** is in a tall building in Shinjuku.	**父の職場**は新宿の高いビルの中にあります。
The company built a new **factory** in Thailand.	その会社は**新しい工場**をタイに**建てた**。

の「会社(＝職場)」を意味する。factory は実際に製品を作る建物，つまり「工場」のこと。

I'd like to **book** a flight to Singapore.	シンガポールへの**航空便を予約し**たいのですが。
Our company would be happy to **reserve** a hotel room for you.	私たちの会社が喜んであなたのために**ホテルを予約し**ましょう。

book[reserve] a room in a hotel と言う方が明確である。

171

反対の意味を持つ語をセットで覚える⑤　〈動詞〉

610 succeed
[səksíːd]　A2
動 (Aに)成功する(in A)
⇨ **succéss** アク 图 成功
⇨ **successful** 形 成功した
succeed in everything
すべてにおいて成功する

611 fail
[feɪl]　A2
動 失敗する，(試験など)に落ちる
⇨ **failure** 图 失敗
fail *one's* test
試験に落ちる

612 send [send]
send-sent-sent　A2
動 【send(+人+)物】(人に)物を送る
send him a card
彼にカードを送る

613 receive
[risíːv]
動 …を受け取る
⇨ **reception** 图 ①反応　②宴会　③受付
⇨ **receipt** 图 領収書，レシート
receive a New Year card
年賀状を受け取る

> 【send+人+物】は【send+物+to+人】の語順も可能。
> (send の例文＝) I send a birthday card to him every year.
> また receive は，インフォーマルな会話では get (→39) を用いる。　A2

614 borrow
[bɔ́ːrou]　A1
動 …を借りる
borrow a pen
ペンを借りる

615 lend
[lend]
lend-lent-lent
動 【lend(+人+)物】(人に)物を貸す
lend me a pen
私にペンを貸す

> 【lend+人+物】は【lend+物+to+人】の語順も可能だが，【lend+人+物】の語順が普通。　A2

616 win [wɪn]
win-won-won　A1
動 (試合など)に勝つ，(賞など)を勝ち取る　⇨ **winner** 图 勝者
win a match
試合に勝つ

617 lose
[luːz]
lose-lost-lost
動 (試合など)に負ける，…を失う
⇨ **loss** 图 失うこと，損失
⇨ **loser** 图 敗者
lose the match
試合に負ける

> 日本語では「試合で勝った／負けた」と言うため，×I won/lost in the match. などとする誤りが多いが，この意味では win, lose とも他動詞が普通で前置詞は用いない。　A2

618 push
[puʃ]　A1
動 …を押す
類 **press** …を押す，…を押し付ける
push the door
ドアを押す

619 pull
[pʊl]　A2
動 …を引く
pull a suitcase
スーツケースを引く

She **succeeds** in everything she tries.	彼女は挑戦することのすべてにおいて**成功する**。
He **failed** his driving test yesterday.	彼は昨日運転免許の試験**に落ちた**。
I **send** him a birthday card every year.	私は毎年彼にバースデーカード**を送ります**。
I **received** 30 New Year cards this year.	私は今年30枚の年賀状**を受け取った**。

Can I **borrow** a pen, please?	ペン**を借りて**もよいですか。
Can you **lend** me a pen, please?	私にペン**を貸して**くれませんか。

Our baseball team **won** yesterday's match.	私たちの野球チームは昨日の試合に**勝った**。
Our team **lost** the match against Higashi High School.	私たちのチームは東高校との試合に**負けました**。

He **pushed** the door and held it open for me.	彼はドア**を押し**，そしてそれを私のために(押さえて)開けておいてくれた。
Look! He is **pulling** two big suitcases.	見て！ 彼は2つの大きなスーツケース**を引いて**いるよ。

173

コロケーションで覚える④

620 □ **rent**
[rent]　A2
動 (お金を払って)…を借りる

rent an apartment
アパートを借りる

621 □ **apartment**
[əpá:rtmənt]　A2
名 アパート，マンション
〈英〉flat

💡 お金を払わないで借りるときは rent ではなく borrow (→614) を用いる。英語の apartment はアパート，マンションなど集合住宅の1世帯分を指し，建物

622 □ **ride** [raɪd]
活 ride-rode-ridden　A1
動 (自転車・馬など)に乗る

ride a bicycle
自転車に乗る

623 □ **bicycle**
[báɪsɪk(ə)l]　A1
名 自転車

💡 ride は〈米〉では電車やバスにも用い，ride a train[bus] のように言うが，〈英〉では普通使用しないので注意。また，bicycle の bi- は「2」を意味する。

624 □ **prepare**
[prɪpéər]　A2
動 …を準備する
⇒ preparátion 名 準備

prepare a presentation
プレゼンの準備をする

625 □ **presentation**
[prèz(ə)ntéɪʃ(ə)n]　B1
名 口頭発表，プレゼンテーション

文法・語法との関連で覚える⑦ 〈it is+形容詞+(for+人) to do〉の形を取る形容詞

626 □ **possible**
[pá(:)səb(ə)l]　A2
形 可能な　⊚ impossible 不可能な
⇒ possibility 名 可能性
⇒ possibly 副 ことによると

it is **possible** to do
~することは可能だ

627 □ **necessary**
[nésəsèri]　A2
形 必要な　⇒ necéssity 名 必要(性)
⇒ necessarily 副 【否定文で】必ずしも…ない

it is **necessary** to do
~することが必要だ

628 □ **convenient**
[kənví:niənt]　A2
形 便利な，都合が良い
⇒ convenience 名 便利さ

it is **convenient** to do
~することは都合が良い

💡 上の possible, necessary, convenient は普通〈人〉を主語としない。

629 □ **safe**
[seɪf]　A2
形 安全な
⇒ safety 名 安全

it is **safe** to do
~することは安全だ

630 □ **dangerous**
[déɪn(d)ʒ(ə)rəs]　A2
形 危険な
⇒ danger 名 危険

it is **dangerous** to do
~することは危険だ

We **rented** an **apartment** for a few years before we bought a house.	家を買う前, 私たちは数年間**アパートを借りていました**。

としての「アパート」は an apartment building と言う。

People usually learn to **ride** a **bicycle** when they are little.	人はたいてい小さいときに**自転車に乗る**ことを習います。

STAGE 1

unicycle は「一輪車」, tricycle は「三輪車」の意味で, uni- は「1」, tri- は「3」を意味する。
(→1403 **unique**「唯一の」, 1411 **united**「1つに団結した」, 1644 **triangle**「三角形」)

I'm now **preparing** my **presentation** for tomorrow.	私は今, 明日の**プレゼンの準備をして**います。

It is **possible** to finish the work today.	今日のうちにその仕事を終えることは**可能です**。

Is it **necessary** to get a visa to go to China?	中国に行くにはビザを取得することが**必要**ですか。

Is it **convenient** for everyone to have a meeting at four o'clock?	4時に会議を開くのは皆さんにとって**ご都合が良い**でしょうか。

When you go abroad, it is not **safe** to carry a lot of money with you.	外国に行くとき, 大金を持っていくことは**安全**ではありません。

It is **dangerous** to drive when you feel sleepy.	眠いときに運転をするのは**危険**です。

175

同じジャンルで覚える㊷　人が手足で行う行為

631 throw [θroʊ]
動 …を投げる
throw-threw-thrown [A2]
throw a ball
ボールを投げる

632 lift [lɪft]
動 …を持ち上げる
名 〈英〉エレベーター [B1]
lift a suitcase
スーツケースを持ち上げる

633 hit [hɪt]
動 …をたたく，…にぶつかる
hit-hit-hit [A2]
類 **strike** …を強く打つ(→1730)
hit me in the face
私の顔にぶつかる

634 hand [hænd]
動 【hand+物+to+人】人に物を(手)渡す
名 手(→356) [A2]　熟 **hand** A **in** (→720)
hand the papers **to** us
私たちに用紙を渡す

635 stand [stænd]
動 ①立つ，立っている　②【通例疑問文・否定文で】…を我慢する
stand-stood-stood 熟 **stand for** A (→1005) [A2]
stand on the train
電車の中で立っている

💡 stand には「…を我慢する」の意味もあるので注意しよう。

636 write [raɪt]
動 (字・文章)を書く
write-wrote-written [A1]
⇨ **writer** 名 書き手，作家
write a name
名前を書く

637 draw [drɔː]
動 (線で絵など)を描く
draw-drew-drawn [A1]
⇨ **drawing** 名 (線で描いた)絵
draw a map
地図を描く

638 paint [peɪnt]
動 (絵の具で)…を描く
⇨ **painting** 名 (絵の具で描いた)絵，絵画 [A1]
paint the pond
池を描く

同じジャンルで覚える㊸　人が声を出して行う行為

639 call [kɔːl]
動 ①【call O (C)】O を(Cと)呼ぶ　②…に電話する　名 電話 [A2]
call me Tom
私をトムと呼ぶ

640 shout [ʃaʊt]
動 叫ぶ，【shout to+人】大声で人に呼びかける [B1]
shout to me
大声で私に呼びかける

💡 shout at+人は普通「怒りで人に大声を上げる」の意味。

641 cry [kraɪ]
動 ①(声・涙を出して)泣く　②叫ぶ
名 叫び声 [A2]
the baby **cries**
赤ちゃんが泣く

642 scream [skriːm]
動 悲鳴を上げる，叫ぶ
scream with pain
痛みで悲鳴を上げる

💡 cry は悲しみや痛みで声を上げて(あるいは涙を流して)泣くことを意味する。 [B1]

She **threw** a ball to the dog, but it didn't move.	彼女はそのイヌにボール**を投げた**が，イヌは動かなかった。
I can't **lift** my suitcase. It's too heavy.	私は自分のスーツケース**を持ち上げら**れません。それは重すぎます。
My brother threw a ball and it **hit** me in the face.	兄がボールを投げて，それが私の顔に**ぶつかった**。
The teacher **handed** the exam papers **to** us.	先生は試験用紙を私たちに**渡した**。
I usually have to **stand** on the train when I go to school.	学校に行くとき，私はたいてい電車の中で**立って**いなければなりません。

STAGE 1

☞ Please turn off the TV. I can't **stand** the noise! 「テレビを消して。うるさくて我慢できないわ！」

Please **write** your name and your phone number here.	ここにお名前と電話番号**を書いて**ください。
She found my house easily because I **drew** a map.	私が地図**を描いた**ので，彼女は私の家を簡単に見つけた。
Monet often **painted** the pond in his garden.	モネはよく彼の庭にある池**を描いた**。
My name is Thomas. Please **call** me Tom.	僕の名前はトーマスです。**トムと呼んで**ください。
She **shouted** **to** me from across the road.	彼女は道路の向こう側から**大声で私に呼びかけた**。
The baby is **crying**. What happened?	その赤ちゃんは**泣いて**います。何があったの。
She **screamed** with pain when she broke her leg.	足の骨を折ったとき，彼女は痛みで**悲鳴を上げた**。

scream は突然の痛みや恐怖心から甲高い叫び声を上げるという意味。

177

文法・語法との関連で覚える⑧　他動詞と間違えやすい自動詞

643	wait [weɪt] A1	動【wait for A】Aを待つ	**wait for** him 彼を待つ
644	arrive [əráɪv] A1	動【arrive at[in] A】Aに到着する ⇨ arrival 图 到着	**arrive at** the hotel ホテルに到着する
645	knock [nɑ(:)k] B1	動 ①【knock on[at] A】A(ドア)をノックする　②A(人など)をたたく	**knock on** the door ドアをノックする
646	laugh [læf] 発音 A1	動【laugh at A】Aのことを(声に出して)笑う ⇨ laughter 图 笑い	**laugh at** his joke 彼の冗談を笑う

文法・語法との関連で覚える⑨　自動詞と間違えやすい他動詞(1)

647	visit [vízət] A1	動 …を訪れる　名 訪問 ※× visit to ... は不可 ⇨ visitor 图 訪問者	**visit** a school 学校を訪問する
648	reach [ri:tʃ] A2	動 …に到達する，…に着く ※× reach to ... は不可	**reach** the top 頂上に到達する
649	enter [éntər] A2	動 …に入る　※× enter in/into ... は不可 ⇨ entrance 图 入口，玄関(→736) ⇨ entry 图 入ること，入場	**enter** the room その部屋に入る
650	follow [fá(:)loʊ] A2	動 …の後ろについて行く，…に従う ※× follow after ... は不可 ⇨ following 形 次の(→1116)	someone **follows** me 誰かが私のあとをつける

似ていて紛らわしい語をセットで覚える⑧　形と意味が似ている自動詞と他動詞

651	lie [laɪ] ㊚① lie-lay-lain;lying ② lie-lied-lied;lying A2	動 ①横になる　②うそをつく 名 うそ ㊚ tell a lie to+人 (→1564)	**lie** on the sofa ソファーに横になる
652	lay [leɪ] ㊚ lay-laid-laid B1	動 ①…を横たえる，…を置く　②(卵)を産む	**lay** the baby 赤ちゃんを横に寝かせる
653	rise [raɪz] ㊚ rise-rose-risen B1	動 上がる ㊙ go up	prices **rise** 値段が上がる
654	raise [reɪz] A2	動 ①…を上げる　②〈米〉(子ども)を育てる	**raise** one's hand 手を上げる

I've been **waiting for** him for over an hour.	私は1時間以上彼**を待って**います。
Our train was delayed, so we **arrived at** our hotel around midnight.	私たちの乗った電車が遅れたので, 夜の12時頃にホテル**に到着した**。
I **knocked on** his door, but there was no answer.	彼のドア**をノックした**が返事がなかった。
We **laughed at** Mr. Ota's joke.	私たちは太田先生の冗談**を笑った**。

STAGE 1

We **visited** a school in Korea this summer.	私たちはこの夏, 韓国の学校**を訪問した**。
Hillary **reached** the top of Mt. Everest in 1953.	ヒラリーは1953年にエベレストの頂上**に到達した**。
You cannot **enter** the room without the key.	あなたは鍵なしでその部屋**に入る**ことはできない。
I felt that someone was **following** me.	誰かが私**のあとをつけて**いると感じた。

My cat likes to **lie** on the sofa.	私のネコはソファーに**横になる**のが好きだ。
She **laid** the baby on the bed because he was asleep.	赤ちゃんは眠っていたので, 彼女はベッドに赤ちゃん**を寝かせた**。
Vegetable prices are **rising** now.	今野菜の値段**が上がって**いる。
Please **raise** your hand if you know the answer.	もし答えを知っていたら手**を上げて**ください。

179

文法・語法との関連で覚える⑩　目的語に不定詞を取る動詞(1)

655 plan
[plǽn]　B1

動 (〜すること)を計画する (to do)
名 計画

plan to visit a school
学校を訪れることを計画する

656 decide
[dɪsáɪd]　A2

動 (〜すること)を決める (to do)
⇨ **decision** 名 決定, 決心(→461)

decide to study in Paris
パリで勉強することに決める

657 expect
[ɪkspékt]　A2

動 (〜すること)を期待[予期]する (to do)
⇨ **expectátion** 名 期待, 予期

expect to see you
あなたに会うことを期待する

expect (that) S+V「S が〜することを期待する」の形もよく用いる。

文法・語法との関連で覚える⑪　目的語に動名詞を取る動詞(1)

658 enjoy
[ɪndʒɔ́ɪ]　A1

動 (〜すること)を楽しむ (doing)
⇨ **enjoyment** 名 楽しみ
⇨ **enjoyable** 形 楽しい

enjoy learning English
英語を学ぶことを楽しむ

659 consider
[kənsídər] アク　A2

動 (〜すること)をよく考える (doing)
⇨ **considerátion** 名 考慮

consider raising the price
値段を上げることを検討する

文法・語法との関連で覚える⑫　目的語が不定詞と動名詞で意味が変わる動詞

660 remember
[rimémbər]　A1

動 ①【remember to do】(これから)
〜することを覚えている

remember to buy eggs
卵を買うことを覚えておく

動 ②【remember doing】(過去に)〜
したことを覚えている

remember visiting Hawaii
ハワイに行ったことを覚えている

661 forget
[fərgét]
活 forget-forgot-forgotten　A1

動 ①【forget to do】
(これから)〜するのを忘れる

forget to buy eggs
卵を買うのを忘れる

動 ②【forget doing】
(過去に)〜したことを忘れる

never **forget going** to A
Aに行ったことを忘れない

forget doing は否定形「〜したことを忘れない」で使うことが多い。

662 need
[niːd]　A2

動 ①【need to do】〜する必要がある
名 必要

need to go shopping
買い物に行く必要がある

動 ②【need doing】
〜される必要がある

tomatoes **need washing**
トマトは洗われる必要がある

remember, forget, need のいずれも, 目的語に名詞が来る場合は単に

We are **planning to visit** a school in China in March.	私たちは3月に中国の学校を**訪れること**を**計画して**います。
I've **decided to study** in Paris next year.	私は来年パリで**勉強することに決めて**います。
We are **expecting to see** you in Japan in July.	私たちは7月に日本であなたに**会うこと**を**期待して**います。

Do you **enjoy learning** English at school?	あなたは学校で英語を**学ぶことを楽しんで**いますか。
The company is **considering raising** the price of cooking oil.	その会社は食用油の値段を**上げること**を**検討して**いる。

Please **remember to buy** eggs on your way home.	家に帰る途中で卵を**買うことを覚えておいて**くださいね。
I still **remember visiting** Hawaii with my family when I was five.	私は5歳のときに家族と**ハワイに行ったこと**をまだ**覚えています**。
I **forgot to buy** eggs on my way home.	私は家に帰る途中で卵を**買うのを忘れてしまいました**。
I'll never **forget going** to Hawaii.	私はハワイに**行ったこと**を決して**忘れ**ません。

We **need to go** shopping to buy some food.	私たちは食料品を買うために買い物に**行く必要がある**。
The tomatoes **need washing** before you eat them.	そのトマトは食べる前に**洗う必要がある**。

「…を覚えている」「…を忘れる」「…が必要である」の意。

181

文法・語法との関連で覚える⑬　不定詞，動名詞両方を目的語に取る動詞

663
begin [bɪɡín]
活 begin-began-begun A1
動 (～すること)を始める(to do/doing)　類 **start to do[doing]**
begin to rain[raining]
雨が降り始める

664
continue [kəntínjuː] アク A2
動 (～すること)を続ける(to do/doing)，(状態・動作が)続く
類 **go on doing** (→56)
continue to work[working]
働き続ける

665
hate [heɪt] A2
動 (～すること)をひどく嫌う(to do/doing)　名 憎しみ
hate to go[going] out
外出するのが嫌だ

文法・語法との関連で覚える⑭　〈動詞＋人＋do〉の形で使う動詞

666
help [help] A1
動 【help+人+(to) do】人が～するのを手伝う　名 助け
慣 **can't help doing** (→728)
help me (to) put on
私が着るのを手伝う

💡 help+人+do は動詞の原形の代わりに不定詞も可。また，help A with B「AのBを手伝う」の形も覚えておこう。☞ Kenta **helped** me **with** my

667
let [let]
活 let-let-let A1
動 【let+人+do】
人に～させてやる
let me help
私に手伝わせる

💡 この形をとるものは他に，make+人+do「人に～させる」などがある。

文法・語法との関連で覚える⑮　〈動詞＋人＋to do〉の形でよく使われる動詞

668
allow [əláu] 発音 A2
動 【allow+人+to do】
人に～することを許す
類 **permit** …を許可する(→754)
allow us to use
私たちに使うことを許す

669
lead [liːd]
活 lead-led-led B1
動 ①(～するよう)(人)を導く(to do)
②【lead to ...】(結果)につながる
⇨ **leader** 名 指導者，リーダー
lead you to study
勉強するようあなたを導く

💡 lead は lead to ...「(結果)につながる」の意味でもよく使われる。

670
order [ɔ́ːrdər] A2
動 ①(～するよう)(人)に命じる(to do)　②…を注文する(→388)
名 ①命令　②注文(→388)　③順番
order him to stop his car
車を止めるよう彼に命じる

671
advise [ədváɪz] 発音 A2
動 (～するよう)(人)に助言する・勧める(to do)
⇨ **advice** [ədváɪs] 名 助言(→1164)
advise him to drive slowly
ゆっくり運転するよう彼に助言する

672
force [fɔːrs] B2
動 【force+人+to do】人に無理やり～させる　名 力，軍事力(→1520)
be forced to leave
去ることを強いられる

It **began to rain[raining]** last night.	昨夜雨が降り始めた。

Let's **continue to work[working]** for another hour before lunch.	昼食を取る前にもう1時間働き続けましょう。

I **hate to go[going] out** in the rain.	雨の中外出するのは嫌だ。

My grandmother **helped me (to) put on** a kimono.	私の祖母は私が着物を着るのを手伝ってくれた。

homework.「健太は僕の宿題を手伝ってくれた。」 help *oneself*「自分で取って食べる」もよく使う表現。
☞ Please **help yourself** to the cake.「自由にケーキを取って食べてください。」

You look very busy. **Let me help** you.	あなたはとても忙しそうです。私にあなたを手伝わせてください。

☞ My mother **made me clean** my room.「母は私に部屋を掃除させた。」

The teacher **allowed us to use** our dictionaries in the exam.	その先生は私たちに試験で辞書を使うことを許した。

What **led you to study** art in college?	大学で芸術を勉強するようあなたを導いたものは何ですか〔なぜ大学で芸術を勉強する気になったのですか〕。

☞ Living abroad **leads to** a deeper understanding of other cultures.
「海外で生活すると異文化に対する深い理解につながる〔理解が深まる〕。」

The police **ordered him to stop** his car.	警察は車を止めるよう彼に命じた。

I **advised him to drive** slowly in the snow.	私は雪の中ではゆっくり運転するよう彼に助言した。

Many people in Ukraine **were forced to leave** the country due to the war.	ウクライナにいる多くの人が戦争のために国を去ることを強いられた。

似ていて紛らわしい語をセットで覚える⑨ 〈意味が似ている〉

673	**trust** [trʌst] A2	動 (人)を信じる・信頼する	**trust** my parents 両親を信頼する
674	**believe** [bɪlíːv] A1	動 (人の言うこと)を信じる ⇨ **belief** 图 信じること，信念 ⑲ **believe in** A (→999)	don't **believe** him 彼を信じない

A1 💡 believe that ... 「…だと信じる」の形もよく用いられる。

| 675 | **mind**
[maɪnd] A2 | 動 気にする，嫌だと思う
名 精神，心 | don't **mind** if it rains
雨が降っても気にしない |
| 676 | **care**
[keər] | 動【通例疑問文・否定文で】
(…かどうか)気にする (wh 節/if 節)
名 世話　⑲ **take care of** A (→963) | don't **care** what he thinks
彼がどう思おうと気にしない |

B1 💡 mind は Would you mind *doing*? (→692)，Would you mind if S+V? (→693) の形でも用いる (mind の目的語は動名詞で不定詞は不可)。

677	**appear** [əpíər]	動 ① 【appear (to be) C】…に見える・思われる ⇨ **appearance** 图 外見，出現	**appear** (to be) busy 忙しそうに見える
	A2	動 ② 現れる ⑱ **disappear** 消える(→827)	a rainbow **appears** 虹が現れる
678	**seem** [siːm]	動 ①【seem (to be) C】 …のように見える・思われる	**seem** (to be) rich 金持ちのようだ
		動 ②【seem to *do*】 ～するように思われる	**seem to like** salad サラダが好きなようだ

A2 💡 appear は seem とほぼ同じ意味だが，よりフォーマルな響きの語。

文法・語法との関連で覚える⑯ 注意すべき比較級・最上級

679	**fewer** [fjúːər]	形 〈比較級〉(数が)より少ない ⇨ **few** 〈原級〉【a -】(数が)少しの(→163) ⇨ **fewest** 〈最上級〉(数が)最も少ない	**fewer** Japanese people より少ない日本人
680	**less** [les] A2	形 〈比較級〉(量が)より少ない ⇨ **little** 〈原級〉【a -】(量が)少しの(→164) ⇨ **least** 〈最上級〉(量が)最も少ない	have **less** free time より自由時間が少ない
681	**worse** [wəːrs] A2	形 〈比較級〉より悪い　⇨ **bad** 〈原級〉悪い ⇨ **ill** 〈原級〉病気の(→352) ⇨ **worst** 〈最上級〉最も悪い	feel **worse** もっと気分が悪い

| I know I can always **trust** my parents. | 私はいつでも両親**を信頼する**ことができるとわかっている。 |

| He said he had ten million yen, but I don't **believe** him. | 彼は1000万円持っていると言っていたが，私は彼**を信じ**ない。 |

☞ People used to **believe that** the earth was flat. 「人々は以前地球は平らだと信じていた。」

| I don't **mind** if it rains tomorrow because I'm staying home. | もし明日雨が降っても**気にしません。**家にいますから。 |

| I don't **care** what he thinks about me. | 彼が私をどう思おうと私は**気にしな**い。 |

また care を用いた I don't care. 「気にしない，どうでもいい」は，応答としてはあまり丁寧な表現ではないので使用時には注意。

| He **appeared** (**to be**) **busy** when I saw him yesterday. | 昨日彼を見たとき，**忙しそうに見えた。** |

| A rainbow **appeared** after the rain. | 雨のあと，虹が**現れた。** |

| She **seems** (**to be**) **rich** because she wears several diamond rings. | いくつもダイヤの指輪をしているので，彼女は**金持ちのようだ。** |

| He **seems to like** salad very much. He always orders it. | 彼はとてもサラダが**好きなようだ。**いつも注文するから。 |

また②の seem to do の do には think, know, like など状態を表す動詞を用いるのが普通。

| Nowadays **fewer** Japanese people study abroad. | 今日では留学する日本人は**より少ない。** |

| Third-year students have **less** free time than younger students. | 3年生は年下の生徒に比べて**より自由時間が少ない。** |

| I didn't feel well yesterday, and now I feel **worse**. | 昨日気分が良くなかったのだが今は**もっと気分が悪い。** |

185

気持ちや意思を伝える／尋ねる表現

682 □	**Thank you (very much) for**＋名詞[*doing*]	…をありがとうございます ⇨ **thank** 動 …に感謝する　图 感謝

> 💡 **very much** をつけるとより丁寧。

683 □	**It is good (that)** S＋V	S が〜してよかった 類 **I'm glad (that)** S+V　S が〜してうれしい（→295 **glad**）
684 □	**(It is) too bad (that)** S＋V	S が〜して残念だ，S が〜して気の毒だ
685 □	**I'm sorry (that)** S＋V	S が〜してすみません，S が〜して残念だ 例 **I'm sorry.** ごめんなさい。
686 □	**I'm afraid (that)** S＋V	残念ながら S は〜するだろう 例 **be afraid of** A　A が怖い（→444）
687 □	**I'm worried about** A	（今）A を心配している 類 **I worry about** A　（常に）A が心配だ ⇨ **worry** 動 …を心配させる，心配する　图 心配
688 □	**How do you like** A **?**	① A はどう思いますか，A は気に入りましたか ② A はどのように調理いたしましょうか
689 □	**Is it all right if** S＋V **?**	S は〜してもよろしいでしょうか 同 **Is it OK if** S+V**?**　※インフォーマル
690 □	**I was wondering if** S＋V	S が〜していただければと思うのですが ※丁寧な依頼表現
691 □	**Could you do me a favor?**	お願いをしてもよいでしょうか。 ⇨ **favor** 图 ①親切な行為　②支持，賛成 例 **in favor of** A　A に賛成で
692 □	**Would you mind** *doing***?**	〜していただいて構いませんか 同 **Do you mind** *doing***?**　※インフォーマル
693 □	**Would you mind if** S＋V **?**	S が〜しても構いませんか 同 **Do you mind if** S+V**?**　※インフォーマル

> 💡 **Would you mind** *doing*?/**Would you mind if** S+V? と聞かれて「構いませんよ」と答える場合は，**Not at all.**／**No problem.** などと言う。

Thank **you** **very** **much** **for** the beautiful flowers.	きれいな花**をありがとうございます**。
It is good (**that**) it has stopped raining.	雨がやんで**よかった**。
It is too bad (**that**) he has a bad cold.	彼がひどい風邪をひいているのは**気の毒だ**。
I'm sorry (**that**) I'm late.	遅れて**すみません**。
I'm afraid (**that**) I can't come to the party.	**残念ながら**私はパーティーには行けません。
I'm worried about my friend. He doesn't look happy.	**私は友人を心配しています**。彼は幸せそうに見えないのです。
How do you like Japanese food?	日本食**は気に入りましたか**。
Is it all right if I work at home tomorrow?	明日家で仕事をしても**よろしいでしょうか**。
I was wondering if you could help me. ※ could と過去形にするのは仮定法で，控えめな態度を示す	手伝って**いただければと思うのですが**。
Shawn, **could you do me a favor?** — Yes, of course.	**お願いをしてもよいでしょうか**，ショーン？ — はい，もちろん。
Would you mind closing the door?	(あなたに)ドアを**閉めていただいて構いませんか**。
Would you mind if I turned on the TV? ※ turned と過去形にするのは仮定法で，控えめな態度を示す	(私が)テレビをつけても**構いませんか**。

STAGE 1

時期・時間を表す表現

694
☐ **at the beginning of March**
3月の初めに
⇨ **beginning** 图 始まり，初め ＜ **begin** (→663)

695
☐ **in early April**
4月上旬に

696
☐ **in mid-May**
5月中旬に
圓 **in the middle of May**

697
☐ **in the middle of June**
6月半ばに　圓 **in mid-June**
⇨ **middle** 图 中間

698
☐ **in late July**
7月下旬に

699
☐ **at the end of August**
8月の終わりに，8月末に
⇨ **end** 图 終わり　動 終わる

> 💡【「上旬」「下旬」などの表現】 at the beginning of ...「…の初めに」は普通 in early ...「…上旬」よりも短い期間を表す。同様に，at the end of ...「…の終わりに，…末に」も，in late ...「…下旬」よりも短い期間を表わす。in mid-...「…中旬に」と in the middle of ...「…の半ばに」は同様の意味と考えてよい。

700
☐ **in the past**
過去に，昔は，以前は
⇨ **past** 图 過去　前 …を過ぎて(→526)

701
☐ **in the future**
未来に，将来は
⇨ **future** 图 未来(→534)

702
☐ **at present**
現在，今のところは
⇨ **present** 图 ①現在　②贈り物(→894)　形 出席して(→289)

703
☐ **for a while**
しばらくの間
⇨ **while** 图 (しばらくの)時間　接 〜している間に(→409)

> 💡 after a while とすれば「しばらくしたあとで」つまり「しばらくして」の意味になる。

In Japan, we have a special day called *Hinamatsuri* <u>at the beginning of March</u>.	日本には，**3月の初めに**ひな祭りと呼ばれる特別な日があります。
Cherry blossoms usually open <u>in early April</u> here.	ここでは桜の花はたいてい**4月上旬に**咲きます。
We have a mid-term exam <u>in mid-May</u>.	私たちは中間テストが**5月中旬に**あります。
The rainy season started <u>in the middle of June</u> this year.	今年の梅雨は**6月半ばに**始まりました。
The summer vacation starts <u>in late July</u>.	夏休みは**7月下旬に**始まります。
Helen is coming from England <u>at the end of August</u>.	ヘレンが**8月の終わりに**イングランドから来ます。

STAGE 1

Families were bigger <u>in the past</u> in Japan.	日本では**昔**，家族はもっと大きかった。
I want to work abroad <u>in the future</u>.	私は**将来は**外国で働きたい。
<u>At present</u> I am working part-time.	**現在**私はパートタイムで働いています。
I waited <u>for a while</u> but the bus didn't come.	私は**しばらく**待ったが，バスは来なかった。

場所・位置を示す表現

704 ☐	**in front of** A	Aのすぐ前に ⓐ **behind** …の裏に，…の後ろに（→15） ⇨ **front** 图 前部，最前列
705 ☐	**next to** A	Aの隣に
706 ☐	**over there**	向こうに，あちらに
707 ☐	**at the top of** A	Aの一番上に，Aの上部に ⇨ **top** 图【the -】頂上，一番上，（ページなどの）上部
708 ☐	**at the bottom of** A	Aの一番下に，A（山）のふもとに ⇨ **bottom** 图【the -】一番下，底（→1659）
709 ☐	**in the center of** A	Aの中心に，Aの真ん中に ⇨ **center** 图 中心 ⓐ **in the middle of** A （時が）Aの半ばに（→697）
710 ☐	**in the corner of** A	Aのすみに ⇨ **corner** 图（町）かど，すみ（→581）

> 引き出し ☐ in the north[south/east/west] of A
「Aの北［南／東／西］に」

買い物やファーストフード店などで用いる表現

| 711 ☐ | **May[Can] I help you?** | 何かお手伝いいたしましょうか。
※× Shall I help you? とは言わない |

> 💡 「お手伝いしてもよろしいですか。」が直訳。店員が客に声をか

712 ☐	**Anything else?**	他にご注文はありますか。
713 ☐	**Is that everything?**	ご注文はそれで全部ですか。
714 ☐	**For here or to go?**	ここで召し上がりますか，お持ち帰りですか。 ※主に〈米〉
715 ☐	**It's on me.**	私が払います。 ⓐ **split the bill** 割り勘にする

Shall we meet **in front of** Mejiro Station at seven?	7時に目白駅**の前で**会いましょうか。
I sit **next to** Akira in chemistry class.	私は化学の授業では明**の隣に**座ります。
Please sit **over there** next to Kenta.	**向こうの**, 健太の隣に座ってください。
Please write your name **at the top of** the answer sheet.	名前を解答用紙**の一番上に**書いてください。
I parked my car **at the bottom of** the mountain. ※ park (車)を止める	私はその山**のふもとに**車を止めた。
The station is **in the center of** the town.	駅は町**の真ん中に**あります。
There are many boxes **in the corner of** the room.	部屋**のすみに**たくさんの箱があります。

□ to the north[south/east/west] of A 「Aの北 [南／東／西] の方に」(→ Unit 37)

STAGE 1

May[Can] I help you? — Yes, I'm looking for some gloves.	**何かお手伝いいたしましょうか。** — はい, 私は手袋を探しています。

ける際の決まり文句。

Anything else? — No, that's all.	**他にご注文はありますか。** — いいえ, それで全部です。
Is that everything? — No, can I have two coffees, please?	**ご注文はそれで全部ですか。** — いいえ, コーヒーを２つお願いします。
For here or to go? — To go, please.	**ここで召し上がりますか, お持ち帰りですか。** — 持ち帰りでお願いします。
It's on me. — No, let's split the bill.	**私が払います。** — いいえ, 割り勘にしましょう。

〈動詞＋前置詞／副詞〉の表現(1)

716 pick A up[up A]

①Aを拾い上げる ②Aを車で迎えに行く
⇨ pick 動 ①…を選ぶ ②…を摘む

💡 日本語では「選ぶ」の意味で「ピックアップする」と言うが, 英語の pick up にその意味はない。

717 turn up

姿を現す ※ appear よりインフォーマル
📵 show up

718 check in/out

チェックイン／チェックアウトする
⇨ check 動 …を調べる 图 検査

719 work on A

A(仕事・レポートなど)に取り組む

720 hand A in[in A]

A(書類・答案など)を提出する
📵 submit

721 write to+人

人に手紙[メール]を書く
⊗ hear from+人 人から便りがある

722 agree with A

A(人や考え)に賛成する 🔘 agreement 图 同意
⊗ disagree with A A(人や考え)に不賛成だ

💡「(提案や計画)に賛成する」の意味では agree to ... と言う。

723 belong to A

(人が) A に所属する, (物などが) A のものである
⇨ belonging 图 ①【-s】所有物 ②所属

724 graduate from A

Aを卒業する
🔘 graduation 图 卒業

725 break down

(乗り物・システムなどが)故障して動かなくなる
📵 be out of order (公共の機器が)故障中の

💡 腕時計など, 小さな機械が壊れる場合は break down は用いず, break だけでよい。→ My watch has broken.「私の時計が壊れた。」

726 recover from A

Aから回復する 📵 get over A ※インフォーマル
⇨ recovery 图 回復

Shall I **pick** you **up** at the station on Sunday?	日曜日は駅にあなたを**車で迎えに行き**ましょうか。
He did not **turn up** for the party.	彼はパーティーに**姿を現さ**なかった。
I'd like to **check in/out**, please.	(ホテルで)**チェックイン／アウト**したいのですが。
I should **work on** my report today.	今日私は自分のレポート**に取り組む**べきだわ。
Have you **handed in** your homework yet?	もう宿題**を提出した**の？
I **wrote to** my uncle to say "thank you" for the present.	私はプレゼントに対して「ありがとう」と言うためにおじ**に手紙を書いた**。
I don't **agree with** you about that.	それについてはあなた**には賛成**しません。
These books **belong to** the school library.	これらの本は学校図書館**のもの**だ。
My father **graduated from** a university in Canada.	私の父はカナダの大学**を卒業しました**。
My car **broke down** when I drove through a river.	川の中を運転したとき，私の車は**故障して動かなくなって**しまった。
I am **recovering from** the flu.	私はインフルエンザ**から回復し**つつあります。

STAGE 1

動名詞を用いた表現

727
☐ **be good at *doing*[名詞]**

〜するのが上手だ
㊇ **be poor at *doing*[名詞]** 〜するのが下手だ

> 💡 at の後は名詞も可。
> ☞ He is good at English.「彼は英語が得意だ。」

728
☐ **can't help *doing***

〜せずにはいられない
㊀ **can't stop *doing***

> 💡 この help は「…を避ける」の意。

729
☐ **when it comes to *doing*[名詞]**

〜することに関しては，〜することとなると

730
☐ **There is no point in *doing***

〜することには意味がない，〜しても無駄だ
⇨ **point** 图 ①意味 ②点数(→225) ③要点，論点(→1307)

731
☐ **How about *doing*[名詞]?**

〜してはどうですか
㊀ **What about *doing*[名詞]?**

> 💡 *doing* の代わりに名詞を用いてもよい。また How about (if) S+V?「S が〜するのはどうですか。」でも使用する。(例文＝) How about (if) we eat out tonight?

732
☐ **be worth *doing***

〜する価値がある
⇨ **worth** 前 …の価値がある

733
☐ **be used to *doing***

〜するのに慣れている ㊀ **be accustomed to *doing***
㊇ **used to *do*** 以前はよく〜したものだ(→451)

> 💡 be を get[become] に変えて get[become] used to *doing* とすると「〜するのに慣れる」という「変化」を表す。

734
☐ **It is no use *doing***

〜しても無駄だ

735
☐ **prefer *doing* to *doing***

〜するより〜することを好む
⇨ **prefer** 動 …より…を好む

> 💡 動名詞の代わりに名詞も可能。I prefer coffee to tea.「私はお茶よりもコーヒーが好きだ。」

| He **is good at speaking** English. | 彼は英語を**話すのが上手**だ。 |

| I **couldn't help laughing** at his new hair style. | 私は彼の新しいヘアスタイルを**笑わずにはいられなかった**。 |

| **When it comes to making** cakes, my mother is the best. | ケーキを**作ることに関しては**，私の母は誰にも負けません。 |

| **There is no point in asking** me for money. I don't have any. | 私にお金を**要求しても無駄**ですよ。まったく持っていませんから。 |

| **How about eating out** tonight? | 今夜は**外食するのはどうですか**。 |

STAGE 1

| Although Tsuwano is a small town, it **is worth visiting**. | 津和野は小さな町だが**訪れる価値がある**。 |

| I often go camping, so I**'m used to sleeping** in a tent. | 私はよくキャンプに行きますから，テントで**寝ることには慣れています**。 |

☞ When you visit Japan, you will soon **get used to** eating with chopsticks.
「日本を訪れたら，すぐに箸を使って食べることに慣れるでしょう。」

| **It is no use trying** to book a hotel room in Kyoto now. | 今京都のホテルを予約**しようとしても無駄**だよ。 |

| I **prefer playing** tennis **to watching** it. | 私はテニスを**観るよりも，するほうが好きです**。 |

COLUMN 1 アメリカ英語とイギリス英語の スペリングの違い

　英語のスペリングには長い間明確なルールがありませんでしたが，18世紀中頃から19世紀の中頃にかけて，英米ともにスペリングのルールが作られました。その際にアメリカとイギリスで異なるルールを採用したため，両者のスペリングには違いが見られるのです。ここではその主な違いを紹介しましょう。

① [-er] と [-re]

　皆さんがよく目にするのは theater〈米〉/theatre〈英〉「劇場，〈米〉映画館」や，center〈米〉/centre〈英〉「中心」でしょう。これらの語はフランス語から英語に入ってきた語ですが，イギリスではフランス式のスペリングを残したのに対し，アメリカでは実際の発音に近いスペリングを採用したのです。他に，liter〈米〉/litre〈英〉「リットル」などがあります。

② [-or] と [-our]

　アメリカ英語では -or とつづるところを，イギリスでは -our とつづる語が見られます。たとえば color〈米〉，colour〈英〉「色」です。このイギリス式の -our もフランス語の影響です。この他にも，favorite〈米〉/favourite〈英〉「お気に入りの」，neighbor〈米〉/neighbour〈英〉「隣人」などの例があります。

③ [-ize] と [-ise]

　単語の最後が -ize/-ise で終わる語があります。一般に，アメリカでは -ize を用い，イギリスでは -ise を用います。例として，realize〈米〉/realise〈英〉「…に気づく」，criticize〈米〉/criticise〈英〉「…を批判する」があります。

　これらの例を見ると，イギリス式のスペリングのほうがやや難しいという印象を持つかもしれません。実際，イギリス式のスペリングのほうがアメリカ式よりも文字数が多いことがあります。次にそのような例を紹介します。

④ [-log] と [-logue]

　dialog「対話」はアメリカ式のスペリングですが，イギリスではこれを dialogue とつづります。上記の theatre や colour と同じように，イギリスではもともとの形を残したのです。他にも，catalog〈米〉/catalogue〈英〉「カタログ」のような例があります。

⑤ [l (エル)] で終わる語

　travel のように -l で終わる動詞を進行形や過去形へと変化させるとき，アメリカ英語ではそのまま -ing や -ed をつけ，traveling/traveled としますが，イギリス英語では l を重ねて travelling/travelled とします。cancel などの語にもこのルールが当てはまります。

196

STAGE

2

[Active]

STAGE 2では，STAGE 1よりもフォーマルでやや難しい英単語・熟語を中心に扱っています。STAGE 1が話し言葉寄りだとすると，STAGE 2は書き言葉寄りで，文章を書く（=Writing）際に役に立つ語句が多くなっていると言えるでしょう。会話でも自由に使いこなせれば理想的ですが，まずは「意味」と「つづり」をしっかりとマスターしましょう。

同じジャンルで覚える㊹　建物に関する語

736	**entrance** [éntr(ə)ns] A2	名 入口，玄関 ® **exit** 出口(→737)	the **entrance** to the park 公園への入口
737	**exit** [égzət] アク B1	名 出口	the **exit** of the station 駅の出口
738	**floor** [flɔːr] A1	名 床，(建物の)階 ® **ceiling** 天井	on the third **floor** 3階に

A1 💡〈米〉では1階が the first floor，2階が the second floor と言う。

| 739 | **roof**
[ruːf] A2 | 名 屋根 | on the **roof**
屋根の上に |
| 740 | **stairs**
[steərz] A2 | 名 階段 | run down the **stairs**
階段を駆け降りる |

A2 💡階段の1段は a stair でそれが複数あるため普通 stairs とする。

| 741 | **hallway**
[hɔ́ːlwèi] | 名 廊下
〈英〉corridor | the end of the **hallway**
廊下の突き当たり |
| 742 | **elevator**
[élɪvèɪtər] アク A2 | 名 エレベーター 〈英〉lift
® **éscalator** アク 名 エスカレーター | take the **elevator**
エレベーターを使う |

同じジャンルで覚える㊺　歴史的・宗教的な建物

743	**temple** [témp(ə)l] A1	名 寺	build a **temple** 寺を建てる
744	**shrine** [ʃraɪn]	名 神社	visit a **shrine** 神社を訪れる
745	**church** [tʃəːrtʃ] A1	名 教会	**churches** in Europe ヨーロッパの教会
746	**castle** [kǽs(ə)l] 発音 A2	名 城	an old **castle** 古城
747	**palace** [pǽləs] A1	名 宮殿	the **palace** in Beijing 北京にある宮殿

Let's meet at the **entrance** to the park at seven o'clock.	公園への**入口**で7時に待ち合わせましょう。
The bus stop is at the north **exit** of the station.	バス停は駅の北**出口**にあります。
My father's office is on the third **floor** of that building.	私の父の職場はあのビルの**3階**にあります。

〈英〉では1階が the ground floor, 2階が the first floor と言う。

| There is a lot of snow on the **roof**. | **屋根の上**にたくさん雪が積もっている。 |
| Don't run down the **stairs**. You might fall. | **階段**を駆け降りないように。転ぶかもしれないから。 |

また staircase は, 手すりや踊り場を含めた階段一式を言う。

| The meeting room is at the end of this **hallway**. | 会議室はこの**廊下**の突き当たりにあります。 |
| Take the **elevator** to the fifth floor. | **エレベーター**を使って5階まで行ってください。 |

This **temple** was built 400 years ago.	この**寺**は400年前に建てられた。
We visit a **shrine** on New Year's Day every year.	私たちは毎年元旦に**神社**を訪れる。
I have visited many **churches** in Europe.	私はこれまでにたくさんのヨーロッパの**教会**を訪れました。
Foreign tourists like to visit old **castles** when they come to Japan.	外国人観光客は, 日本に来ると**古城**を訪れたがる。
What is the name of the **palace** in Beijing?	北京にある**宮殿**の名前は何?

同じジャンルで覚える㊻　展示(場所)に関する語

748 □	**museum** [mjuzí(ː)əm] アク A2	名 博物館，美術館	the British **Museum** 大英博物館
749 □	**gallery** [gǽl(ə)ri] A2	名 美術館，画廊	the National **Gallery** 国立美術館
750 □	**exhibition** [èksɪbíʃ(ə)n] 発音 A2	名 展示(会)，展覧会 ⇨ **exhíbit** 動 …を展示する	a Picasso **exhibition** ピカソ展
751 □	**display** [dɪspléɪ] アク A2	名 展示，【on display】展示されて 動 …を展示する	paintings are **on display** 絵が展示されている

反対の意味を持つ語をセットで覚える⑥　〈動詞〉

752 □	**forgive** [fərgív] B1 億 forgive-forgave-forgiven	動 (Aのことで)(人)を許す(for A)	**forgive** me for A Aのことで私を許す
753 □	**blame** [bleɪm] A2	動 (Aのことで)(人)を非難する (for A)	**blame** me for A Aのことで私を非難する
754 □	**permit** [pərmít] B1	動 …を許可する 億 **allow** …を許す(→668) ⇨ **permission** 名 許可	A is **permitted** to do Aは〜することを許可される
755 □	**forbid** [fərbíd] 億 forbid-forbade-forbidden A2	動 …を(強く)禁止する 億 **ban** …を(公式に)禁止する(→1909) 億 **prohibit** …を(法律で)禁止する	A is **forbidden** to do Aは〜することを禁じられる

💡 permit/allow ともに permit A to do (受動態の A is permitted to do の形がより一般的)の形をとることができる。forbid もこの形をとることができ

756 □	**award** [əwɔ́ːrd] 発音 B1	動 【award+人+物(賞など)】人に物(賞など)を与える 名 賞	be **awarded** a Prize 賞を受賞する
757 □	**punish** [pʌ́nɪʃ] B1	動 (Aのことで)(人)を罰する(for A) ⇨ **punishment** 名 罰	be **punished** for A Aのことで罰せられる
758 □	**increase** [ɪnkríːs] アク A2	動 (数・量)が増える・を増やす 名 [ínkriːs] 増加 ⇨ **increasingly** 副 ますます	**increase** the salary 給料を増やす
759 □	**decrease** [dìːkríːs] アク B1	動 (数・量)が減る・を減らす 名 [díːkriːs] 減少	my salary **decreases** 私の給料が減る

I often visit the British **Museum** when I go to London.	ロンドンへ行ったら，私はよく**大英博物館**を訪れます。
Have you ever been to the National **Gallery** in London?	ロンドンにある**国立美術館**に行ったことはありますか。
There is a Picasso **exhibition** in Kobe next month.	来月神戸で**ピカソ展**がある。
The paintings by the art club are **on display** in this classroom.	この教室に美術部による絵が**展示されて**いる。

Please **forgive** me for forgetting your birthday.	どうか私があなたの誕生日を忘れたこと**を許して**ください。
He **blamed** me for breaking the window, but I didn't do it.	彼はその窓を割ったことで私**を非難した**が，私はやっていない。
People are not **permitted** to smoke in many restaurants now.	現在では多くのレストランで喫煙**が許可されて**いない。
The students in our school are **forbidden** to have part-time jobs.	私たちの学校では生徒のアルバイトが**禁じられている**。

るが（例文参照），ban/prohibit はこの形をとることができず，ban[prohibit] A from *doing* の形で用いられる。

He was **awarded** a Nobel Prize in 2015.	2015年に彼はノーベル賞を**受賞した**。
He was often **punished** for telling lies when he was a child.	彼は子どものころよくうそをついたことで**罰を与えられた**。
Our company is going to **increase** our salaries.	会社は私たちの給料**を増やす**つもりだ。
The economy is bad, but I hope my salary won't **decrease**. ※ economy 経済	経済は不調だが，私の給料**は下がらない**でほしい。

STAGE 2

201

似ていて紛らわしい語をセットで覚える⑩ 〈意味が似ている〉

| 760 □ | **war** [wɔːr] A1 | 名 戦争 | **war** breaks out 戦争が勃発する |

| 761 □ | **battle** [bǽt(ə)l] B1 | 名 (集団間の)戦い，戦闘 動 …と戦う | win the **battle** 戦いに勝利する |

| 762 □ | **fight** [faɪt] A1 | 名 けんか，格闘 〈米〉口げんか 動 けんかする，戦う | there is a **fight** けんかがある |

💡 war は「戦争」または「戦争状態」，battle (名) は「war の中の個々の戦い」

| 763 □ | **destroy** [dɪstrɔ́ɪ] A2 | 動 …を破壊する 類 **break** …を壊す，壊れる(→819) ⇨ **destruction** 名 破壊 | **destroy** buildings 建物を破壊する |

| 764 □ | **damage** [dǽmɪdʒ] アク B1 | 動 …に損害を与える 名 損害 | **damage** many houses 多くの家に損害を与える |

| 765 □ | **bother** [bá(ː)ðər] A2 | 動 ①…を悩ませる・じゃまする ②【bother to do】わざわざ〜する | the noise **bothers** me 騒音が私のじゃまになる |

| 766 □ | **disturb** [dɪstə́ːrb] A2 | 動 …のじゃまをする， (平穏など)を乱す | don't **disturb** Father 父のじゃまをしない |

💡 bother も disturb も「人を悩ます」の意味で使用するが，disturb の方が人を悩ます度合いが大きいことが多い。

文法・語法との関連で覚える⑰ さまざまな前置詞(1)

| 767 □ | **beside** [bɪsáɪd] A1 | 前 …のそばに 類 **next to** A Aの隣に(→705) | sit **beside** my friend 友人のそばに座る |

| 768 □ | **besides** [bɪsáɪdz] B1 | 前 ①…に加えて ②【否定文】…を除き 同 **except** 副 (接続詞的に)さらに，その上 | **besides** English 英語に加えて |

| 769 □ | **toward** [təwɔ́ːd] A2 | 前 …のほうへ，…に向かって 〈英〉**towards** | come **toward** me 私のほうへ向かってくる |

| 770 □ | **beyond** [bɪjá:nd] A2 | 前 …の向こうに，…を越えて | go **beyond** the station 駅より向こうに行く |

| 771 □ | **throughout** [θruáʊt] B1 | 前 ①…の間じゅう，…を通じて ②…のいたるところに | **throughout** one's life 生涯を通じて |

My grandfather was in school when the **war** <u>broke</u> <u>out</u>.	私の祖父はその**戦争**が勃発したとき学生だった。
Ieyasu <u>won</u> <u>the</u> **battle** of Sekigahara in 1600.	家康は1600年の関ケ原の**戦い**に勝利した。
<u>There</u> <u>was</u> <u>a</u> **fight** near my house last night.	昨夜私の家の近くで**けんか**があった。

を, fight (図) は主に「個人レベルの戦い」を指す。

The bomb **destroyed** many <u>buildings</u>.	その爆弾は多くの<u>建物**を破壊した**</u>。
<u>Many</u> <u>houses</u> were **damaged** by the heavy snow.	<u>多くの家々が</u>大雪によって**損害を受けた**。
<u>The</u> <u>noise</u> of the traffic didn't **bother** <u>me</u>.	交通の騒音は**私のじゃまにならな**かった〔気にならなかった〕。
Don't **disturb** Father while he is working.	働いている間はお父さん**のじゃまをしないで**。

また disturb は disturb the peace「平和を乱す」などの用例に見られるように,「人」以外にも用いられる。

STAGE 2

I always <u>sit</u> **beside** <u>my</u> <u>friend</u> in class.	私はいつもクラスでは<u>友人の**そばに座**</u>ります。
Besides <u>English</u>, he can also speak Chinese.	<u>英語**に加えて**</u>, 彼は中国語も話せる。
I couldn't see the car <u>coming</u> **toward** <u>me</u>.	私にはその車が**私のほうへ**向かってくるのは見えなかった。
Does this bus go **beyond** <u>the</u> <u>station</u>?	このバスは**駅より向こうに**行きますか。
He continued to write novels **throughout** <u>his</u> <u>life</u>.	彼は<u>生涯**を通じて**</u>小説を書き続けた。

コロケーションで覚える⑤

772 local
[lóuk(ə)l] A2
形 (ある特定の)地域の，地元の
⇨ **locally** 副 地元で，この近くで
a local tradition
地域の伝統

773 tradition
[trədíʃ(ə)n] A2
名 伝統
⇨ **traditional** 形 伝統的な

774 sightseeing
[sáitsì:ɪŋ] A2
名 観光
熟 **see the sights of** A (→1585)
a sightseeing spot
観光地

775 spot
[spɑ(:)t] A1
名 ①場所 類 **place** 場所
②斑点 類 **dot** 点

776 perform
[pərfɔ́:rm] A2
動 …を遂行する，…を上演・演奏する
⇨ **performance** 名 遂行，上演
perform a task
課題をやりとげる

777 task
[tæsk] A2
名 (やるべき)仕事，課題

似ていて紛らわしい語をセットで覚える⑪ 〈意味が似ている〉

778 chance
[tʃæns] A2
名 可能性，機会
a chance of recovery
回復の可能性

779 opportunity
[à(:)pərtjú:nəti] アク A2
名 (良い)機会，好機
an opportunity to do
〜する機会

> chance は良いこと，悪いことを問わず用いられるが，opportunity は常に

780 purpose
[pə́:rpəs] A2
名 目的
the purpose of the course
講座の目的

781 goal
[goul] A1
名 目標
the goal of the course
講座の目標

782 tie
[tai] A2
名 ①つながり，きずな
②ネクタイ
動 …をつなぐ，…を結ぶ
family ties
家族のきずな

783 bond
[bɑ(:)nd] B1
名 (強い)きずな
a strong bond
強いきずな

> tie は「つながり，きずな」を意味する一般的な語。bond は特に「(愛情によ

Namahage is a **local tradition** in Akita.	「なまはげ」は秋田の**地域の伝統**です。
Nikko is a very popular **sightseeing spot**.	日光はとても人気の**観光地**だ。
The students **performed** the **task** very well.	その生徒たちはとても上手にその**課題をやり遂げた**。
The doctor thinks (that) he has a good **chance** of recovery.	その医師は彼には回復の**可能性**が十分にあると考えている。
We had an **opportunity** to learn about Malaysia last month.	私たちは先月マレーシアについて学ぶ**機会**を得ました。

良い意味で用いられる。また chance のほうがインフォーマルで, opportunity はフォーマル（文章向き）。

The **purpose** of this course is to develop students' listening skills.	この講座の**目的**は生徒のリスニング能力を伸ばすことです。
The **goal** of this course is for students to score over 600 on the TOEIC test.	この講座の**目標**は生徒たちが TOEIC試験で 600点以上を取ることです。
Family **ties** are very important.	家族の**きずな**はとても大切だ。
There is often a strong **bond** between twins.	双子の間には強い**きずな**があることが多い。

る）人との強いつながり」を表す（フォーマル）。

STAGE 2

似ていて紛らわしい語をセットで覚える⑫ 〈意味が似ている〉

784 □	**deal** [di:l] 愈 deal-dealt-dealt B1	動【deal with A】A(事柄)を扱う，A(仕事・問題)を処理する	**deal with** the history 歴史を扱う
785 □	**handle** [hǽnd(ə)l] B1	動 (問題など)を扱う・処理する 名 取っ手	**handle** problems 問題を扱う

B1 💡 handle は「手で扱う」が本来の意味だが，「(問題や難しい状況)に対処する」

786 □	**control** [kəntróul] B1	動 …を(思うように)操る，…を支配する	**control** a ball ボールを操る
787 □	**operate** [á(:)pərèit] A2	動 (機械など)を操作する ⇨ operátion 名 手術(→982)	**operate** the machine 機械を操作する
788 □	**repair** [ripéər] A2	動 …を修理する 名 修理	**repair** a computer コンピューターを修理する
789 □	**fix** [fiks] B1	動 ①…を修理する ②…を固定する	have my watch **fixed** 腕時計を修理してもらう

スペリングに注目して覚える③ ex-「外へ」と in- [im-]「中へ」で始まる語

790 □	**express** [iksprés] B1	動 …を表現する，…を表す ⇨ expression 名 表現	**express** one's ideas 自分の考えを表現する
791 □	**impress** [imprés] A2	動 …に感銘を与える，…に印象付ける ⇨ impression 名 印象 ⇨ impressive 形 印象的な	be **impressed** by A Aに感銘を受ける

A2 💡 ex (外へ) + press (押す)「自分の考えを外へ向かって表す」⇔ im (中へ) +

792 □	**exclude** [iksklú:d] B2	動 …を除外する，…を締め出す ⇨ excluding 前 …を除いて	be **excluded** from A Aから締め出される
793 □	**include** [inklú:d] A2	動 …を含む ⇨ including 前 …を含めて	**include** a drink ドリンクを含む
794 □	**export** [ikspɔ́:rt] アク B2	動 …を輸出する 名 [ékspɔ:rt] 輸出(品)	silk is **exported** 絹が輸出される
795 □	**import** [impɔ́:rt] アク B2	動 …を輸入する 名 [ímpɔ:rt] 輸入(品)	**import** oil 石油を輸入する

B2 💡 アクセントに注意。名詞は前，動詞は後ろを強く読む(いわゆる「名前動後」)。

This book **deals with** the history of music.	この本は音楽の歴史を扱っています。
This office **handles** tax problems. ※ tax 税金(→1479)	この事務所では税金の問題を扱っています。

の意味でも使用し，その場合は deal with と同じ意味になる。

Ryota is very good at **controlling** a soccer ball.	涼太はサッカーボールを操るのがとても上手だ。
He showed the workers how to **operate** the machine.	彼はその機械を操作する方法を従業員たちに教えた。
It cost 10,000 yen to **repair** my computer.	私のコンピューターを修理するのに1万円かかった。
I need to have my watch **fixed**.	私は腕時計を修理してもらう必要があります。

STAGE 2

She **expressed** her ideas clearly in her essay.	彼女は小論文にはっきりと彼女の考えを表現した。
I was **impressed** by his speech.	私は彼のスピーチに感銘を受けた。

press (押す) 「心の中に押し付けられ印象として残る」

Several violent soccer fans were **excluded** from the stadium. ※ violent 乱暴な	何名かの乱暴なサッカーファンはスタジアムから締め出された。
The lunch menu **includes** a drink.	ランチメニューにはドリンクが含まれています。
Silk was **exported** to many countries from Japan 100 years ago.	100年前には，絹は日本から多くの国へと輸出された。
Japan must **import** oil from abroad. ※ oil 石油，油(→1224)	日本は外国から石油を輸入しなくてはならない。

コロケーションで覚える⑥

796 accept
[əksépt]
A2
動 …を受け入れる
反 refuse …を断る(→864)
⇨ acceptable 形 受け入れられる

accept *one's* proposal
…の結婚の申し込みを受け入れる

797 proposal
[prəpóuz(ə)l]
B1
名 提案, 結婚の申し込み
⇨ propose 動 …を提案する(→856)

💡 proposal は結婚の申し込み以外の提案や申し出にも広く使え,「〜する提案」の意味では proposal to *do* で用いる。

798 ring [rɪŋ]
活 ring-rang-rung
A1
動 (ベルなどが)鳴る,
(ベルなど)を鳴らす

a bell rings
鐘が鳴る

799 bell
[bel]
A1
名 ベル, 鐘

💡 「鐘を鳴らす」は ring a bell と言う。なお, 電話が「鳴る」場合にも ring が

800 celebrate
[séləbrèɪt]
A1
動 …を祝う
⇨ celebrátion 名 祝賀(会)
⇨ celébrity 名 有名人, セレブ

celebrate the wedding anniversary
結婚記念日を祝う

801 wedding
[wédɪŋ]
A2
名 結婚式, 婚礼
類 marriage 結婚(生活)

802 anniversary
[æ̀nɪvə́ːrs(ə)ri]
A2
名 (…周年)記念(日)

💡 戦争などマイナスのイメージを持つ出来事, あるいは亡くなった人に対しても anniversary を用いることができる。

803 dig [dɪg]
活 dig-dug-dug
B1
動 (畑・庭)を掘り起こす,
(穴・トンネルなど)を掘る

dig a hole
穴を掘る

804 hole
[houl]
A1
名 穴
同 whole [同音] 形 全体の

805 homegrown
[hòumgróun]
B1
形 (野菜・果物など)家庭で育てた
類 homemade 形 (料理などが)自家製の

homegrown cucumbers
家庭で育てたキュウリ

806 cucumber
[kjúːkʌmbər]
B1
名 キュウリ

引き出し 【野菜の名前】 □ carrot「ニンジン」　□ cabbage「キャベツ」

| I cannot **accept** your **proposal**. I don't love you. | 私はあなたの結婚の申し込みを受け入れることはできません。あなたを愛していないのですから。 |

なお, 日本語では結婚の申し込みを「プロポーズ」と言うが, 英語では× propose ではなく○ proposal を用いることに注意。

| The **bell rang** when the couple came out of the church. | そのカップルが教会から出てきたとき鐘が鳴った。 |

使える。

| We **celebrated** my grandparents' 60th **wedding anniversary** last Saturday. | 私たちは先週の土曜日, 祖父母の60回目の結婚記念日を祝った。 |

STAGE 2

☞ 2016 was the 400th **anniversary** of Shakespeare's death.
「2016年はシェイクスピア没後400周年でした。」

| Let's **dig** a **hole** to plant this rose. | このバラを植えるのに穴を掘りましょう。 |

| **Homegrown cucumbers** taste much nicer than cucumbers bought in the supermarket. | 家庭で育てたキュウリはスーパーマーケットで購入したキュウリよりもずっとおいしい。 |

□ lettuce 「レタス」　□ onion 「タマネギ」　□ spinach 「ホウレンソウ」

同じジャンルで覚える㊼ さまざまな「人」を表す語

807 staff
[stæf]
A2
名 (ある組織の) (全)スタッフ, 職員
⑭ stuff 名 事, 物
a new member of staff
スタッフの新たな1人

A2 💡 staff は複数の member 全員をまとめて表す語なので a staff とは言わない。

808 officer
[á(:)fəsər]
A1
名 役人, 警官 (police officer)
⑭ civil servant 公務員
a police officer
警察官

809 colleague
[ká(:)li:g]
B2
名 同僚
work with my colleagues
同僚と働く

810 principal
[prínsəp(ə)l]
A2
名 校長 (〈英〉head teacher), 社長
⑭ principle [同音] 名 主義, 原理
the principal's office
校長室

811 volunteer
[vὰ(:)ləntíər] アク
B2
名 ボランティア
形 ボランティアの
work as a volunteer
ボランティアとして働く

812 stranger
[stréın(d)ʒər]
A2
名 ①見知らぬ人, よそ者
②(場所に)不案内な人
⇨ strange 形 変な (→916)
be afraid of strangers
見知らぬ人を怖がる

813 teens
[ti:nz]
名 10代(のころ)
⇨ teenager 名 10代の若者
in one's teens
10代のころに

同じジャンルで覚える㊽ 事務用品・文房具

814 envelope
[énvəlòup]
A2
名 封筒
⑭ postcard 名 はがき
money in an envelope
封筒に入れたお金

815 stamp
[stæmp]
A2
名 切手
put a stamp on a card
はがきに切手を貼る

816 stapler
[stéɪp(ə)lər]
名 ホッチキス
⇨ staple 動 ホッチキスで留める
名 ホッチキスの針
the stapler is empty
ホッチキスは空だ

817 scissors
[sízərz]
A2
名 はさみ ※数える場合は a pair of ... を用いる (→ p. 150)
a pair of scissors
はさみ1丁

818 ruler
[rú:lər]
A1
名 定規
⑭ tape measure 巻尺
a 30-cm ruler
30センチ定規

引き出し □ glue「のり」 □ ballpoint pen「ボールペン」
□ eraser「〈米〉消しゴム」(〈英〉rubber)

We have a new member of **staff** in our office.	私たちの職場の**スタッフ**に新たな1人が加わった。

なお，stuff「事・物」と区別すること。

The police **officer** wrote a report about the crime.	その警察**官**はその犯罪についての報告書を書いた。
I enjoy working with my **colleagues**.	私は**同僚**と働くことを楽しんでいます。
I went to the **principal**'s office, but she was not there.	私は**校長**室に行ったが，彼女はいなかった。
He worked as a **volunteer** after the earthquake.	彼はその地震のあとで**ボランティアとして**働いた。
Our cat is afraid of **strangers**.	私たちのネコは**見知らぬ人**を怖がる。
My grandfather started working in his **teens**.	私の祖父は**10代のころ**に働き始めた。

STAGE 2

It is a Japanese custom to give money in an **envelope** at weddings.	結婚式で，**封筒**に入れたお金を渡すのは日本のしきたりです。
Please put a 70-yen **stamp** on a card for Europe.	ヨーロッパに出すはがきには70円**切手**を貼ってください。
This **stapler** is empty. Do you have any staples? ※ empty 空の (→1389)	この**ホッチキス**は空だ。ホッチキスの針を持っていますか。
I'm looking for a pair of **scissors**.	私は**はさみ**を(1丁)探しています。
Do you have a 30-cm **ruler**?	30センチ**定規**を持っていますか。

□ mechanical pencil 「〈米〉シャープペンシル」(〈英〉 propelling pencil)

似ていて紛らわしい語をセットで覚える⑬ 〈発音が似ている〉

819 □	**break** [breɪk] 活 break-broke-broken [A1]	動 …を壊す，壊れる 名 休憩	**break** the window 窓を割る
820 □	**brake** [breɪk] [B2]	動 ブレーキをかける 名 ブレーキ	**brake** suddenly 急ブレーキをかける
821 □	**bury** [béri] [A2]	動 …を埋葬する，…を埋める	be **buried** in A Aに埋葬される
822 □	**berry** [béri] [B2]	名 (イチゴなどの)小果実，ベリー	pick some **berries** ベリーをいくつか摘む

引き出し 【berry で終わる小果実】 □ strawberry 「イチゴ」

| 823 □ | **steal** [sti:l]
活 steal-stole-stolen [A2] | 動 (こっそり)…を盗む | my bicycle was **stolen**
私の自転車が盗まれた |
| 824 □ | **steel**
[sti:l] [B1] | 名 鋼鉄，はがね | stainless **steel**
ステンレス鋼 |

💡 break/brake, bury/berry, steal/steel の3組は発音がまったく同じである。

| 825 □ | **source**
[sɔːrs] [A2] | 名 源，情報源 | the **source** of the Amazon
アマゾン川の源 |
| 826 □ | **sauce**
[sɔːs] [A2] | 名 (料理に使う)ソース | chili **sauce**
チリソース |

スペリングに注目して覚える④ 反対の意味にする dis- で始まる語

827 □	**disappear** [dìsəpíər] [A2]	動 消える 反 **appear** 現れる，〜に見える (→677)	the sun **disappears** 太陽が消える
828 □	**disagree** [dìsəgríː] [A2]	動 意見が合わない 反 **agree** 賛成する (→722) ⇨ **disagreement** 名 意見の相違	**disagree** about A Aのことで意見が合わない
829 □	**discover** [dɪskʌ́vər] [A2]	動 …を発見する 反 **cover** …を覆う，覆い隠す (→989) ⇨ **discovery** 名 発見	**discover** a new world 新たな世界を発見する
830 □	**dislike** [dɪsláɪk] [B1]	動 …を嫌う 反 **like** …が好きだ	**dislike** mushrooms キノコを嫌う

Who **broke** that window?	あの窓を割ったのは誰？
Do not **brake** suddenly on wet roads.	ぬれた道路では急ブレーキをかけてはいけない。
Hideyoshi Toyotomi was **buried** in Kyoto.	豊臣秀吉は京都に**埋葬された**。
I picked some **berries** in the woods.	私は森の中で**ベリー**をいくつか摘んだ。

□ raspberry「ラズベリー，キイチゴ」　□ blueberry「ブルーベリー」

My bicycle was **stolen** yesterday.	昨日私の自転車が**盗まれました**。
Many kitchen knives are made of stainless **steel**.	包丁の多くは**ステンレス鋼**でできている。
The **source** of the Amazon is in the Andes. ※the Andes アンデス山脈	アマゾン川の**源**はアンデス山脈にある。
Please use this chili **sauce** to eat this dish.	この料理を食べる際はこの**チリソース**を使ってください。

STAGE 2

The sun **disappeared** behind the clouds.	太陽が雲の後ろに**消えた**。
People often **disagree** about fashion.	人々はしばしば，ファッションのことでは**意見が合わない**。
You can **discover** a new world through reading.	読書を通じて，新たな世界**を発見する**ことができます。
Many children **dislike** mushrooms.	**キノコを嫌う**子どもが多い。

同じジャンルで覚える㊾ 世代・家系に関する語

831 adult
[ədʌ́lt]
A2
名 大人，成人
形 大人の，成人の

children become **adults**
子どもたちが成人する

832 childhood
[tʃáɪldhùd]
A2
名 子ども時代 ⇨ child 名 子ども
類 kid 名 (くだけて)子ども

a happy **childhood**
幸せな子ども時代

833 generation
[dʒènəréɪʃ(ə)n]
A2
名 世代
⇨ génerate 動 …を生み出す

my parents' **generation**
私の両親の世代

834 ancestor
[ǽnsestər]
A2
名 祖先

ancestors came from Italy
祖先がイタリアからやってきた

文法・語法との関連で覚える⑱ 日本語にもなっている注意すべき名詞(1)

835 challenge
[tʃǽlɪn(d)ʒ]
名 (やりがいのある)課題
動 (人)に挑戦する，(意見)に異議を唱える

a big **challenge**
大きな課題

> 💡 動詞の「…に挑戦する」は，「(物事)に挑戦する」ではなく「(人・意見)に挑戦する」である点に注意。日本語で「何か新しいことをやってみる」の意味で「…に挑戦する」と言うが，その場合は try を使う。
> A2

836 memory
[mém(ə)ri]
名 記憶(力)，思い出
⇨ memórial 形 追悼の
⇨ memorable 形 記憶に残る

one's earliest **memory**
…の一番古い記憶

> 💡 「記憶力」の意味に注意。☞ have a good **memory**「記憶力がよい」また「記念コンサート」の意味で × memorial concert と書く誤りが見られるが，memorial は「亡くなった人をしのぶ」の意味である。
> A1

837 leisure
[líːʒər] 発音
名 余暇，自由時間

leisure is important
余暇は重要だ

> 💡 「レジャーに出かける」のように，日本語の「レジャー」には余暇に行う娯楽というニュアンスがあるが，英語の leisure は「自由に使える時間」の意味で，必ずしも娯楽や行楽の意味は含まない。
> A2

838 event
[ɪvént] アク
名 出来事，イベント

the biggest **event**
最も大きな出来事

> 💡 日本語の「イベント(催し物)」と同じ意味で使われることも多いが，「出来事」の意味に注意。アクセントも日本語とは異なるので注意しよう。
> A1

839 model
[mɑ́(ː)d(ə)l]
名 手本，型，モデル

good **models** for children
子どもの良き手本

> 💡 「手本」の意味に注意。
> A2

Children become **adults** at the age of 18 in many countries.	多くの国々では，子どもたちは18歳で**成人**します。
He had a happy **childhood** in India.	彼は幸せな**子ども時代**をインドで過ごしました。
Kevin and Tracy were popular names in my parents' **generation**.	ケビンやトレーシーは，私の両親の**世代**に人気のある名前でした。
His **ancestors** came from Italy.	彼の**祖先**はイタリアからやってきた。

It is a big **challenge** for us to use less plastic.

プラスチックの使用量を減らすことは私たちにとって**大きな課題**だ。

☞ If I can go to college, I want to **try** many new things.
「大学に入れたら，たくさんの新しいことに挑戦したい。」

What is your earliest **memory**?

あなたの一番古い**記憶**は何ですか。

Leisure is important to keep people healthy.

人が健康を保つために**余暇**は重要だ。

What was the biggest **event** for you in senior high school?

あなたにとって，高校で最も大きな**出来事**は何でしたか。

Parents should be good **models** for their children.

親は子どもの良き**手本**となるべきです。

☞ role model「手本となる人物」　※ role「役割」の model「手本」。

同じジャンルで覚える㊿　人の行動を表す名詞

840 action
[ǽkʃ(ə)n]
名 (目的に向けた) 行動
⇨ **act** 動 行動する 名 行為
A1

take **action**
行動を起こす

841 behavior
[bɪhéɪvjər]
名 ふるまい, 行儀
⇨ **behave** 動 ふるまう
A2

good **behavior**
良いふるまい

A2 💡 action は何らかの目的を達成するための一連の行動を意味し, behavior は

842 manners
[mǽnərz]
名 作法, 行儀
(単) **manner** 名 方法, やり方
A2

table **manners**
テーブルマナー

A2 💡「作法, 行儀」の意味では manners と常に複数形で用いる。単数にすると

843 habit
[hǽbɪt]
名 (個人の) 習慣, 癖
A1

a bad **habit**
悪い習慣

844 custom
[kʌ́stəm]
名 (社会の) 習慣, しきたり
A2

a **custom** in Japan
日本の習慣

A2 💡 habit は個人が無意識に行う癖を意味し, custom は社会で広く行う習慣を意

コロケーションで覚える⑦

845 contact
[ká(:)ntækt]
名 連絡, 接触
動 (人) と連絡をとる
A2

contact address
連絡先住所

846 address
[ədrés]
名 住所, (ネット上の) アドレス
動 (問題など) に取り組む
A1

847 mail
[meɪl]
動 …を郵便で送る 〈英〉post
名 郵便物 〈英〉post
B1

mail a package
小包を送る

848 package
[pǽkɪdʒ]
名 小包
⇨ **pack** 動 (かばんなど) に荷物を詰める
B1

引き出し □ mail[send] a letter「手紙を送る」

849 assignment
[əsáɪnmənt]
名 課題, 宿題
⇨ **assign** 動 …を割り当てる
B1

the **assignment is due** today
課題は今日が締め切りだ

850 due
[djuː]
形 (提出物などの) 期限が来て
A1

It is time to stop talking and <u>take</u> **action**.	話すことは終わりにして**行動を起こす**時だ。

The children were praised for their <u>good</u> **behavior**.	その子どもたちは良い**ふるまい**を誉められた。

習慣的にしている行動，ふるまいを意味する。

Children should learn good <u>table</u> **manners**.	子どもたちは良いテーブル**マナー**を身に付けるべきです。

「方法，やり方」（＝1187 way）の意味になる。

It is <u>a</u> bad **habit** to talk with your mouth full.	口を食べ物でいっぱいにした状態で話すのは悪い**習慣**だ。

It is a **custom** in Japan to say *itadakimasu* before eating.	食べる前に「いただきます」と言うのは**日本の習慣**です。

味する。

STAGE 2

He left no **contact address** when he moved out of the apartment.	彼はアパートから引っ越したとき，**連絡先住所**を残していかなかった。

How much will it cost to **mail** this **package** to France?	フランスにこの**小包を送る**のにいくらかかりますか。

<u>The</u> history **assignment** is **due** <u>today</u>.	歴史の**課題**は今日が**締め切り**です。

同じジャンルで覚える(51) 人の考え・意思を表す動詞

851 **suppose** [səpóuz] B1
動 …だろうと思う
類 **guess** …を推測する (→1101)
成 **be supposed to *do*** (→1886)
suppose (that) S+V
S が～するだろうと思う

852 **intend** [ɪnténd] B1
動 【intend to *do*】～するつもりだ
⇨ **intention** 名 意図
intend to walk to school
学校まで歩くつもりだ

853 **hesitate** [hézɪtèɪt] B1
動 ためらう，遠慮する
⇨ **hesitátion** 名 ためらい
hesitate before *doing*
～する前にためらう

854 **appreciate** [əpríːʃièɪt] アク A2
動 …に感謝する，…を正しく評価する
⇨ **appreciátion** 名 感謝，鑑賞(力)
appreciate *one's* opinion
意見に感謝する

855 **regret** [rigrét] A2
動 (～したこと)を後悔する (*doing*)
名 後悔
regret not reading books
本を読まなかったことを後悔する

856 **propose** [prəpóuz] B1
動 (～すること)を提案する ((that) S+原形)
⇨ **proposal** 名 提案，結婚の申し込み (→797)
propose (that) S+原形
S が～することを提案する
suggest よりフォーマルな語で，より大きな提案に用いられる傾向がある。

857 **recommend** [rèkəménd] アク B1
動 (～すること)を勧める ((that) S+原形)
⇨ **recommendátion** 名 勧め
recommend (that) S+原形
S が～することを勧める

858 **suggest** [səgdʒést] A2
動 (～すること)を提案する ((that) S+原形)
⇨ **suggestion** 名 提案
suggest (that) S+原形
S が～することを提案する
propose，recommend，suggest に続く that 節の中では動詞は原形になることに注意。なお，suggest は × suggest to *do* の形で不定詞を目的語に

文法・語法との関連で覚える⑲ 目的語に動名詞を取る動詞(2)

859 **admit** [ədmít] A2
動 (～である[～した]こと)を認める (*doing*) ※((that) S+V)も可
⇨ **admission** 名 入場(料) (→1442)
admit stealing the bag
バッグを盗んだことを認める

860 **deny** [dɪnáɪ] B1
動 (～である[～した]こと)を否定する (*doing*) ⇨ **denial** 名 否定
deny stealing the car
車を盗んだことを否定する

861 **avoid** [əvɔ́ɪd] A2
動 (～すること)を避ける (*doing*)
avoid using phones
電話を使うのを避ける
admit，deny，avoid のいずれも目的語に名詞をとることもできる。
☞ We can't deny the fact.「私たちはその事実を否定できない。」

| I asked Kenta to the party, but I don't **suppose** he'll come. | 私は健太をパーティーに招待したけど，彼が来てくれる**とは思わ**ない。 |

| I **intended to walk** to school, but it was raining, so I went by bus. | 私は学校まで**歩くつもりだった**が，雨が降っていたので，バスに乗った。 |

| He **hesitated** before asking her to marry him. | 彼は彼女に結婚を申し込む前に**ためらった**。 |

| I **appreciate** your opinion, but I can't agree with you. | ご意見**には感謝します**が，あなたには同意できません。 |

| I **regret** not reading many books in high school. | 私は高校時代にたくさんの本を読まなかったこと**を後悔している**。 |

| The government **proposed** (that) people work shorter hours. | 政府は人々がもっと短時間働くこと**を提案した**。 |

また propose to＋人で「人に結婚を申し込む」の意味もある。

| I **recommend** (that) you read this book. | 私はあなたにこの本を読むこと**を勧めます**。 |

| I **suggest** (that) we use our own shopping bags when we go shopping. | 私は買い物に行くときに自分の買い物袋を使うこと**を提案します**。 |

取ることはできないので注意しよう（suggest *doing*「～することを提案する」の形で動名詞を目的語に取ることはできる）。

| He finally **admitted stealing** the bag. | 彼はついにバッグを**盗んだことを認めた**。 |

| The man **denied stealing** the car when the police questioned him. | 警察が尋問したとき，男は車を**盗んだことを否定した**。 |

| We should **avoid using** phones on trains. | 私たちは電車の中で電話を**使うのを避ける**べきです。 |

なお，admit は admit to＋動名詞でも同じ意味。

STAGE 2

文法・語法との関連で覚える⑳　目的語に不定詞を取る動詞(2)

862 manage
[mǽnɪdʒ] アク　A2
動 ①【manage to do】何とかして〜する
②…を管理する
⇨ management 名 経営, 管理

manage to finish A
何とかしてAを終わらせる

863 offer
[ɔ́:fər]　A2
動 (〜すること)を申し出る (to do)
名 申し出

offer to drive me
私を車で送ると申し出る

864 refuse
[rifjú:z]　B1
動 (〜すること)を断る・拒否する
(to do)

refuse to fight
戦うことを拒否する

865 attempt
[ətém(p)t]　B1
動 (〜すること)を試みる (to do)
名 試み
慣 make an attempt to do (→1557)

attempt to climb A
Aに登ろうと試みる

866 pretend
[prɪténd]　A2
動 (〜する)ふりをする (to do)

pretend to be asleep
寝たふりをする

867 promise
[prá(:)məs]　B1
動 (〜すること)を約束する (to do)
名 約束　慣 keep one's promise (→984)

promise to take me
私を連れて行くと約束する

868 afford
[əfɔ́:rd]　B1
動 (〜する)余裕がある (to do)

can afford to travel
旅をする余裕がある

afford は can とともに用いられる。can afford to do の形で覚えよう。

869 arrange
[əréɪn(d)ʒ]　B1
動 (〜するよう)手配する (to do)
⇨ arrangement 名 手配
慣 make an arrangement (→1899)

arrange to meet
会う手はずを整える

文法・語法との関連で覚える㉑　自動詞と間違えやすい他動詞(2)

870 discuss
[dɪskʌ́s]　A1
動 …について話し合う
※× discuss about は不可
⇨ discussion 名 議論(→1136)

discuss the problem
その問題について話し合う

871 approach
[əpróʊtʃ]　B2
動 …に近づく　※× approach to/at は不可
名 接近, 取り組み方法

approach the airport
空港に近づく

872 oppose
[əpóʊz]　A2
動 …に反対する
※× oppose to は不可
⇨ opposition 名 反対

oppose the idea
その考えに反対する

873 resemble
[rɪzémb(ə)l]　B1
動 …に似ている
※× resemble to は不可

resemble one's father
父親に似ている

Did you **manage to finish** your report on time?	あなたは**何とかして**期限までにレポートを**終わらせる**ことができたのですか？
My father **offered to drive** me to school, but I preferred to walk.	父は学校まで私を**車で送ると言ってくれた**が，私は歩くほうがよかった。
My grandfather **refused to fight** during the war.	私の祖父は戦争中**戦うことを拒否した**。
He **attempted to climb** Mt. Everest alone.	彼は単独でエベレストに**登ろうと試みた**。
Don't **pretend to be** asleep. Do your work!	寝た**ふりをする**のはやめて。仕事をしなさい！
My parents **promised to take** me to the sea if I get better scores in the next exam.	両親は次の試験でもっと良い点を取ったら，私を海へ**連れて行ってくれると約束した**。
I **can't afford to travel** first class.	私にはファーストクラスで**旅をする余裕はない**。
We **arranged to meet** at seven p.m. outside the station.	私たちは駅の外で午後7時に**会うことにした**[会う手はずを整えた]。
We will **discuss** this problem in the next class.	次の授業でこの問題**について話し合い**ます。
Our plane is **approaching** the airport.	私たちの飛行機が空港に**近づいて**いる。
Many people **oppose** the idea of long working hours.	多くの人が長時間労働するという考え**に反対している**。
Liam **resembles** his father.	リアムは父親**に似ている**。

STAGE 2

221

似ていて紛らわしい語をセットで覚える⑭　〈意味が似ている〉

874 **hope**
[houp]

動【hope (that) S+V】
S が～することを望む
B1 名 希望，望み

I **hope I make** friends
友達ができればいいなと思う

875 **wish**
[wɪʃ]

動【wish (that) S+過去形】（実際には
違うが）～ならいいと思う

I **wish I had** friends
友達がいたらなあ

A2 💡 wish (that) S+V の形では動詞は過去形を用いるのが基本だが，これを仮定法と呼び，「実際はそうではない（だろう）が」という気持ちが入ることを示す。

876 **complete**
[kəmplíːt]

動 …を完成させる
B1 形 完全な ⇨ **completely** 副 完全に

complete the road
道路を完成させる

877 **achieve**
[ətʃíːv]

動 …を達成する，…を獲得する
⇨ **achievement** 名 達成，業績

achieve a high score
高得点を獲得する

A2 💡 complete は何か作成中のものを仕上げることを意味する finish のフォーマル

878 **notice**
[nóʊtəs]

動 …に気づく
B1 名 通知，知らせ

notice that S+V
S が～することに気づく

879 **realize**
[ríːəlàɪz] アク

動 ①…に気づく　②…を実現
させる　〈英〉realise

realize that S+V
S が～することに気づく

A2 💡 notice は五感で感じ取ることで気づくことを意味するが，realize は頭で考え

880 **recognize**
[rékəgnàɪz] アク

動 …が（それと）わかる，…を認識す
る　〈英〉recognise
B1 ⇨ **recognítion** 名 認識

recognize her
彼女だとわかる

881 **acknowledge**
[əkná(ː)lɪdʒ]

動 …を（事実と）認める
⇨ **acknowledg(e)ment** 名 認知

acknowledge *one's* mistake
自分の誤りを認める

B1 💡 recognize は以前の経験などから「それとわかる」ことを意味する。一方，

882 **doubt**
[daʊt] 発音

動 …を疑う，【doubt that ...】…で
はないと思う　名 疑い
B2

doubt that S+V
S は～しないだろうと思う

883 **suspect**
[səspékt] アク

動（人・物）を疑う，【suspect that ...】
…だろうと思う
名 [sʌspekt] 容疑者
B2

suspect that S+V
S は～するだろうと思う

💡【doubt/suspect+that S+V】の形では，「疑う」と訳すと両者の違いが分か

I **hope** I **make** many <u>friends</u> at college.	大学でたくさんの<u>友達</u>が**できればいいなと思う**。
I **wish** I **had** <u>friends</u> all over the world.	世界中に<u>友達</u>が**いたらなあ**。

なお，hope，wish とも，不定詞を用いた hope to *do*「～することを望む」，wish to *do*「～することを希望する」の形もある（目的語は不定詞で動名詞は×）。

The <u>road</u> <u>will</u> <u>be</u> **completed** by November.	その<u>道路</u>は11月までに**完成する**予定だ。
Yuki **achieved** the <u>highest</u> <u>score</u> in math in our class.	由紀は私たちのクラスで数学の<u>最高得点</u>を**獲得した**。

な語。achieve は努力によって目標を達成することを意味する。

I felt cold. I didn't **notice** <u>that</u> <u>the</u> <u>window</u> <u>was</u> <u>open</u>.	私は寒気がした。私は窓が開いている<u>ことに気づか</u>なかった。
I **realized** <u>that</u> I <u>hadn't</u> <u>written</u> <u>my</u> <u>name</u> on the exam paper.	私は試験用紙に<u>自分の名前</u>を書かなかった<u>ことに気づいた</u>。

て気づくことを意味する。また real＋ize から，「実現させる」の意味もある。

The actress wore sunglasses so that no one would **recognize** <u>her</u>.	その女優は誰にも<u>彼女だとわから</u>ないようにサングラスをしていた。
People do not often want to **acknowledge** their <u>mistakes</u>.	人はしばしば<u>自分の誤りを認め</u>たがらない。

acknowledge は事実や過失などを「しぶしぶ認める」のニュアンス。

I **doubt that** <u>Taro</u> <u>passed</u> <u>the</u> <u>exam</u>. He looks sad.	私は太郎は試験に受から**なかったのだろうと思う**。彼は悲しそうだから。
I **suspect that** <u>Taro</u> <u>failed</u> <u>the</u> <u>exam</u>. He looks sad.	私は太郎は試験に落ちたの**だろうと思う**。彼は悲しそうだから。

りにくい。そこで doubt は「…ではないと思う」，suspect は「…だろうと思う」と覚えておくとよい。

STAGE 2

似ていて紛らわしい語をセットで覚える⑮　〈意味が似ている〉

884 **respect**
[rispékt] B1
動 (人)を尊敬する，(意見や権利など)を尊重する
respect the teacher
先生を尊敬する

885 **admire**
[ədmáiər] A2
動 (人やその業績)を称賛する・に感心する
admire people who 〜
〜する人々に感心する

💡 respect は主として「人の人柄，能力を高く評価する」の意味で用いられ，

886 **complain**
[kəmpléin] A2
動 不平を言う，クレームをつける
⇨ **complaint** 图 不平，クレーム
complain to the waiter
ウェイターにクレームをつける

887 **claim**
[kleim] A2
動 (…だ)と主張する (that ...)
名 主張
scientists **claim** that ...
科学者は…と主張する

💡 日本語では「苦情」のことを「クレーム」と言うが，英語の claim は普通

888 **copy**
[ká(:)pi] A2
動 …をコピーする，…をまねる
名 (原本の)写し，コピー
copy a document
書類をコピーする

889 **imitate**
[ímitèit] アク B1
動 …をまねる，…を模倣する
⇨ **imitátion** 图 模倣，模造品
imitate the sound of birds
鳥の鳴き声をまねる

💡 「(人)をまねる」の意味では同じように使うこともあるが，基本の意味は copy

890 **exist**
[igzíst] A2
動 存在する
⇨ **existence** 图 存在
God **exists**
神は存在する

891 **survive**
[sərváiv] A2
動 生き延びる，…から生き延びる
⇨ **survival** 图 生き残り，生存
survive without water
水なしで生き延びる

💡 survive は他動詞としても用いることに注意。

文法・語法との関連で覚える㉒　動詞・名詞でアクセントや発音が異なる語(1)

892 **record**
[rikɔ́:rd] アク A2
動 …を記録する，…を録音・録画する
名 [rékərd] 記録
record a song
曲を録音する

893 **excuse**
[ikskjú:z] 発音 B1
動 …を許す
名 [ikskjú:s] 言い訳
excuse me for *doing*
〜したことについて私を許す

894 **present**
[prizént] アク B2
動 …を贈呈する
名 [préz(ə)nt] 贈り物，プレゼント
present the flowers
花束を贈呈する

The teacher was **respected** by all his students.	その先生は，彼のすべての生徒から**尊敬されていた**。

I **admire** people who volunteer to help after natural disasters.	自然災害のあと，自ら進んで手助けをしようとする人たちには**感心します**。

admire は「人の業績や作品を高く評価する」の意味で用いるのが普通。

He **complained** to the waiter that his soup was cold.	彼はスープが冷めているとウェイターに**クレームをつけた**。

Many scientists **claim** that the earth is getting hotter.	多くの科学者たちは，地球はどんどん暑くなっている**と主張している**。

名詞では「主張」の意味で用いられ，「苦情」の意味はない。

I need to **copy** these documents.	私はこれらの書類を**コピーする**必要があります。

STAGE 2

Tom can **imitate** the sound of birds really well.	トムはとても上手に鳥の鳴き声を**まねる**ことができます。

が「そっくりそのまま写す［複製を作る］」で，imitate は「まねる」。

Do you think God **exists**?	神は**存在する**と思いますか。

Camels can **survive** for many days without water.	ラクダは何日も水なしで**生き延びる**ことができる。

☞ Many of the people **survived** the war. 「人々の多くは戦争の中を生き抜いた。」

The Beatles **recorded** this song in 1964.	ビートルズは1964年にこの曲を**録音しました**。

Please **excuse** me for being late for school, but I missed the bus.	学校に遅刻したことを**許して**ください，バスに乗り遅れたんです。

Who is going to **present** the flowers after the concert?	コンサートのあと，誰が花束を**贈呈する**予定ですか。

文法・語法との関連で覚える㉓　後ろの前置詞とともに覚える動詞

895 escape
[ɪskéɪp] B1
動 (Aから／Aへと)逃げる(from/to[into] A)

escape from a fire
火事から逃げる

896 appeal
[əpíːl] B2
動 (人の心に)訴える(to+人),【appeal to+人+to do】人に～するよう訴える　名 訴え, 魅力

appeal to women
女性の心に訴える

897 rush
[rʌʃ] B1
動 (Aに)大急ぎで向かう(to A)　名 あわただしさ

rush to the exit
出口に殺到する

898 object
[əbdʒékt] アク B2
動 (Aに)反対する(to A)　名 [á(ː)bdʒekt] 目的, 目的語(→1751)　⇨ objection 名 反対

object to the decision
その決定に反対する

💡【object to doing】の型で,「人が～することに反対する」と doing に意味上の主語を加えたい場合は, object to me[my] doing のようにすればよい。

899 stare
[steər] B1
動 (Aを)じっと見る(at A)　類 look (at A) Aを見る(→67)

stare at me
私をじっと見る

900 interact
[ìnt(ə)rǽkt] B1
動 (Aと)交流する(with A)　⇨ interaction 名 交流

interact with people
人々と交流する

901 reply
[rɪpláɪ] B1
動 (Aに)返事をする(to A)　名 返事

reply to my letter
私の手紙に返事をする

902 respond
[rɪspá(ː)nd] B1
動 (Aに)反応する・応答する(to A)　⇨ response 名 反応

respond to my email
私のメールに返事をする

903 participate
[pɑːrtísɪpèɪt] B1
動 (Aに)参加する(in A)　類 take part in ... (→964)　⇨ participant 名 参加者

participate in the contest
コンテストに参加する

文法・語法との関連で覚える㉔　用法に注意が必要な自動詞

904 happen
[hǽp(ə)n] A1
動 ①起こる　②【happen to do】たまたま～する

happen to do
たまたま～する

905 remain
[rɪméɪn] A2
動 【remain C】…のままである, 残る　名 残り, 遺跡

remain seated
席についたままでいる

906 tend
[tend] B1
動 【tend to do】～する傾向がある, ～しがちである　⇨ tendency 名 傾向

tend to get married older
遅く結婚する傾向がある

We mustn't panic when we **escape from** a fire.	火事<u>から逃げる</u>際は，パニックになってはいけない。
This website is designed to **appeal to** young women.	このウェブサイトは，若い<u>女性**の心に訴える**</u>ように設計されています。
When they heard the fire alarm, everyone **rushed to** the exit.	火災警報を聞いたとき，全員が<u>出口**に殺到した**</u>。
Many people **objected to** the decision of the government.	多くの人が政府の決定**に反対した**。

なお，この意味上の主語を my (主格) とするのはかなりフォーマルな言い方で，日常会話やメールといったカジュアルな場面では me (目的格) が好まれる。

Why are you **staring at** me?	なぜ<u>私**をじっと見て**</u>いるのですか。
We can **interact with** people abroad in English.	私たちは英語で海外の<u>人々**と交流**</u>ができる。
He did not **reply to** my letter.	彼は<u>私の手紙**に返事をよこさ**</u>なかった。
Sam always **responds to** my email very quickly.	サムはいつもとても迅速に<u>私のメール**に返事をくれる**</u>。
Twenty students will **participate in** the speech contest next week.	20人の生徒が，来週のスピーチコン<u>テスト**に参加する**</u>予定です。

When I was in the supermarket, I **happened to see** Kenta.	私はスーパーマーケットにいたとき，**たまたま**健太に**会った**。
Please **remain seated** until the bus stops.	バスが止まるまで，**席についたままでいて**ください。
People **tend to get married** older than before.	人々は以前よりも遅く<u>結婚する**傾向がある**</u>。

同じジャンルで覚える(52) ポジティブな意味を持つ形容詞

907	**pleasant** [plézənt] 発音 A2	形 楽しい，快い ⇨ **pleasure** 名 喜び	a **pleasant** flight 楽しい空の旅
908	**attractive** [ətrǽktɪv] A2	形 魅力的な ⇨ **attract** 動 …を引き付ける ⇨ **attraction** 名 魅力	an **attractive** building 魅力的な建物
909	**calm** [kɑːm] 発音 B1	形 (人が)落ち着いた，(天候などが)穏やかな 動 静まる，落ち着く	our teacher is **calm** 先生は落ち着いている
910	**intelligent** [ɪntélɪdʒ(ə)nt] A2	形 知能が高い，聡明な 類 **intelléctual** 知性的な ⇨ **intelligence** 名 知能，知性	he is **intelligent** 彼は聡明だ
911	**confident** [kɑ́(ː)nfɪd(ə)nt] A2	形 自信がある，確信した ⇨ **confidence** 名 自信，信頼	be **confident** that ... …だと確信している
912	**brave** [breɪv] A2	形 勇敢な	a **brave** firefighter 勇敢な消防士

同じジャンルで覚える(53) 人や物事の様子を表す形容詞

913	**strict** [strɪkt] A1	形 厳格な，厳しい	parents are **strict** 両親は厳しい
914	**lazy** [léɪzi] A1	形 怠け者の，怠惰な	my cat is **lazy** 私のネコは怠けものだ
915	**upset** [ʌpsét] A2	形 取り乱した，腹を立てた	the girl was **upset** 少女は取り乱した
916	**strange** [streɪn(d)ʒ] A1	形 変な ⇨ **stranger** 名 見知らぬ人(→812)	a **strange** noise 変な音
917	**sharp** [ʃɑːrp] B1	形 ①(刃などが)するどい，よく切れる ②(変化などが)急激な ⇨ **sharply** 副 急激に	a **sharp** knife よく切れるナイフ
918	**round** [raʊnd] B1	形 丸い	a **round** table 丸いテーブル
919	**thick** [θɪk] A1	形 ①厚い ②(霧などが)濃い ③(森や群衆が)密集した	**thick** socks 厚手の靴下

I hope you have a **pleasant** flight.	(飛行機に乗る人に) **楽しい空の旅**でありますように。
The new station is an **attractive** building.	その新しい駅は**魅力的な建物**だ。
Our teacher is always **calm** and never gets angry.	先生はいつも**落ち着いていて**，決して怒ることはない。
He is very **intelligent**. He knows a lot about many topics.	彼はとても**聡明だ**。彼はたくさんの話題についてよく知っている。
I'm **confident** that I will get an A on my essay.	私は自分の小論文がA評価をとると**確信しています**。
The **brave** firefighter ran back into the burning house to save the child.	その**勇敢な消防士**は，子どもを救うために燃える家の中に駆け戻った。
Are your parents **strict** with you?	あなたの両親はあなたに**厳しいです**か。
My cat is **lazy**. He is always sleeping.	私のネコは**怠けものです**。彼はいつも寝ています。
The girl was **upset** when she heard the news.	その知らせを聞いたとき，その少女は**取り乱した**。
I heard a **strange** noise while driving my car.	車を運転中に，**変な音**が聞こえた。
When you order steak, you should ask for a **sharp** knife.	ステーキを注文する際は，**よく切れるナイフ**を頼む方がいいですよ。
A **round** table is very good for discussion.	ディスカッションをするには**丸いテーブル**がうってつけです。
Take **thick** socks. It'll be cold in Nagano.	**厚手の靴下**を持っていきなさい。長野は寒いだろうから。

STAGE 2

229

反対の意味を持つ語をセットで覚える⑦　〈形容詞〉

920 □ **positive**
[pá(:)zətɪv]　B1
形 良い，前向きな
a **positive** point
良い点

921 □ **negative**
[négətɪv]　A2
形 悪い，後ろ向きの
a **negative** point
悪い点

922 □ **public**
[pʌ́blɪk]　B1
形 公共の，公の
a **public** high school
公立高校

923 □ **private**
[práɪvət] 発音
形 私的な，個人的な
働 **personal** 個人的な(→1387)
⇨ **privacy** 图 プライバシー

引き出し □ **in private**「他人のいないところで，自分(たち)だけで」

A2 🔅 一般的に公立校を public school，私立校を private school と言う。
one's **private** life
…の私生活

924 □ **huge**
[hju:dʒ] 発音　B1
形 巨大な，(量・程度が)莫大な
働 **large** 大きい
a **huge** statue
巨大な像

925 □ **tiny**
[táɪni]
形 とても小さい
働 **little** 小さい

B1 🔅 huge は「とても大きい」の意味を持っているので very をつけて× very huge とすることはできない。ただし tiny は例外的に ○ very tiny とすることができる。
a **tiny** frog
とても小さなカエル

926 □ **smooth**
[smu:ð] 発音　A2
形 すべすべした，なめらかな
feel **smooth**
なめらかな手触りだ

927 □ **rough**
[rʌf] 発音　B1
形 ざらざらな，荒い
⇨ **roughly** 剾 おおよそ
rough skin
荒れた肌

928 □ **polite**
[pəláɪt]　A2
形 礼儀正しい
凤 **impolite** 失礼な
the daughter is **polite**
その娘は礼儀正しい

929 □ **rude**
[ru:d]　A1
形 無礼な
it is **rude** to *do*
〜するのは無礼だ

There are many **positive** points about living in the countryside.	田舎で暮らすことには多くの**良い点**があります。
One **negative** point about learning online is not being able to see my friends.	オンラインで学ぶことの**悪い点**の1つは，友達に会えないことです。
I go to a **public** high school near my house, so I can walk to school.	私は家の近くの**公立**高校に通っていますので，学校まで歩いていけます。
The actor never talks about his **private** life.	その俳優は決して彼の**私生活**については話さない。

| In Kamakura, there is a **huge** statue of Buddha. | 鎌倉には**巨大な**仏像があります。 |
| I found some **tiny** frogs in my garden yesterday. | 私は昨日，庭で数匹の**とても小さな**カエルを見つけた。 |

This scarf feels very **smooth**.	このスカーフはとても**なめらかな**手触りだ。
I always have **rough** skin in winter.	私は冬にはいつも肌が**荒れ**ている。
Kathy's little daughter is **polite**. She always says "thank you."	キャシーの幼い娘は**礼儀正しい**。彼女はいつも「ありがとう」と言う。
It is **rude** to ask a person's age.	人に年齢を尋ねるのは**無礼だ**。

231

似ていて紛らわしい語をセットで覚える⑯ 〈意味が似ている〉

930 popular
[pá(:)pjələr] A2
形 人気がある
⇨ populárity 图 人気
small cars are **popular**
小型車が人気だ

931 common
[ká(:)mən] A2
形 よくある，普通の
⇨ commonly 副 普通に，一般に
flu is **common**
インフルエンザが多い

💡「今インフルエンザが流行っている」を ✕ Flu is popular now. としないこと。

932 normal
[nɔ́:rm(ə)l] A2
形 普通の，正常な
⊗ abnormal 異常な
normal body temperature
正常な体温

933 regular
[régjələr] A2
形 規則的な，(バスなどが)定期的な，通常の ⇨ regularly 副 定期的に
eat **regular** meals
規則正しい食事を取る

💡 基本となる意味は，normal が「普通の」，regular が「規則的な」であるが，

934 forward
[fɔ́:rwərd] A2
副 前方へ，前に向かって
熟 look forward to *doing*[名詞]（→71）
move **forward**
前に出る

935 ahead
[əhéd] A2
副 (位置・時間が)前に(進んで)，あらかじめ
⊗ behind …に遅れて（→15）
one hour **ahead** of A
Aより1時間進んで

💡 forward は「先へ向かう動き」を意味し，ahead は「先に進んだ状態」を表すとともに，時間に関しては「あらかじめ」の意味もある。

936 dirty
[dɔ́:rti] A1
形 汚れた
⇨ dirt 图 汚れ，ほこり
dirty shoes
汚れた靴

937 messy
[mési] B1
形 散らかった
⇨ mess 图 散らかった状態
a **messy** room
散らかった部屋

💡 日本語では散らかった状態を「汚い」というため，✕ My room is dirty.

スペリングに注目して覚える⑤ 「できる」の意味の -ble で終わる形容詞(1)

938 comfortable
[kʌ́mfərtəb(ə)l] アク A2
形 (家具・場所・服などが)心地よい，(人が)くつろいだ
⇨ comfort 图 心地よさ
the sofa is **comfortable**
そのソファーは心地よい

939 available
[əvéiləb(ə)l] B1
形 ①利用可能な，入手可能な
②(人が)手が空いている
houses **available**
入手可能な住宅

940 suitable
[sú:təb(ə)l] A2
形 適切な
⇨ suit 動 …に似合う（→515）
suitable for children
子どもにふさわしい

<u>Small</u> <u>cars</u> <u>are</u> **popular** in Japan because they <u>are</u> <u>easy</u> <u>to</u> <u>drive</u>.	運転しやすいので日本では<u>小型車</u>が**人気だ**。

<u>Flu</u> <u>is</u> **common** in January.	1月は<u>インフルエンザ</u>が**多い**。

○ Flu is common now. と言うのが正しい。

The **normal** <u>body</u> <u>temperature</u> is around 36 degrees.	**正常な**<u>体温</u>は36度程度です。

It's important to <u>eat</u> **regular** <u>meals</u> to stay healthy.	健康でいるためには**規則正しい**食事を取ることが大切だ。

「通常料金」と言う場合の「通常」は normal も regular も用いられる。

Please <u>move</u> **forward** a little.	少し**前に出て**ください。

STAGE 2

Tokyo is <u>one</u> <u>hour</u> **ahead** <u>of</u> Shanghai.	東京は上海より1時間**進んで**いる。

☞ If you take the train, you should book a seat **ahead**.
「電車に乗るのでしたら，あらかじめ席を予約したほうがよいですよ。」

Take off your **dirty** <u>shoes</u>.	**汚れた**<u>靴</u>を脱ぎなさい。

My brother has <u>a</u> **messy** <u>room</u>.	私の兄の部屋は**散らかって**いる。

という誤りが見られる。dirty は泥などで汚れた状態を意味する。

<u>The</u> <u>sofa</u> in our living room <u>is</u> **comfortable**.	私たちのリビングにある<u>ソファー</u>は**心地よい**。

There are many second-hand <u>houses</u> **available** in Japan.	日本では**入手可能な**中古住宅が多い。

This movie is not **suitable** <u>for</u> <u>children</u>.	この映画は子どもには**ふさわしくな**い。

233

スペリングに注目して覚える⑥　-ed で終わる形容詞 (1)〈気分を表す〉

941 □ satisfied
[sǽtɪsfàɪd]

形 満足した
⇨ **satisfy** 動 …を満足させる
⇨ **satisfáction** 名 満足

be **satisfied** with A
Aに満足している

B1 💡 試合結果などに「満足しない」という意味で「悔しい」と言いたい場合には,

942 □ pleased
[pli:zd]

形 満足した, うれしい
⇨ **pleasure** 名 楽しみ, 満足
A2 ⇨ **pleasant** 形 楽しい, 快い (→907)

be **pleased** to hear that ...
…だと聞いてうれしい

943 □ scared
[skeərd]

形 (Aが) 怖い (of A)
⇨ **scary** 形 怖い
B1 ⇨ **scare** 動 …を怖がらせる

be **scared** of A
Aが怖い

944 □ disappointed
[dìsəpɔ́ɪntɪd]

形 がっかりした
⇨ **disappointing** 形 (物事が)
A2 がっかりさせるような

be **disappointed** that ...
…ということにがっかりしている

945 □ confused
[kənfjú:zd]

形 (人が) 混乱した
A2 ⇨ **confusing** 形 (物事が) 混乱させる (→1414)

be **confused** by A
Aに混乱している

946 □ annoyed
[ənɔ́ɪd]

形 いらだって, 腹を立てて
⇨ **annoying** 形 (物事が) いらだたせる (→1412)

be **annoyed** by A
Aにいらだっている

B1 💡 -ed で終わる形容詞は普通人を主語にするが, disappointing など, -ing で

文法・語法との関連で覚える㉕　文修飾としてよく用いられる副詞

947 □ surprisingly
[sərpráɪzɪŋli]

副 驚いたことに
B1 ⇨ **surprise** 名 驚き 動 …を驚かす

surprisingly, S + V
驚いたことに, …だ

948 □ actually
[ǽktʃu(ə)li]

副 実際には, 実は
熟 **as a matter of fact** 実は
A2 ⇨ **actual** 形 実際の

actually, S + V
実は, …だ

949 □ basically
[béɪsɪk(ə)li]

副 基本的には, 本来は
A2 ⇨ **basic** 形 基本の

basically, S + V
本来, …だ

950 □ fortunately
[fɔ́:rtʃ(ə)nətli]

副 幸運なことに
反 **unfortunately** 不幸にも
A2 ⇨ **fortune** 名 運, 財産

fortunately, S + V
幸運なことに, …だ

951 □ hopefully
[hóupf(ə)li]

副 願わくは
⇨ **hope** 動 …を望む 名 希望 (→874)

hopefully, S + V
願わくは, …だといい

B1 引き出し 【その他の文を修飾する副詞】 □ luckily 「幸運なことに」

Runners <u>are</u> never **satisfied** <u>with</u> their speed.	ランナーは決して自分の速さに**満足し**ない。

be not satisfied で表すことができる。

We <u>are</u> **pleased** <u>to</u> hear <u>that</u> you are getting married.	私たちはあなたが結婚する**と聞いてうれしいです**。
I was bitten by a dog, so now <u>I'm</u> **scared** <u>of</u> dogs.	私はイヌに噛まれたので今ではイヌが**怖いのです**。
We <u>were</u> **disappointed** <u>that</u> our team did not win the game.	私たちはチームが試合に勝たなかった**ことにがっかりした**。
<u>I'm</u> **confused** <u>by</u> his explanation.	私は彼の説明に**混乱しています**。
When <u>I'm</u> watching TV, <u>I'm</u> often **annoyed** <u>by</u> noisy commercials.	テレビを見ていると，私はよく騒々しいコマーシャルに**いらだって**しまいます。

終わる形容詞は人以外を主語にする場合がほとんど。

STAGE 2

<u>Surprisingly</u>, no one was injured in the accident.	**驚いたことに**，その事故では誰もけがをしなかった。
<u>Actually</u>, I want to be an actress.	**実は**，私は女優になりたいのです。
<u>Basically</u>, high school students should read more books.	**本来**，高校生はもっと本を読むべきなのだ。
<u>Fortunately</u>, it was fine during our trip to Nikko.	**幸運なことに**，私たちが日光に旅行に行っている間は天気が良かったです。
<u>Hopefully</u>, I'll be a doctor in the future.	**願わくは**，将来は医師になりたいと思っています。

☐ (more) importantly 「(さらに)重要なことには」

235

似ていて紛らわしい語をセットで覚える⑰ 〈発音が似ている：LとR〉

952 □	**lock** [lɑ(:)k]	動 …に鍵をかける B1 反 **unlock** …の鍵を開ける	**lock** the house 家に鍵をかける
953 □	**rock** [rɑ(:)k]	名 岩，岩石 類 **stone** 石，小石	a **rock** hits the car 岩が車にぶつかる

A2 rock はごつごつした岩石を，stone は丸みを帯びた石を表し，rock のほうが大きなものを意味することが多い。また，素材としては stone を用いる。

954 □	**collect** [kəlékt]	動 (整理して)…を集める 類 **gather** …を(かき)集める A1 ⇨ **collection** 名 コレクション	**collect** the test papers 答案を集める
955 □	**correct** [kərékt]	形 正しい 反 **incorrect** 間違った 動 …を訂正する ⇨ **correction** 名 訂正	my answers are **correct** 私の答えは正しい

A1 correct は right のややフォーマルな語で，right のほうが広く用いられるが，

956 □	**law** [lɔː] 発音	名 法律 A2 ⇨ **lawyer** 名 法律家，弁護士	study **law** in college 大学で法律を勉強する
957 □	**raw** [rɔː]	形 生の，加工されていない A2	**raw** eggs 生卵
958 □	**climb** [klaɪm] 発音	動 …に登る A2	**climb** mountains 山に登る
959 □	**crime** [kraɪm]	名 犯罪 A2 ⇨ **criminal** 名 犯人	hate **crimes** 憎悪犯罪 [ヘイトクライム]

スペリングに注目して覚える⑦ つづりを混同しやすい語

960 □	**lack** [læk]	名 不足 類 **shortage** A2 動 …を欠く 混 **luck** 名 幸運	a **lack** of oil 石油の不足
961 □	**globe** [gloʊb]	名 地球(儀)，世界 混 **glove** 名 手袋(→502) A2 ⇨ **global** 形 世界的な(→1355)	all over the **globe** 世界中に
962 □	**clue** [kluː]	名 (問題解決のための)手がかり，ヒ ント 混 **crew** 名 乗組員	the **clues** to the puzzle パズルのヒント

A2 それぞれ，luck「幸運」，glove「手袋」，crew「乗組員」と区別して覚えること。

| Are you sure (that) you **locked** the house? | 家に**鍵をかけた**のは確かなの？ |
| When I was driving in the mountains, a **rock** almost hit my car. | 私が山の中を運転していたとき，もう少しで**岩**が車にぶつかるところだった。 |

☞ Many houses in the UK are made of **stone**. 「イギリスでは多くの家が石でできている」

| The teacher **collected** the test papers. | 先生は答案を**集めた**。 |
| My answers in the listening test were all **correct**. | リスニングテストの私の答えはすべて**正しかった**。 |

「答えが正しい」の意味では correct もよく用いられる。

My sister studied **law** in college and became a lawyer.	私の姉は大学で**法律**を勉強して弁護士になった。
In Japan, it is common to eat **raw** eggs.	日本では**生卵**を食べるのは普通のことです。
I sometimes **climb** mountains in the Alps. ※ the Alps アルプス (山脈)	私は時々アルプスの**山に登ります**。
We hear more about hate **crimes** now than before.	今では以前よりも憎悪**犯罪** [ヘイト**クライム**] について耳にすることが多くなった。

STAGE 2

There is a **lack** of oil in Japan, so it has to be imported from other countries.	日本では石油が**不足**しているので，他の国から輸入しなければならない。
The company exports its cars all over the **globe**.	その会社は自動車を**世界中**に輸出している。
The **clues** to this crossword puzzle are difficult to understand.	このクロスワードパズルの**ヒント**は理解するのが難しい。

基本動詞で表す表現 〈take を用いた表現〉

| 963 □ | **take care of** A | Aの世話をする 凾 **look after** A (→72) |
| | | ⇨ **care** 图 世話 動 気にする (→676) |

| 964 □ | **take part in** A | Aに参加する 凾 **participate in** A (→903) |
| | | 凾 **join** (組織)に入る, (活動)に参加する (→332) |

💡 take part in A と participate in A はほぼ同じ意味だが,

| 965 □ | **take place** | (物事が)起こる, (行事などが)行われる |
| | | 凾 **happen** 起こる (→904) / **occur** 起こる (→1339) |

| 966 □ | **take off** | (飛行機が)離陸する |
| | | 凾 **take off** A[A **off**] Aを脱ぐ (→62) |

| 967 □ | **take** A **out** [**out** A] | ①Aを取り除く (≒ delete) ②Aを取り出す (→63) |
| | | ③〈米〉(飲食物)を店から持ち帰る (〈英〉 **take away**) |

💡 ①の「取り除く」の意味では delete「削除する」に近いが,

| 968 □ | **take after** A | Aに似ている |
| | | 凾 **resemble** ※フォーマル |

| 969 □ | **take over** (A) | (Aを)引き継ぐ |

| 970 □ | **take courage** (**to** *do*) | (〜するのには)勇気がいる |
| | | ⇨ **courage** 图 勇気 |

day を含む表現

| 971 □ | **the day after tomorrow** | あさって |
| | | 凾 **the day before yesterday** おととい |

| 972 □ | **the other day** | 先日 |
| | | ※一般的に3〜5日くらい前を指す |

| 973 □ | **these days** | 近頃 |
| | | 凾 **nowadays** (→538) |

| 974 □ | **in those days** | その当時は |
| | | 凾 **at that time** |

Our neighbor always **takes** **care** **of** our cat when we are away.	お隣さんは私たちが出かけているときはいつもネコの**世話をしてくれる**。
Twenty students **took** **part** **in** the speech contest.	20人の生徒がそのスピーチコンテストに**参加した**。

participate in Aのほうがフォーマル。

The school festival will **take** **place** in June.	学園祭は6月に**行われる**予定だ。
My plane **took** **off** three hours late because it was snowing a lot.	雪がたくさん降っていたので，私の飛行機は3時間遅れて**離陸した**。
If you want to make your essay better, **take** this sentence **out**.	あなたの小論文をより良くしたいなら，この文**を取り除きなさい**。

delete は主にコンピューターの画面上で削除することを意味する。

She **takes** **after** her grandmother more than her mother.	彼女はお母さんよりもおばあさんに**似ている**。
I was too tired to drive any longer, so Jake **took** **over**.	私は疲れてそれ以上運転できなかったので，ジェイクが(運転を)**引き継いだ**。
It **takes** a lot of **courage** **to** **sing** in public.	人前で**歌うには**相当の**勇気がいる**。

STAGE 2

It'll rain tomorrow, but it'll be sunny **the** **day** **after** **tomorrow**.	明日は雨が降るでしょうが，**あさって**は晴れでしょう。
I saw Emma in town **the** **other** **day**.	私は**先日**エマを街で見かけた。
Vegetables are very expensive **these** **days**.	野菜は**近頃**とても高い。
I read about the 1950s. **In** **those** **days** few people had a TV.	1950年代のことについて読んだ。**当時**はほとんどの人がテレビを持っていなかった。

239

基本動詞で表す表現 〈make＋名詞〉(2)

975
make an announcement
(Aについて)発表する・知らせる(about A)
⇨ announcement 图 発表，知らせ
⇨ announce 動 …を発表する，知らせる

976
make noise
音を立てる
⇨ noise 图 雑音，物音

977
make an effort
(〜するよう)努力する(to *do*)
⇨ effort 图 努力

978
make progress
進歩する，進展する
⇨ progress 图 進歩，進展

979
make a difference
違いを生む，重要である，進歩する
⇨ difference 图 違い

> 💡 make a difference は「(今までとの)違いを生む」から，文脈

基本動詞で表す表現 〈have＋名詞〉(2)

980
have *one's* attention
(人の)注意を引く，(人に)聞いてもらう
🔵 pay attention to A Aに注意を払う
⇨ attention 图 注意，注目

981
have a reservation
(レストラン・ホテルなどを)予約している
🔵 make a reservation 予約を入れる
⇨ reservation 图 予約(→609 reserve)

982
have an operation
手術を受ける　※× take an operation としない
⇨ operation 图 手術

基本動詞で表す表現 〈keep＋名詞〉

983
keep a secret
秘密を守る
⇨ secret 图 秘密，秘訣　圏 秘密の

984
keep *one's* promise
約束を守る
⇨ promise 图 約束　動 …を約束する(→867)

985
keep an eye on A
Aを見張る

An important **announcement was made** today about the Olympic games.	今日オリンピック競技について重要な**知らせがあった**。
You mustn't **make noise** when you eat in Western countries.	欧米の国では食べるときに**音を立てて**はいけない。
Everyone should **make an effort** to save water.	皆が節水のために**努力す**べきだ。
People live longer because medicine is **making progress**.	医学が**進歩して**いるので, 人々は長生きするようになった。
Studying abroad for six months **made a** big **difference** to my English.	6カ月間留学したことで私の英語は大きく**進歩した**。

に応じて「重要である」や「進歩する」といった訳語が当てられる。

STAGE 2

May I **have your attention**, please?	**聞いていただいて**よろしいですか [皆様に申し上げます]。

💡 「あなたがたの注意を向けていただいてもいいですか。」が直訳。

Do you **have a reservation**?	**予約はされています**か。

💡 クリニックや歯科の予約には用いない (→ 1898 **make an appointment** を使う)。

My father **had an operation** because he broke his leg while skiing.	私の父はスキーをしていて足を骨折したので**手術を受けた**。
Can you **keep a secret**? Yesterday, Tom asked me to marry him!	あなた**秘密を守れ**る? 昨日トムが私に結婚してくれって頼んだの。
Don't trust him. He never **keeps his promise**.	彼を信じてはだめ。彼はぜったい**約束を守ら**ないから。
Could you **keep an eye on** my suitcase while I go to the toilet, please?	私がトイレに行っている間, スーツケースを**見張っていて**もらえますか。

受動態を用いた表現

986 ☐ be known to A
Aに知られる
劔 be known as A Aとして知られる

987 ☐ be linked to[with] A
Aと結びついている・関連している
⇨ link 图 つながり，関連

988 ☐ be inspired by A
Aから着想を得る，Aから刺激を受ける
劔 be inspired to *do* ～する気にさせられる
⇨ inspiration 图 ひらめき，インスピレーション

989 ☐ be covered with[in] A
Aで覆われている
⇨ cover 動 …を覆う，…を覆い隠す

990 ☐ be crowded with A
Aで混雑している
⇨ crowd 動 (人が)…に群がる 图 群衆

991 ☐ be turned down
拒否される，却下される

992 ☐ be put off
延期される
劔 postpone 動 …を延期する(= put off ...)

993 ☐ be called off
中止される

994 ☐ be based on A
Aに基づく ⇨ base 图 基礎，土台 動 …の基礎を置く
⇨ basic 形 基本の

日常生活で使う表現 (2)

995 ☐ put on weight
太る 囘 gain weight ⊗ lose weight やせる
⇨ put on A Aを身に付ける(→117) ⇨ weight 图 重さ(→1166)

996 ☐ go on a diet
ダイエットをする
劔 be on a diet ダイエット中である
⇨ diet 图 ダイエット，食事

997 ☐ do the laundry
洗濯をする
⇨ laundry 图 洗濯すること，洗濯物

998 ☐ give＋人＋a discount
人に割引をしてやる
劔 get a discount 割引を受ける

This village **is** not **known to** foreign tourists.	この村は外国の旅行者**には知られてい**ません。
English **is linked to[with]** German and Dutch.	英語はドイツ語やオランダ語**と結びつきがある**。
I studied abroad because I **was inspired by** some books about France.	私はフランスについての本**から刺激を受けた**ので留学した。
The garden **is covered with[in]** snow.	その庭は雪**で覆われている**。
Asakusa **is** always **crowded with** tourists.	浅草は常に旅行者**で混雑している**。
My application for the job **was turned down**.　※ application 応募(→1217)	私のその職への応募は**断られた**。
Our ski trip **has been put off** because there isn't enough snow.	私たちのスキー旅行は十分な雪がないため**延期された**。
The picnic **was called off** because of the rain.	ピクニックは雨のため**中止された**。
I like novels which **are based on** historical facts.	私は史実**に基づいた**小説が好きだ。
My cat **has put on weight** recently.	私のネコは最近**太ってきた**。
I think I'm gaining weight. I should **go on a diet**.	私は太ってきたと思う。**ダイエットをする**べきだ。
We should **do the laundry** today. It's sunny.	今日は**洗濯をする**べきだね。晴れているし。
If you buy two products, some stores **give** you **a discount**.	2つの製品を買えば, **値引きをしてくれる**店もあります。

STAGE 2

243

〈動詞＋前置詞／副詞〉の表現(2)

999 □	believe in A	Aの存在を信じる ⇨ believe 動 …を信じる(→674)
1000 □	look through A	Aに目を通す 類 look over A Aにざっと目を通す
1001 □	make out A	①A(文字など)を判読する ②Aを理解する
1002 □	get along	(Aと)うまくやっている(with A)
1003 □	carry out A	Aを実行する 類 conduct …を行う(→1690)　※フォーマル
1004 □	go through A	A(つらいこと・時期)を経験する・過ごす ※「通り抜ける」がもともとの意味
1005 □	stand for A	(記号などが)Aを表す・象徴する

現在分詞を用いた表現(1)

1006 □	Considering ...	…を考慮すれば　同 Given ... ⇨ consider 動 …をよく考える(→659)
1007 □	Speaking of A	Aと言えば 同 Talking of A
1008 □	Looking back, ...	振り返ってみると, …
1009 □	Weather permitting, ...	天候が許せば, …　※文尾で用いてもよい ⇨ permit 動 …を許す(→754)
1010 □	Generally speaking, ...	一般的に言うと, … 類 in general / generally 一般的に
1011 □	Judging from A	Aから判断すると ⇨ judge 動 …を判断する(→1501)

Do you **believe in** fairies?	妖精の**存在を信じ**ますか。
My father **looks through** the newspaper every morning.	私の父は毎朝新聞**に目を通す**。
What does this say? I can't **make out** what you have written here.	これは何と書いてあるのですか。あなたがここに書いたことが**読め**ないのです。
My cat and dog **get along** with each other.	私のネコとイヌは，お互いに**仲良くやっています**。
Our professor is **carrying out** a study on modern Japanese history.	私たちの教授は日本近代史についての研究**を行って**いる。
She **went through** a difficult time after the accident.	その事故のあと，彼女は困難な時期**を過ごした**。
SNS **stands for** Social Networking Service.	SNS はソーシャル・ネットワーキング・サービス**を表します**。

Considering the price of flights in August, we should go in September.	8月の航空運賃**を考慮すれば**，私たちは9月に行くべきだ。
Speaking of skiing, have you ever been to Hakuba?	スキー**と言えば**，あなたは白馬へ行ったことはありますか。
Looking back, I really enjoyed my time in senior high school.	**振り返ってみると，**私は高校での時間を本当に楽しんだ。
Weather permitting, let's go to the beach tomorrow.	**天候が許せば，**明日ビーチへ行きましょう。
Generally speaking, cats live longer than dogs.	**一般的に言うと，**ネコはイヌよりも長生きだ。
Judging from her school uniform, she is a Sakura High School student.	制服**から判断すると**彼女は桜高校の生徒です。

STAGE 2

245

2語以上で1つの前置詞の働きをする表現(1)

1012 □ **thanks to** A	Aのおかげで

1013 □ **because of** A	Aのせいで, Aのおかげで ※良いことにも悪いことにも用いる

1014 □ **due to** A	Aのせいで, Aのおかげで ※ because of A よりフォーマル

1015 □ **in spite of** A	Aにもかかわらず 圖 **despite**(→1779) ※フォーマル

1016 □ **instead of** A	Aの代わりに

1017 □ **apart from** A	Aを除いて, Aはさておき 圖 **aside from** A / **except (for)** A

1018 □ **along with** A	Aに加えて, Aと一緒に 圖 **together with** A

1019 □ **in addition (to** A**)**	(Aに)加えて 圖 **as well as** A Aだけでなく, Aに加えて ⇨ **additional** 形 追加の

1020 □ **according to** A	Aによると

〈give (＋人＋)名詞〉の形を取る表現

1021 □ **give＋人＋a call**	人に電話をかける ※〈英〉では call の代わりに ring を用いる

1022 □ **give＋人＋a ride**	人を車に乗せる・車で送る ※〈英〉では ride の代わりに lift を用いる

1023 □ **give (＋人＋) a talk**	(人に)話をする・講演をする

1024 □ **give a lecture**	講義をする ※あえて目的語に「人」を示す必要はない ⇨ **lecture** 名 講義 動 講義をする

Thanks to your help, I was able to finish my work.	あなたの援助の**おかげで**私は自分の仕事を終えることができました。
My flight was delayed **because of** the heavy snow.	大雪の**せいで**私の飛行機が遅れた。
More than 50 flights were cancelled **due to** the stormy weather.	荒天の**せいで**，50以上の航空便が欠航になった。
In spite of the accident, my train arrived on time.	その事故に**もかかわらず**，私の列車は時間通りに着いた。
More people can work at home **instead of** going to their offices.	職場に行く**代わりに**家で仕事ができる人が増えている。
Apart from Japan, what countries have you visited?	日本を**除いて**，あなたは今までどの国を訪れましたか。
Would you like your coffee **along with** your meal or after it?	コーヒーはお食事と**一緒に**召し上がりますか，それともあとにしますか。
We are learning to speak English **in addition to** reading it.	私たちは英語を読むこと**に加えて**，話すことも学んでいます。
According to the newspaper, a third of the food in the world is thrown away.	新聞**によると**，世界の食べ物の3分の1が捨てられている。

Give me **a call** when you come back to Japan.	あなたが日本に戻ったときに**電話をください**。
My father **gave** me **a ride** to the station this morning.	私の父は今朝駅まで私**を車で送ってくれた**。
I **gave a talk** about my hobby in today's English class.	私は今日の英語の授業で，自分の趣味について**話をした**。
Professor Sakai **gave an** interesting **lecture** yesterday.	酒井教授は昨日面白い**講義をした**。

同じジャンルで覚える⑤④　身体に関する語

1025
□ **waist**
[weɪst] 発音
名 腰, ウエスト　例 back 名 背中
⑯ waste [同音] 動 …を無駄にする (→1361) B2

waist size
ウエストのサイズ

1026
□ **shoulder**
[ʃóʊldər] 発音　A1
名 肩

shoulders hurt
肩が痛む

1027
□ **bone**
[boʊn]　A1
名 骨

break a **bone**
骨を折る

1028
□ **muscle**
[mʌs(ə)l] 発音　B1
名 筋肉

strong **muscles**
強い筋肉

引き出し　【体の部分】　□ head 「頭部(首から上の部分)」　□ neck 「首」

1029
□ **mouth**
[maʊθ]　A1
名 口

with *one's* **mouth** full
口に物を入れたまま

1030
□ **tooth**
[tu:θ]　A1
名 歯
⑱ teeth

good **teeth** for *one's* age
年齢の割に丈夫な歯

1031
□ **stomach**
[stʌmək] 発音　A2
名 胃, 腹部

stomach makes noises
おなかが鳴る

同じジャンルで覚える⑤⑤　口・鼻に関する動詞

1032
□ **bite** [baɪt]
⑱ bite-bit-bitten　B1
動 …をかむ
⑯ chew (繰り返し)…をかむ

be **bitten** by a snake
ヘビにかまれる

1033
□ **swallow**
[swá(:)loʊ]　A2
動 …を飲み込む

swallow gum
ガムを飲み込む

1034
□ **breathe**
[bri:ð] 発音　A1
動 呼吸する
⇨ breath[breθ] 名 息

breathe deeply
深呼吸する

1035
□ **cough**
[kɔ:f] 発音　B1
動 せきをする
名 せき

cough badly
ひどくせきをする

1036
□ **sneeze**
[sni:z]　B2
動 くしゃみをする
名 くしゃみ

can't stop **sneezing**
くしゃみが止まらない

💡「せき [くしゃみ] を止める」と言う場合, stop *doing* (→111) を用い,

I'm looking for a pair of jeans. My **waist** size is 32 inches.	私はジーンズを探しています。私の**ウエストのサイズ**は32インチです。
<u>My</u> **shoulders** <u>hurt</u> when I raise my arms.	腕を上げると**肩**が痛みます。
He <u>broke</u> two **bones** in his arm in the accident.	彼はその事故で腕の**骨**を2本<u>折った</u>。
Ballet dancers have very <u>strong</u> **muscles**.	バレエダンサーはとても**強い筋肉**を持っている。

□ chest「胸」　□ knee「ひざ」　□ skin「肌」　□ brain「脳」(→1068)　□ nerve「神経」

STAGE 2

You shouldn't speak <u>with your</u> **mouth** <u>full</u>.	**口**に物を入れたまましゃべってはいけません。
My grandmother has <u>good</u> **teeth** <u>for her age</u>.	私の祖母は，年齢の割に丈夫な**歯**をしている。
I'm hungry. <u>My</u> **stomach** <u>is making noises</u>.	おなかがすいた。**おなかが鳴っている**よ。

I <u>was</u> **bitten** <u>by a snake</u> when I was gardening yesterday.	私は昨日ガーデニングをしていたときに**ヘビにかまれた**。
You must not **swallow** <u>gum</u>.	**ガムを飲み込んで**はいけない。
Breathe <u>deeply</u> and try to relax before your speech.	スピーチの前には，**深呼吸をして**リラックスしてください。
I have been **coughing** <u>badly</u> for two weeks, so I need to see a doctor.	2週間もひどい**せきが出て**いるので，私は医者に診てもらう必要がある。
I <u>can't stop</u> **sneezing** because I put too much pepper on my salad.	サラダにコショウをかけ過ぎたせいで，私は**くしゃみが**<u>止まらない</u>。

stop coughing[sneezing] と言えばよい。

同じジャンルで覚える㊶　医療に関する語(2)

1037
☐ **disease**
[dɪzíːz] 発音

名 病気

lifestyle **disease**
生活習慣病

B1 💡 sickness (→351 **sick**) や illness (→352 **ill**) が広い意味での不調や病気を意味す

1038
☐ **suffer**
[sʌ́fər]

動 ①【suffer from A】A (病気など)を
患う，Aに苦しむ〈自動詞〉
②(苦しみ)を経験する〈他動詞〉

suffer from headaches
頭痛に苦しむ

B1 💡 suffer は「病気などを長い期間患う」の意味では自動詞(suffer from A)で，

1039
☐ **die**
[daɪ]

動 (Aで)死ぬ(of A)
⇨ **dead** 形 死んだ　⇨ **death** 名 死

die of old age
老衰で死ぬ

A2

1040
☐ **patient**
[péɪʃ(ə)nt] 発音

名 患者
形 忍耐強い(→1785)

be kind to the **patients**
患者に親切だ

A2

1041
☐ **treatment**
[tríːtmənt]

名 治療(法)，取り扱い
⇨ **treat** 動 …を扱う(→1282)

a **treatment** for a cold
風邪に対する治療法

B1

1042
☐ **therapy**
[θérəpi]

名 治療，療法
⇨ **therapist** 名 療法士，セラピスト

forest **therapy**
森林療法

B2

1043
☐ **symptom**
[sím(p)təm]

名 症状

the **symptoms** of a cold
風邪の症状

B1

文法・語法との関連で覚える㉖　受動態で用いることの多い動詞

1044
☐ **injure**
[ín(d)ʒər]

動 …にけがをさせる，
【be injured】けがをする
⇨ **injury** 名 けが

people **were injured**
人々がけがをした

A2

1045
☐ **bear**
[beər]

動 ①(子)を産む，【be born】生ま
れる　②…に耐える(→1372)

be born in China
中国で生まれる

A2

活 bear-bore-born[borne] 💡 bear の過去分詞には born と borne の2種類があるが，「人が生まれる・誕

1046
☐ **kill**
[kɪl]

動 …を殺す，【be killed】死ぬ

no one **was killed**
誰も死ななかった

A1

1047
☐ **marry**
[mǽri]

動 (人)と結婚する，【be married (to
+人)】(人と)結婚している
⇨ **marriage** 名 結婚(生活)

be married to a Thai
タイ人と結婚している

A2 💡「(人と)結婚する」と動作を表す場合は get married (to+人)で表す。また
は他動詞 marry「(人)と結婚する」を用いて marry+人としてもよい。

What do you know about <u>lifestyle</u> **diseases**?	あなたは<u>生活習慣病</u>について何を知っていますか。

るのに対し，disease は病名が明らかで比較的症状が重いものを指すことが多い。

He has been **suffering from** <u>headaches</u> for a long time.	彼は長い間<u>頭痛に**苦しん**</u>でいます。

「一時的な苦しみを経験する」の意味では他動詞。

My dog **died** <u>of</u> <u>old</u> <u>age</u> last week.	私のイヌは先週<u>老衰</u>で**死んでしまっ**た。

The nurses at this hospital <u>are</u> <u>kind</u> <u>to</u> <u>the</u> **patients**.	この病院の看護師さんは**患者**に親切です。

Sleep is <u>a</u> good **treatment** <u>for</u> <u>a</u> <u>cold</u>.	睡眠は<u>風邪</u>に対する良い**治療法**です。

STAGE 2

Have you ever heard of "<u>forest</u> **therapy**"?	あなたは「森林**療法**」について聞いたことがありますか。

A runny nose is one of <u>the</u> **symptoms** <u>of</u> <u>a</u> <u>cold</u>.	鼻水は風邪の**症状**のひとつです。

Many <u>people</u> **were injured** in the train accident.	その列車事故でたくさんの<u>人々</u>が<u>**けがをした**</u>。

He **was born** <u>in</u> <u>China</u> and grew up in Japan.	彼は<u>中国</u>で**生まれて**日本で育った。

生する」の意味では born を用いる。be born「生まれる」で独立した表現として覚えておくとよい。

<u>No</u> <u>one</u> **was killed** in the fire.	その火事では<u>誰も</u>**死な**なかった。

She **is married to** <u>a</u> <u>Thai</u>.	彼女は**タイ人と結婚している**。

☞ My brother will **marry his girlfriend** next month.「私の兄は来月恋人と結婚します。」
なお「独身だ」の意味を表す形容詞は single。☞ He is **single**.「彼は独身です。」

251

同じジャンルで覚える㊸ 感情・心理に関する語(2)

1048 relax
[riléks] A2

動 くつろぐ
⇨ relaxátion 名 息抜き

relax by reading
読書で<u>くつろぐ</u>

1049 entertain
[èntərtéin] B1

動 …を楽しませる
⇨ entertainment 名 娯楽
⇨ entertaining 形 面白い

entertain children
子どもたち<u>を楽しませる</u>

1050 fear
[fíər] A2

名 恐怖(心)，不安
動 …を恐れる・心配する
⇨ fearful 形 (人が)おびえた

a **fear** of flying
飛行機に乗ることへの<u>恐怖心</u>

1051 desire
[dizáiər] B1

名 欲望，願望
動 …を望む

desire to run a company
会社を経営したいという<u>願望</u>

1052 anxiety
[æŋzáiəti] B1

名 心配，不安 ㊣ worry 心配
⇨ ánxious 形 ①心配している ②切望
している(→1885)

have **anxiety**
<u>不安</u>を抱く

1053 stress
[stres] B1

名 ストレス，緊張

stress from *one's* work
仕事による<u>ストレス</u>

1054 emotion
[imóuʃ(ə)n] B1

名 感情
⇨ emotional 形 感情的な

control *one's* **emotions**
<u>感情</u>をコントロールする

1055 mood
[mu:d] A2

名 気分，機嫌

be in a good **mood**
<u>機嫌</u>が良い

💡「ムードのある店」のように「場所の雰囲気」について言う場合は mood は

スペリングに注目して覚える⑧ 動詞に a- をつけて形容詞化した語

1056 awake
[əwéik] A1

形 目が覚めて，起きていて

be **awake** until two
2時まで<u>起きて</u>いる

1057 asleep
[əslí:p] A2

形 眠って

fall **asleep** in class
授業中<u>眠り</u>に落ちる

1058 alive
[əláiv] A2

形 生きて
㊣ live [laiv] 生きた ※名詞を修飾

this fish is **alive**
この魚は<u>生きて</u>いる

1059 alike
[əláik] B1

形 似ている，同様な

look **alike**
<u>そっくり</u>だ

💡 awake, asleep, alive, alike いずれの形容詞も名詞の前において修飾する

After work, I **relaxed** by reading a book.	仕事のあと，私は本を読んで**くつろいだ**。
Kindergarten teachers are very good at **entertaining** small children. ※ kindergarten 幼稚園	幼稚園の先生は，小さな**子どもたちを楽しませる**のがとても上手だ。
He has a **fear** of flying.	彼は飛行機に乗ることへの**恐怖心**を持っている。
I have no **desire** to run my own company.	私には自分の会社を経営したいという**願望**はない。
Part-time workers have **anxiety** about their lives.	パートタイムの従業員たちは生活に**不安**を抱いている。
I don't feel much **stress** from my work. I enjoy it.	私は仕事による**ストレス**はそれほど感じない。仕事を楽しんでいるから。
I couldn't control my **emotions** when I heard the sad news.	私はその悲しい知らせを聞いたとき，**感情**をコントロールできなかった。
My girlfriend was in a good **mood** yesterday.	僕のガールフレンドは昨日**機嫌**が良かった。

STAGE 2

用いず，atmosphere (→1617)を使う。　☞ a bar with **atmosphere**「雰囲気のあるバー」

I couldn't sleep last night. I was **awake** until two.	昨晩私は眠れなかった。私は2時まで**起きていた**。
I never fall **asleep** in class.	私は決して授業中に**眠りに落ち**たりしません。
This fish is still **alive**. I don't want to eat a live fish.	この魚はまだ**生きている**。私は生きた魚は食べたくない。
They are twins, but they don't look **alike**.	彼らは双子だが，**そっくり**ではない。

ことができないので注意。　☞ ○ live fish「生きた魚」　× alive fish

253

コロケーションで覚える⑧

1060
☐ **sore**
[sɔːr]　B1
形 (炎症などで)痛い

sore throat
のどの痛み

1061
☐ **throat**
[θrout]　B2
名 のど

1062
☐ **lung**
[lʌŋ]　B1
名 肺

lung cancer
肺がん

1063
☐ **cancer**
[kǽnsər]　B1
名 がん

> 引き出し　☐ skin cancer「皮膚がん」　☐ stomach cancer「胃がん」

1064
☐ **blood**
[blʌd] 発音　A2
名 血液

blood pressure
血圧

1065
☐ **pressure**
[préʃər]　A2
名 圧力, プレッシャー

1066
☐ **burn**
[bəːrn]　B1
動 …を燃やす, 燃える

burn fat
脂肪を燃焼させる

1067
☐ **fat**
[fæt]　B2
名 脂肪
形 太った

> fat は形容詞「太った」でもよく使う。

1068
☐ **brain**
[brein]　A1
名 脳

brain function
脳の機能

1069
☐ **function**
[fʌ́ŋ(k)ʃ(ə)n]　B1
名 機能
動 (正常に)機能する

1070
☐ **cell**
[sel]　B1
名 細胞

cell division
細胞分裂

1071
☐ **division**
[dɪvíʒ(ə)n]　B2
名 ①分割, 分裂　②部門
⇨ **divide** 動 …を分ける, (数)を割る(→1198)

> division は「部門」の意味でも使われることに注意。

I have a <u>**sore throat**</u>. I may have caught a cold.	私は**のどの痛み**がある。風邪をひいたかもしれない。

Smokers have a greater risk of getting <u>**lung cancer**</u>.	喫煙者は（非喫煙者より）**肺がん**になるリスクが大きい。

☐ have[get] cancer 「がんにかかっている[になる]」

My father has high <u>**blood pressure**</u>, so he is taking medicine.	私の父は**血圧**が高いので，薬を飲んでいます。

STAGE 2

The best way to <u>**burn fat**</u> is to walk for more than 20 minutes every day.	**脂肪を燃焼させる**一番の方法は毎日20分以上歩くことです。

☞ My cat is **fat**. 「私のネコは太っている。」

Eating some sugar may make your <u>**brain function**</u> better.	糖分をいくらか取ると，**脳の機能**が良くなるかもしれません。

I learned about <u>**cell division**</u> in today's biology class.	私は今日の生物の授業で**細胞分裂**について学びました。

☞ the sales **division** 「販売部門」

255

同じジャンルで覚える⑱　障がい・闘病・治癒

1072	blind	形 目の見えない	people who are **blind**
	[blaɪnd]　　B1		目の見えない人たち

1073	deaf	形 耳が聞こえない	my grandmother is **deaf**
	[def] 発音　　B1		祖母は耳が遠い

1074	disabled	形 障がいのある　⑤ challenged	**disabled** students
	[dɪséɪb(ə)ld]　B1　⇨ disability 名 障がい		障がいのある生徒

1075	barrier	名 障壁, 障害	a **barrier** to *doing*
	[bǽriər]　　B2		～することへの障壁

1076	struggle	動 (Aと)格闘する(with A),	**struggle** with illness
	[strʌ́g(ə)l]　　B2	(何かを求めて)奮闘する	病気と闘う

1077	overcome	動 …を克服する	**overcome** cancer
	[òʊvərkʌ́m]　B1　⑤ overcome-overcame-overcome		がんを克服する

1078	cure	動 (人や病気)を治療する	**cure** sick children
	[kjʊər]　　B2	名 治療	病気の子どもたちを治療する

1079	heal	動 (傷が)治る, (傷)を治す	my finger has **healed**
	[hi:l]　　B1	⑥ heel [同音] 名 かかと	私の指が治った

1080	relieve	動 (苦痛など)を取り除く, (人)を安	**relieve** stress
	[rɪlí:v]　　B2	心させる　⇨ relieved 形 安心した	ストレスを取り除く

スペリングに注目して覚える⑨　-ful で終わる形容詞 (2)

1081	awful	形 ひどい	taste **awful**
	[ɔ́:f(ə)l]　　A2		ひどい味がする

1082	grateful	形 感謝して	be **grateful** to A
	[gréɪtf(ə)l]　　A2		Aに感謝している

1083	harmful	形 害になる	smoking is **harmful**
	[hɑ́:rmf(ə)l]　A2　⇨ harm 名 害		喫煙は害になる

1084	peaceful	形 平和的な, 穏やかな	it is **peaceful** to *do*
	[pí:sf(ə)l]　A2　⇨ peace 名 平和(→397)		～することは穏やかだ

Guide dogs are very helpful for <u>people who are</u> **blind**.	盲導犬は**目の見えない**<u>人たち</u>にはとても助けになる。
Please speak loudly. <u>My grandmother is</u> a little **deaf**.	大きな声で話してください。私の祖母は少し**耳が遠いん**です。
Our school is designed so that **disabled** <u>students</u> can move around easily.	私たちの学校は，**障がいのある**生徒が楽に移動できるよう設計されている。
Disability should not be <u>a</u> **barrier** <u>to</u> <u>taking</u> <u>part</u> in sports.	障がいがスポーツに参加することへの**障壁**となってはならない。
He **struggled** <u>with</u> <u>illness</u> for most of his life.	彼は人生の大半を通じて，病気と**闘いました**。
The actor made a comeback after **overcoming** <u>cancer</u>.	その俳優はがん**を克服した**あとカムバックを果たした。
I want to be a doctor and **cure** sick children.	私は医者になって，病気の子どもたち**を治療**したい。
I cut my finger last week, but <u>it</u> hasn't **healed** yet.	私は先週指を切ってしまったのですが，まだ指は**治って**いません。
Some students can **relieve** stress by playing computer games.	コンピューターゲームをすることで<u>ストレス**を取り除く**</u>ことができる生徒もいる。
I put salt in my coffee by mistake. It <u>tasted</u> **awful**.	間違えてコーヒーに塩を入れてしまった。それは**ひどい**味がした。
<u>I</u> <u>was</u> **grateful** <u>to</u> the nurses for looking after me when I was in the hospital.	入院中世話をしてくれたことに対して，私は看護師たちに**感謝していた**。
<u>Smoking</u> <u>is</u> **harmful** to our health.	喫煙は私たちの健康にとって**害になります**。
<u>It</u> <u>is</u> much more **peaceful** <u>to</u> <u>live</u> in the countryside than in the city.	田舎で<u>生活するの</u>は，都会で生活するよりもはるかに**穏やかです**。

STAGE 2

257

同じジャンルで覚える(59)　言葉・言語に関する語(1)

1085	**language** [lǽŋgwɪdʒ] 発音 A1	名 言語 関 **linguistics** 名 言語学(→1715)	speak four **languages** 4カ国語を話す
1086	**vocabulary** [voukǽbjəlèri] A2	名 語彙 関 **word** 名 単語	have a large **vocabulary** 語彙が豊富だ
1087	**letter** [létər] A1	名 ①文字　②手紙	how many **letters** 何文字
1088	**phrase** [freɪz] B1	名 表現，言い回し 関 **idiom** 名 熟語，慣用句	useful **phrases** 役に立つ表現
1089	**sentence** [séntəns] A1	名 ①(1つの)文　②判決，刑 動 (Aの刑を)(人)に宣告する(to A)	answer in a **sentence** 文で答える
1090	**passage** [pǽsɪdʒ] A2	名 (本の)一節，(まとまりのある)文章 類 **text** 文章(→1740)	an English **passage** 英語の文章
1091	**paragraph** [pǽrəgræ̀f] A1	名 段落	the first **paragraph** 最初の段落
1092	**spell** [spel] A2	動 …をつづる ⇨ **spelling** 名 スペリング	**spell** the word 単語をつづる
1093	**pronounce** [prənáuns] A2	動 …を発音する ⇨ **pronunciátion** 名 発音 ※下線部のつづり注意	difficult to **pronounce** 発音するのが難しい

同じジャンルで覚える(60)　論理展開の目印となる接続詞・副詞(1)

1094	**although** [ɔːlðóu] A2	接 …だが 同 **though**	**although** he is young, ... 彼は若いが，…
1095	**however** [hauévər] A2	副 ①しかしながら ※この意味では副詞で文と文をつなぐ ②どんなに…でも	.... **However**, S+V (…だ。)しかし，Sは～する
1096	**moreover** [mɔːróuvər] B1	副 さらに，その上 同 **furthermore**	.... **Moreover**, S+V (…だ。)その上，Sは～する
1097	**therefore** [ðéərfɔ̀ːr] A2	副 従って，ゆえに 類 **thus** 従って，このようにして	.... **Therefore**, S+V (…だ。)ゆえに，Sは～する

My English teacher can <u>speak</u> four **languages**.	私の英語の先生は4カ国語を話すことができます。
He <u>has</u> <u>a</u> <u>large</u> **vocabulary**. He knows many words.	彼は**語彙**が豊富だ。彼はたくさんの語を知っている。
<u>How</u> <u>many</u> **letters** are there in the alphabet?	アルファベットには何**文字**ありますか。
Please look at the list of <u>useful</u> **phrases** on page 76.	76ページの役に立つ**表現**の表を見てください。
Please <u>answer</u> the question <u>in</u> <u>a</u> **sentence**.	質問には**文**で答えてください。
I often try to understand the meaning of <u>an</u> English **passage** quickly.	私はよく，英語の**文章**の意味をすばやく理解するよう努めている。
<u>The</u> <u>first</u> **paragraph** is about when people started eating sushi.	最初の**段落**は，いつ人々が寿司を食べ始めたかについてです。
Please check how to **spell** <u>the</u> <u>word</u> in a dictionary.	その単語**を**どのように**つづる**のか辞書でチェックしてください。
Some English sounds are <u>difficult</u> for learners <u>to</u> **pronounce**.	英語の音の中には学習者にとって**発音する**のが難しいものがある。

STAGE 2

Although <u>he</u> <u>is</u> <u>young</u>, he is a very good doctor.	彼は若い**が，**とても良い医者だ。
Smartphones are very useful. **However,** they have negative points, too.	スマートフォンはとても便利だ。**しかしながら，**悪い点もある。
100% orange juice tastes very good. **Moreover,** it is healthy.	100%オレンジジュースはとてもおいしい。**その上，**健康的だ。
100% orange juice is healthy. **Therefore,** I drink it every morning.	100%オレンジジュースは健康的だ。**ゆえに，**私は毎朝それを飲みます。

259

似ていて紛らわしい語をセットで覚える⑱ 〈意味が似ている〉

1098
explain
[ɪkspléɪn] A2
動 …を説明する
⇨ explanátion 图 説明
explain how to *do*
〜するやり方を説明する

1099
describe
[dɪskráɪb]
動 …を描写する，…の特徴を説明する
⇨ description 图 描写，説明
describe *one's* house
家の特徴を説明する

A1 💡 explain が物事のやり方や出来事などをわかりやすく説明することを意味する

1100
imagine
[ɪmædʒɪn] A1
動 …を想像する
⇨ imaginátion 图 想像(力)
imagine what S is like
S がどのようかを想像する

1101
guess
[ges] A1
動 ①…を推測する
②【I guess ...】(何となく)…と思う
guess the meaning
意味を推測する

1102
wonder
[wʌ́ndər] A2
動 【wonder if[whether/wh 節]】
…だろうかと思う
wonder what S looks like
S はどんな様子だろうか

1103
translate
[trǽnsleɪt] B1
動 …を(A に)翻訳する(into A)
⇨ translátion 图 翻訳
⇨ translator 图 翻訳家
translate the novel into A
小説を A に翻訳する

1104
interpret
[ɪntə́:rprət] アク B2
動 …を通訳する，…を解釈する
⇨ interpretátion 图 解釈
⇨ interpreter 图 通訳(者)
interpret what he says
彼が言うことを通訳する

1105
obtain
[əbtéɪn] B1
動 …を獲得する，
…を手に入れる
obtain information
情報を得る

1106
acquire
[əkwáɪər]
動 …を獲得する，…を身につける
⇨ acquisítion 图 獲得，習得
acquire the skills
技術を獲得する

B1 💡 両者同じ意味で使用することもあるが obtain は「(欲しいものを苦労して)獲得する」というニュアンス，acquire は「(知識や技術などを時間をかけて)

同じジャンルで覚える㉖ 教育・指導に関する語

1107
education
[èdʒəkéɪʃ(ə)n] A2
名 教育 ⇨ éducate 動 …を教育する
⇨ educational 形 教育の
English **education**
英語教育

1108
instruction
[ɪnstrʌ́kʃ(ə)n] B1
名 【-s】①指示 ②取扱説明書
⇨ instruct 動 …に指示する
⇨ instructor 图 指導者，教官
listen to the **instructions**
指示を聞く

1109
train
[treɪn] A2
動 …を訓練する，訓練を受ける
名 列車 ⇨ training 图 訓練
train a skater
スケート選手を訓練する

Can you **explain** how to use this word?	この単語をどう使うのか**説明して**くれますか。
Our ALT **described** her house in New Zealand.	私たちの ALT は，ニュージーランドにある<u>彼女の家</u>**の特徴を説明した**。

のに対し，describe は物事の特徴や様子を言葉で描写することを意味する。

She tried to **imagine** what life was like in the *Heian* era.	彼女は平安時代には<u>生活がどのようであったか</u>**を想像**しようとした。
Can you **guess** the meaning of this word?	この単語の<u>意味</u>**を推測**できますか？
I haven't seen Emma for a long time. I **wonder** what she looks like now.	私はエマと長い間会っていない。今<u>彼女はどんな様子</u>**だろうか**。
The novel has been **translated** into 14 different languages.	その小説は14の異なる言語に**翻訳されてきた**。
I **interpreted** what my Canadian friend said for my parents.	僕は両親のために<u>カナダ人の友達が言ったこと</u>**を通訳した**。
To **obtain** more information, please look at our website.	更なる<u>情報</u>**を得る**には，私たちのウェブサイトをご覧ください。
Students in this course will **acquire** the skills to make a speech.	この講座を取る生徒は，スピーチをするための<u>技術</u>**を獲得する**でしょう。

獲得する」のニュアンスを持つ。どちらもフォーマルな語で，普段の会話では get をよく用いる（フォーマルな文章では get の使用は避けたほうがよい）。

English **education** starts in elementary school now in Japan.	今日本では<u>英語</u>**教育**は小学校で始まります。
Listen to the **instructions** and answer the questions in English.	**指示**を聞き，質問に対して英語で答えなさい。
The Japanese <u>skater is</u> now being **trained** in Russia.	その日本の<u>スケート</u>選手は今ロシアで**訓練を受けて**います。

STAGE 2

同じジャンルで覚える㉒　思考とその表現に関する動詞

1110 mean [mi:n]
⚐ mean-meant-meant ［A1］
動 ①…を意味する　②【mean to do】～するつもりである
⇨ **meaning** 图 意味
What does A **mean**?
Aはどういう意味ですか。

1111 prove [pru:v]
動 ①【prove (that) ...】…ということを証明する
prove (that) S＋V
Sが～すると証明する

動 ②【prove (to be) C】…だとわかる
⚐ **turn out (to be)** C ［B1］
prove to be a mistake
間違いだとわかる

1112 argue [á:rgju:]
動 ①【argue that ...】…と主張する ②(Aと)論争する(with A)
⇨ **argument** 图 言い争い，主張(→1468) ［A2］
argue that S＋V
Sが～すると主張する

反対の意味を持つ語をセットで覚える⑧

1113 former [fɔ́:rmər]
形 ①(時間的に)前の，元…②(2つのうち)前者の
名 【the -】前者 ［B1］
a **former** actress
元女優

1114 latter [lǽtər]
形 (2つのうち)後者の
名 【the -】後者
⚐ **second** 2番目の，後半の ［B2］
the latter half of A
Aの後半

🔍 latter はきわめてフォーマルな語なので the latter half は文章で用い，会話

1115 previous [prí:viəs] 発音
形 (時間・順序が)前の，直前の
⇨ **previously** 副 以前に ［B1］
our **previous** lesson
前回の授業

1116 following [fá(:)louɪŋ]
形 次の，その後ろに続く
⇨ **follow** 動 …の後ろについて行く(→650)
on the **following** day
その次の日に

🔍 【former と previous】 previous は former と似ているが，「前日」の意味では the previous day と言い × the former day とは言わない。また「か ［A1］

スペリングに注目して覚える⑩　「再び，元へ」の意味の re- で始まる語(1)

1117 remove [rimú:v]
動 …を取り除く，…を移動する
⇨ **removal** 图 除去 ［B1］
remove a paragraph
段落を取り除く

1118 replace [ripléis]
動 …に取って代わる，…を(Aと)取り替える(with A)
⇨ **replacement** 图 取り替え，代わり ［A2］
replace fossil fuels
化石燃料に取って代わる

1119 react [riǽkt]
動 (Aに)反応する(to A)
⇨ **reaction** 图 反応 ［B1］
react coolly
冷ややかに反応する

<u>What</u> <u>does</u> this phrase **mean**?	この表現は<u>どういう意味</u>ですか。
Who **proved** (that) the earth is round?	地球は丸い<u>ということを証明した</u>のは誰ですか。
Changing jobs **proved** <u>to</u> <u>be</u> <u>a</u> <u>mistake</u> for him.	転職したことは，彼にとって<u>間違いだったとわかった</u>。
People often **argue** that nurses should be paid more.	人々はしばしば，看護師はもっと給料を支払われるべきだ<u>と主張します</u>。

A **former** <u>actress</u>, Audrey Hepburn, later worked hard to help poor children.	<u>元女優</u>のオードリー・ヘップバーンは，のちに貧しい子どもたちを助けようと懸命に働いた。
Life in Japan completely changed in <u>the</u> **latter** <u>half</u> of the 20th century.	日本における生活は，20世紀<u>の後半</u>に完全に変わった。

では the second half が好まれる（「前半」は the first half）。

STAGE 2

In <u>our</u> **previous** <u>lesson</u>, we learned about volcanoes.	<u>前回の授業</u>で，私たちは火山について学びました。
Helen flew to Tokyo on the 23rd, and went to Kyoto <u>on</u> <u>the</u> **following** <u>day</u>.	ヘレンは23日に飛行機で東京に行き，<u>その次の日</u>に京都に行きました。

つて（…だった），元…」の意味では previous を使うことはできず，a former（× previous）actress「以前女優だった人，元女優」のように言う。

You should **remove** <u>this</u> <u>paragraph</u> from your essay.	あなたは小論文から<u>この段落を取り除く</u>方がいいですよ。
What is the best source of energy to **replace** <u>fossil</u> <u>fuels</u>?	<u>化石燃料に取って代わる</u>最善のエネルギー源は何でしょうか。
He told a joke to make her laugh, but she **reacted** <u>coolly</u>.	彼は彼女を笑わせようと冗談を言ったが，彼女は冷ややかに<u>反応した</u>。

263

コロケーションで覚える⑨

1120 □	**main** [meɪn] B1	形 中心の，最も重要な ⇨ **mainly** 副 主に	**main topic** 主題［中心の話題］
1121 □	**topic** [tá(:)pɪk] A1	名 話題，トピック	
1122 □	**logical** [lá(:)dʒɪk(ə)l] A2	形 論理的な ⇨ **logic** 名 論理	**logical conclusion** 論理的な結論
1123 □	**conclusion** [kənklúːʒ(ə)n] B1	名 結論 反 **introduction** 紹介，導入 ⇨ **conclude** 動 …と結論を下す	

💡 論理的な文章では，introduction「導入」→ body「本文」→ conclusion

1124 □	**ignore** [ɪgnɔ́ːr] B1	動 …を無視する	**ignore the fact** 事実を無視する
1125 □	**fact** [fækt] A2	名 事実 類 **truth** 真実 熟 **in fact** (→1310)	
1126 □	**various** [véəriəs] B1	形 さまざまな ⇨ **variety** 名【a variety of A】さまざまな A (→1878) ⇨ **vary** 動 異なる	**various opinions** さまざまな意見
1127 □	**opinion** [əpínjən] A2	名 意見，考え	

引き出し □ in my opinion「私の考えでは」 ※フォーマル

1128 □	**background** [bǽkgràʊnd] A2	名 背景，経歴	**background knowledge** 背景知識
1129 □	**knowledge** [ná(:)lɪdʒ] 発音 A2	名 知識	
1130 □	**grammar** [grǽmər] A1	名 文法 ⇨ **grammátical** 形 文法の	**grammar rules** 文法規則
1131 □	**rule** [ruːl] A1	名 規則，ルール 動 …を支配する	

引き出し □ obey[break] the rule「規則を守る［破る］」 (→1776 obey)

The **main topic** of this passage is Roman architecture.	この文章の**主題**は古代ローマの建築です。
You need to finish your essay with a **logical conclusion**.	あなたは小論文を**論理的な結論**で終える必要があります。

「結論」の流れで書く。

We can't **ignore** the **fact** that weather patterns are changing.	私たちは気象パターンが変化しているという**事実を無視する**ことができない。
People have **various opinions** about children using smartphones.	人々は子どもがスマートフォンを使用することについて**さまざまな意見**を持っている。
We often need to use **background knowledge** to understand a text.	文章を理解するためには、しばしば**背景知識**を利用することが必要となる。
Knowing **grammar rules** is important when you study a foreign language.	**文法規則**を知っておくことは、外国語を学ぶ際に重要である。

STAGE 2

265

似ていて紛らわしい語をセットで覚える⑲ 〈意味が似ている〉

1132
conversation
[kὰ(:)nvərséɪʃ(ə)n]　A1
名 会話

have a **conversation**
会話をする

1133
dialogue
[dάɪələ̀:g]　B1
名 会話(文)，対話
反 **monologue** 名 1人による語り

read the **dialogue**
会話文を読む

1134
communication
[kəmjù:nɪkéɪʃ(ə)n]　A2
名 情報伝達，意思疎通
⇒ **commúnicate** 動 (Aと)コミュニ
ケーションを取る (with A)

a type of **communication**
意思疎通の一形態

💡 conversation が一般的な人と人との会話を意味するのに対し，教科書等に書かれた会話文は dialogue と言う。communication はさまざまな手段によ

1135
debate
[dɪbéɪt]　A2
名 討論(会)
動 …を討論する

topic for **debate**
討論のトピック

1136
discussion
[dɪskʌ́ʃ(ə)n]　A2
名 話し合い
⇒ **discuss** 動 …について話し合う (→870)

have a **discussion**
話し合いをする

💡 debate は特に組織された討論(会)を意味するのに対し，discussion はさま

1137
cause
[kɔːz]　B2
名 原因，正当な理由
動 【cause O (to do)】O(が〜するの)
を引き起こす

the **cause** of the fire
その火事の原因

1138
reason
[ríːz(ə)n]　A1
名 理由

the main **reason**
主な理由

💡 「S が〜する理由」は the reason (why) S+V で表す(cause は不可)。な
お，cause は動詞で【cause O to do】の形でも用いられる。

同じジャンルで覚える㊿ 確実性を表す副詞

1139
probably
[prά(:)bəbli]　A2
副 おそらく(…だろう)
⇒ **probable** 形 十分ありそうな
⇒ **probabílity** 名 見込み，確率

I will **probably** pass
おそらく合格するだろう

1140
perhaps
[pərhǽps]　A2
副 ひょっとして・たぶん(…か
もしれない)

perhaps I won't pass
ひょっとして合格しないかも

1141
maybe
[méɪbi]　A1
副 ひょっとして・たぶん(…か
もしれない)

maybe it will snow
ひょっとしたら雪が降るかも

💡 probably はその可能性が高いことが前提であるのに対して，perhaps と
maybe は可能性が50%以下であることが前提にある。maybe は perhaps

I <u>had</u> <u>an</u> interesting **conversation** with our ALT about his country.	私は ALT と彼の国についての興味深い**会話**をしました。
Please <u>read</u> <u>the</u> **dialogue** on page 27 in pairs.	ペアで27ページの**会話文**を読んでください。
Gesture is <u>an</u> important <u>type</u> <u>of</u> **communication**.	身振りは**意思疎通**の重要な**一形態**です。

る「情報伝達・意思疎通」を意味し，直接向かい合ってのコミュニケーションを特に face-to-face communication と言う。

The <u>topic</u> <u>for</u> today's **debate** is school uniforms.	本日の**討論**の**トピック**は学校の制服です。
The students are <u>having</u> <u>a</u> **discussion** about food problems.	生徒たちは食糧問題について**話し合い**をしています。

ざまな話し合いの意味で広く用いられる。

STAGE 2

<u>The</u> **cause** <u>of</u> <u>the</u> <u>fire</u> has not yet been found.	<u>その火事</u>の**原因**はまだ見つかっていない。
I like children. That is <u>the</u> <u>main</u> **reason** I want to be a teacher.	私は子どもが好きです。それが私が先生になりたい<u>主な</u>**理由**です。

☞ The heavy snow **caused** many students to be late for school.
「大雪のために多くの生徒が学校に遅れた。」

I studied hard, so <u>I</u> <u>will</u> **probably** <u>pass</u> the exam.	私は一生懸命勉強したので，**おそらく**試験に合格する**だろう**。
I didn't study hard, so **perhaps** <u>I</u> <u>won't</u> <u>pass</u> the exam.	私は一生懸命勉強しなかったので，**ひょっとして**試験に合格しない**かもしれない**。
It's very cold today. **Maybe** <u>it</u> <u>will</u> <u>snow</u> tomorrow.	今日はとても寒い。**ひょっとして**明日雪が降る**かもしれない**。

とほぼ同じだがよりインフォーマルな語で会話でよく用いる。文章を書く際は perhaps を使用するのが望ましい。

コロケーションで覚える⑩

1142
☐ **mass**
[mæs] B1
形 大量の，大規模な

the mass media
マスメディア

1143
☐ **media**
[míːdiə] 発音 B2
名 ①[the -]（マス）メディア
② medium 媒体 の⑱

💡 日本語で「マスコミ」と言うがこれは英語の mass communication を日本語化したもので，「大量の(mass)情報伝達(communication)」を指す。

1144
☐ **newspaper**
[njúːzpèɪpər] A1
名 新聞 ⑭ newsletter 名 会報
⑯ paper (→1705)

a newspaper article
新聞記事

1145
☐ **article**
[áːrtɪk(ə)l] A1
名 ①記事
②（法律・契約などの）条項

💡 newspaper は短く paper とも言う。

1146
☐ **publish**
[pʌ́blɪʃ] A2
動 …を出版する，…を公表する
⇨ publisher 名 出版社
⇨ publicátion 名 出版(物)

publish a journal
専門誌を出版する

1147
☐ **journal**
[dʒə́ːrn(ə)l] B1
名 専門誌，ジャーナル
⑱ magazine 名 雑誌

1148
☐ **analyze**
[ǽnəlàɪz] B1
動 …を分析する
⇨ análysis 名 分析 ⑱ analyses

analyze data
データを分析する

1149
☐ **data**
[déɪtə] B2
名 データ，資料

1150
☐ **latest**
[léɪtɪst] A2
形 最新の
⇨ late 形 遅れた ⇨ later 副 あとで

the latest technology
最新の科学技術

1151
☐ **technology**
[teknɑ́(ː)lədʒi] A1
名 科学技術，テクノロジー
⇨ technológical 形 科学技術の

💡 latest は「最も遅れた」→「時期的に一番あとの(=最新の)」と考えればよい。

1152
☐ **mobile**
[móʊb(ə)l] 発音 A2
形 移動式の，可動式の
名〈英〉携帯電話

a mobile device
携帯機器

1153
☐ **device**
[dɪváɪs] B1
名 装置，機器

We can learn what is happening all over the world through the **mass media**.	私たちは**マスメディア**を通じて，世界中で何が起きているか知ることができる。

the mass media は mass communication を行う media「媒体」のことで，新聞，テレビ，インターネットなどを指す (the media だけでも「マスメディア」の意味で使われる)。

I found an interesting **newspaper article** about global warming.	私は地球温暖化についての面白い**新聞記事**を見つけた。

☞ Today's **paper** says that ...「今日の新聞によると…」

The company **publishes** several **journals** about medicine each year.	その会社は毎年何冊かの医学**専門誌**を出版している。

First, we have to **analyze** the **data** we have collected.	最初に，私たちは集めた**データを分析し**なくてはなりません。

The **latest technology** has made it possible to communicate with anyone at any time.	**最新の科学技術**はいつでも，誰とでもコミュニケーションを取ることを可能にした。

Mobile devices make it possible to work anywhere.	**携帯機器**によって，場所を問わず働くことが可能になる。

STAGE 2

同じジャンルで覚える⑥ 情報・インターネットに関する語

1154
Internet
[íntərnèt] アク A1
名【the -】インターネット
® **online** 形 副 オンラインの[で]

the **Internet** is useful
インターネットは役に立つ

1155
search
[sə:rtʃ] B1
動 (A を)探す(for A),
(場所)を捜索する

search for information
情報を探す

1156
website
[wébsàɪt] A2
名 ウェブサイト
® **site** (ウェブ)サイト, 場所
® **web** 名【the W-】ウェブ

have a **website**
ウェブサイトを持つ

1157
chat
[tʃæt] A2
動 おしゃべりする, チャットする
名 おしゃべり, チャット

enjoy **chatting** with A
A とおしゃべりを楽しむ

1158
attach
[ətǽtʃ] B1
動【attach A (to B)】A を (B に)付け
る・添付する

attach *one's* essay
レポートを添付する

コロケーションで覚える⑪

1159
gain
[geɪn] B1
動 …を手に入れる・獲得する

gain access
アクセスする

1160
access
[ǽkses] B1
名 アクセス, 接近(方法)
動 …にアクセスする・接続する

1161
error
[érər] A2
名 誤り, エラー
® **mistake** 誤り, 間違い

an **error message**
エラーメッセージ

1162
message
[mésɪdʒ] A1
名 メッセージ, 伝言

文法・語法との関連で覚える㉗ 情報に関する集合名詞

1163
information
[ìnfərméɪʃ(ə)n] A1
名 情報
⇨ **inform** 動【inform+人+of A】人に
A を知らせる

full of **information**
情報にあふれた

1164
advice
[ədváɪs] アク A2
名 助言, アドバイス
⇨ **advise** 動 (人)に助言する(→671)

ask a friend for **advice**
友人にアドバイスを求める

1165
news
[njuːz] 発音 A1
名 知らせ, ニュース
® **newspaper** 名 新聞(→1144)

hear the **news**
そのニュースを聞く

いずれも概念的なもの(抽象名詞)であるため a をつけたり複数形にしたりす

The Internet is useful, but some of the information is not correct.	**インターネット**は役に立つが，その情報の中には正しくないものもある。
I **searched** for some information about Peru on the Internet.	私はペルーについてインターネットで何らかの情報を**探しました**。
Every school has its own **website** now.	どこの学校も今は独自の**ウェブサイト**を持っている。
I usually have lunch with my friends, and enjoy **chatting** with them.	私はたいてい友達と一緒にお昼を食べ，彼女たちと**おしゃべり**を楽しみます。
I **attached** my essay and emailed it to my teacher.	私は自分のレポート**を添付して**，先生にメールで送信した。
We can easily **gain** access to websites all over the world.	私たちは世界中のウェブサイトに簡単に**アクセスする**ことができる。
After I sent an email to my boss, an **error message** appeared.	上司にメールを送ったあと，**エラーメッセージ**が出てきた。
This book is full of useful **information**.	この本は役立つ**情報**であふれている。
I often ask my friends for **advice**.	私はよく友人に**アドバイス**を求めます。
I felt very sad to hear the **news**.	私はその**ニュース**を聞いてとても悲しかった。

ることはできない。「1つの〜」と言うときには a piece of ... を用いて表す。

STAGE 2

271

同じジャンルで覚える⑥⑤ 重さ・高さ・程度

1166 weight
[weɪt] 発音
名 重さ，重量
⇨ weigh 動 …の重さがある
the **weight** of a whale
クジラの体重

引き出し 【重さの単位】 □ gram「グラム」 □ ton「トン」

A2 weight の動詞形 weigh は後に補語を伴い，The package **weighs three**

1167 height
[haɪt] 発音 B1
名 高さ，身長
⇨ high 形 高い
the **height** of Mt. Fuji
富士山の高さ

1168 degree
[dɪgríː] A2
名 (温度・角度の)度，程度
five **degrees** below zero
マイナス5度

1169 extent
[ɪkstént] B1
名 程度，範囲
⇨ extend 動 …を拡大する・延長する
to some **extent**
ある程度

反対の意味を持つ語をセットで覚える⑨

1170 simple
[símp(ə)l] A2
形 単純な，簡潔な
⇨ simply 副 単純に
simple expressions
簡潔な表現

1171 complex
[kà(:)mpléks] B1
形 複雑な，込み入った
類 complicated 複雑な (→1409)
a **complex** problem
複雑な問題

1172 true
[truː] A1
形 真実の，正しい
⇨ truth 名 真実 ⇨ truly 副 本当に
his story is **true**
彼の話は真実だ

1173 false
[fɔːls] 発音 A1
形 真実でない，虚偽の
true or **false** questions
正誤問題

1174 general
[dʒén(ə)r(ə)l] B1
形 一般的な，全体的な
⇨ generally 副 一般的に (→1010)
as a **general** rule
一般的な法則として [概して]

1175 specific
[spəsífɪk] アク A2
形 ①特定の 類 particular
②具体的な
a **specific** name for A
Aに対する特定の名前

Can you imagine what the **weight** of a whale is?	クジラの**体重**がどれくらいか，想像できますか。

kilograms.「その小包は3キロの重さがある。」のように使う。

What's the **height** of Mt. Fuji?	富士山の**高さ**はどのくらいですか。
It was five **degrees** below zero this morning.	今朝は**マイナス5度**だった。
I agree to some **extent**, but not completely.	ある**程度**は賛成しますが，完全に賛成とは言えません。
When you speak English, try to use **simple** expressions.	英語を話すときは，**簡潔な**表現を使うように努めなさい。
The decreasing number of children is a **complex** problem.	子どもの数が減っていることは，**複雑な**問題だ。
Do you think his story is **true**?	彼の話は**真実だ**と思いますか。
True or **false** questions are often used on tests.	テストにはしばしば**正誤問題**が使われる。
As a **general** rule, children can travel cheaper than adults.	**一般的な**法則として，子どもは大人よりも安く旅行することができる。
Is there a **specific** name for this type of cloud?	この種の雲に対する**特定の**名前はあるのですか。

STAGE 2

273

同じジャンルで覚える⑥⑥ 計測・増減に関する語

1176 count
[kaʊnt] A2

動 ①…を数える
②重要である
⇨ **countless** 形 無数の

count the number
数を<u>数える</u>

1177 measure
[méʒər] 発音 B1

動 …をはかる 名 【-s】対策
⇨ **measurement** 名 測定

measure the amount
量を<u>はかる</u>

1178 calculate
[kǽlkjəleɪt] B1

動 …を計算する
⇨ **calculátion** 名 計算
⇨ **calculator** 名 計算機

calculate how much ...
どれだけ…かを<u>計算する</u>

1179 improve
[ɪmprúːv] A2

動 向上する，…を向上させる
⇨ **improvement** 名 向上，進歩

my English **improves**
私の英語が<u>向上する</u>

1180 decline
[dɪkláɪn] B2

動 ①減少する，衰退する
②…を辞退する
名 減少，衰退

health **declines**
健康が<u>衰える</u>

1181 twice
[twaɪs] A2

副 2倍，2回

A is **twice** as tall as B
A は B の<u>2倍</u>の高さだ

1182 double
[dʌ́b(ə)l] B2

動 2倍になる，…を2倍にする
形 2倍の ⦿ **single** 形 1つの，独身の
⦿ **triple** 動 3倍になる 形 3倍の

double in size
規模が<u>2倍になる</u>

同じジャンルで覚える⑥⑦ 情報処理に関する語

1183 average
[ǽv(ə)rɪdʒ] A2

形 平均の 名 平均
⦿ **on (the) average** 平均すると

the **average** score
<u>平均</u>点

1184 total
[tóʊt(ə)l] B1

形 総計の 名 合計
⇨ **totally** 副 完全に
⦿ **in total** 全部で

the **total** cost
<u>総</u>費用

1185 direction
[dərékʃ(ə)n] A2

名 ①方向 ②【-s】指示
⇨ **direct** 形 直接の 動 …を向ける(→1401)

sense of **direction**
<u>方向</u>感覚

1186 distance
[díst(ə)ns] B1

名 距離，隔たり
⇨ **distant** 形 遠い

引き出し □ in the distance 「遠くに」

distance between A and B
A と B の間の<u>距離</u>

I forgot to **count** the number of words in my essay.	私は自分の小論文の語数**を数える**のを忘れてしまった。
When I cook, I usually don't **measure** the amount of salt and sugar.	私は料理するとき, たいてい塩や砂糖の量**をはから**ない。
I often **calculate** how much I can spend before I go shopping.	私はよく, 買い物に行く前に自分がどれだけお金を使えるのか**を計算する**。
My English **improved** a lot when I lived in Scotland for a year.	スコットランドに1年住んだときに私の英語は大きく**向上した**。
People's health **declines** if they don't exercise.	運動をしないと, 人の健康は**衰える**。
Tokyo Skytree is **twice** as tall as the Eiffel Tower.	東京スカイツリーはエッフェル塔の**2倍の高さ**です。
The company **doubled** in size within three years.	その会社は3年の内に規模が**2倍になった**。

STAGE 2

The **average** score on the test was 56.	試験の**平均点**は56点だった。
The **total** cost of the flights was 180,000 yen.	航空便の**総費用**は18万円でした。
I have no sense of **direction** and always get lost.	私は**方向**感覚がないので, いつも道に迷います。
What's the **distance** between Tokyo and Sydney?	東京とシドニーの間の**距離**は何キロですか。

□ within walking distance 「歩いていける距離に」

275

同じジャンルで覚える⑱ 手段・体系に関する語

1187 way [weɪ]　A1
名 方法，やり方
※「道，道順」の意味では→576

one's **way** of thinking
…の考え方

引き出し
□ in the same way 「同じように」(→1309)

1188 means [miːnz]　B2
名 手段 ※単・複両扱い
㊟ **mean** 動 …を意味する(→1110)
㊟ **by means of** A (→1893)

a **means** of communication
コミュニケーション手段

1189 method [méθəd]　A2
名 (組織的な)方法，方式

different **methods**
さまざまな方法

1190 technique [tekníːk] アク　B1
名 技術，技法
⇨ **technólogy** 名 科学技術(→1151)
⇨ **téchnical** 形 技術の，専門的な

technique for painting
描く技術

1191 system [sístəm]　A2
名 制度，システム
⇨ **systematic** 形 組織的な

the educational **system**
教育制度

1192 standard [sténdərd]　B1
名 基準，水準
㊟ **level** 名 水準，レベル

the **standard** of living
生活水準

1193 category [kǽtəgɔ̀ːri]　B1
名 範疇，部門

three **categories**
3つの部門

同じジャンルで覚える⑲ 計算に用いる語

1194 equal [íːkw(ə)l] アク　B1
形 (Aに)等しい(to A)
動 …に等しい
⇨ **equality** 名 平等

A is **equal** to B
A は B に等しい

1195 plus [plʌs]　A2
前 足す
㊟ **addition** 名 足し算

2 **plus** 3
2 足す 3

1196 minus [máɪnəs]　B1
前 引く
㊟ **subtraction** 名 引き算

9 **minus** 6
9 引く 6

1197 multiply [mʌ́ltəplàɪ]　B2
動 (数)を掛ける，…を増やす
⇨ **multiplicátion** 名 掛け算
⇨ **multiple** 形 多数の

5 **multiplied** by 4
5 掛ける 4

1198 divide [dɪváɪd]　A2
動 (数)を割る，…を分ける
⇨ **division** 名 分割，割り算，部門(→1071)

12 **divided** by 3
12 割る 3

掛け算は times を使って 5 times 4 equals[is] 20. とも言う。

| I changed my **way** of thinking about America when I lived there. | アメリカに住んでいたとき，私のアメリカに対する**考え方**は変わった。 |

□ in a different way「違ったやり方で」　□ (in) this way「このようなやり方で，このようにして」

| English is a good **means** of international communication. | 英語は良い国際的**コミュニケーション手段**です。 |

| Different **methods** have been used to teach English. | 英語を教えるのにさまざまな**方法**が使用されてきた。 |

| Your **technique** for painting pictures is very good. | あなたの絵を描く**技術**はとても優れている。 |

| I believe that we should change the educational **system** in Japan. | 私は日本の教育**制度**は変えるべきだと考えている。 |

| Everyone hopes that the **standard** of living will improve. | 生活**水準**が向上するよう，皆が願っている。 |

| There are three **categories** in this speech contest. | このスピーチコンテストには3つの**部門**がある。 |

| One mile is **equal** to about 1.6 kilometers.
※ equal は形容詞 | 1マイルは約1.6キロメートルに**等しい**。 |

| 2 **plus** 3 equals 5.
※ equal は動詞。is に置き換えが可能 | 2**足す**3は5。 |

| 9 **minus** 6 equals 3. | 9**引く**6は3。 |

| 5 **multiplied** by 4 equals 20. | 5**掛ける**4は20。 |

| 12 **divided** by 3 equals 4. | 12**割る**3は4。 |

同じジャンルで覚える⑦ さまざまな職業を表す語 (2)

1199 farmer
[fáːrmər] A1
名 農場経営者，農家
⇒ **farm** 名 農場，農園
⇒ **farming** 名 農業
my parents are **farmers**
両親は農場経営者だ

1200 clerk
[kləːrk] A2
名 事務員，係
a bank **clerk**
銀行員

1201 owner
[óunər] 発音 A1
名 持ち主，店の経営者
⇒ **own** 動 …を所有している
the **owner** of the car
その車の持ち主

1202 manager
[mǽnɪdʒər] アク A2
名 支配人，経営者，責任者
類 **boss** 名 上司，（職場の）責任者
the **manager** of a hotel
ホテルの支配人

💡 manager とはつまり manage「（責任者として）管理・運営する」(→862) 人の

1203 secretary
[sékrətèri] A2
名 秘書
manager's **secretary**
経営者の秘書

1204 assistant
[əsíst(ə)nt] B1
名 助手，アシスタント
⇒ **assist** 動 …を助ける
⇒ **assistance** 名 援助
a lab **assistant**
実験助手

似ていて紛らわしい語をセットで覚える⑳ 〈意味が似ている〉

1205 economy
[ɪkáː)nəmi] B1
名 経済
⇒ **economist** 名 経済学者
the Japanese **economy**
日本の経済

1206 economics
[ìːkəná(ː)mɪks] アク B1
名 経済学
study **economics**
経済学を勉強する

1207 economic
[ìːkəná(ː)mɪk] アク B1
形 経済の
economic growth
経済成長

1208 economical
[ìːkəná(ː)mɪk(ə)l] アク B2
形 経済的な
an **economical** small car
経済的な小型車

1209 profit
[prá(ː)fət] B2
名 （金銭的な）利益
反 **loss** 損失，失うこと
divide the **profit**
利益を分ける

1210 benefit
[bénɪfɪt] B1
名 （さまざまな意味の）利益，恩恵
⇒ **beneficial** 形 有益な
have many **benefits**
多くの利益がある

💡 profit は主にビジネスで得られる金銭的な利益の意味で用いるのに対して，

My parents are both **farmers**. They grow apples.	私の両親は2人とも**農場経営者**です。彼らはりんごを育てています。
My cousin has been working as a bank **clerk** since she finished college.	私のいとこは大学を出て以来**銀行員**として働いています。
The police are looking for the **owner** of the car.	警察はその車の**持ち主**を捜している。
Her husband is the **manager** of a hotel in Hawaii.	彼女の夫はハワイにあるホテルの**支配人**です。

事で，状況に応じて，「支配人」「部長」「主任」あるいは「店長」などと訳される。

My sister is a company manager's **secretary**.	私の姉は，会社の経営者の**秘書**です。
Mr. Hayashi is a lab **assistant** at my college. ※ lab (< laboratory)実験室(→1701)	林さんは私の大学の実験**助手**です。

The computer industry is important for the Japanese **economy**.	コンピューター産業は**日本**の**経済**にとって重要だ。
She is studying **economics** at Oxford University.	彼女はオックスフォード大学で**経済学**を勉強している。
The **economic** growth this year is slower than last year.	今年の**経済成長**は昨年より緩やかだ。
My father has just bought an **economical** small car.	私の父は**経済的な**小型車を買ったばかりです。
He sold some land and divided the **profit** between his two sons.	彼は多少の土地を売り，その**利益**を彼の2人の息子の間で**分けた**。
Living in the countryside has many **benefits** for our health.	田舎に住むことは私たちの健康に多くの**利益**がある。

benefit は利益になる物や事を幅広く意味する。

コロケーションで覚える⑫

1211 attend [əténd] B1
動 …に出席する
⇨ **attendance** 名 出席

attend the conference
会議に出席する

1212 conference [ká(:)nf(ə)r(ə)ns] B2
名 (大規模な)会議
類 **meeting** 会議，会合

> attend はフォーマルな語で，くだけた会話では go to a conference などと言うことが多い。conference は meeting よりも専門的で規模が大きいものを指す。

1213 international [ìntərnǽʃ(ə)n(ə)l] A2
形 国際的な
反 **national** 国家の，全国的な

international relations
国際関係

1214 relation [riléiʃ(ə)n] B1
名 (国家・団体間の)関係
類 **relationship** (人との)関係

1215 official [əfíʃ(ə)l] アク A2
形 公式の

official documents
公式文書

1216 document [dá(:)kjəmənt] B1
名 文書，書類

> コンピューターで作成するデジタルの書類にも document を使う。

1217 application [æplikéiʃ(ə)n] B1
名 ①申し込み ②アプリ (= app)
⇨ **apply** 動 ①(Aを)申し込む(for A)
(→1595) ②…を適用する

an application form
申し込み用紙

1218 form [fɔːrm] A1
名 ①用紙 ②形
動 …を形作る

同じジャンルで覚える㋖ 交通に関する複合語

1219 highway [háiwèi] A2
名 幹線道路

a busy **highway**
交通量の多い幹線道路

> 日本の「ハイウェイ(高速道路)」にあたるのは〈米〉expressway，〈英〉motorway。

1220 airline [éərlàin] B1
名 航空会社，航空路線

a large **airline**
大きな航空会社

1221 railroad [réilròud] B1
名 鉄道 〈英〉railway

a **railroad** station
鉄道駅

Are you going to **attend** the **conference** in November?

あなたは11月の**会議に出席する**つもりですか。

It is important for every country to keep good **international relations**.

どの国にとっても良い**国際関係**を保つことは重要です。

I always keep **official** **documents** in safe places.

私はいつも**公式文書**を安全な場所に保管しています。

We need to fill in the **application** **form** to attend the conference.

その会議に出席するには**申し込み用紙**に記入する必要がある。

Our school is next to a busy **highway**.

私たちの学校は，交通量の多い**幹線道路**に隣接しています。

There are two large **airlines** in Japan.

日本には2つの大きな**航空会社**がある。

There used to be two **railroad** stations in this town.

以前この町には2つの**鉄道駅**があった。

コロケーションで覚える⑬

1222
overseas
[òuvərsíːz] B2
形 海外(から)の　副 海外へ
⊗ **domestic** 国内の

overseas trade
海外貿易

1223
trade
[treɪd] A2
名 取引，貿易
動 取引する，貿易する

💡 overseas は foreign の代わりとして好まれる。たとえば foreign students はやや差別的な響きを持つため，overseas students や，さらに最近では

1224
oil
[ɔɪl] A2
名 石油，油

the oil industry
石油産業

1225
industry
[índəstri] アク B1
名 産業，…業
⇨ **indústrial** 形 産業の

引き出し 【産業名】 □ the fishing industry 「漁業」

1226
dairy
[déəri] 発音
名 乳製品(= dairy products)
🔊 **daily** 形 毎日の

dairy products
乳製品

1227
product
[prá(ː)dʌkt] A2
名 製品　⇨ **prodúctive** 形 生産的な
⇨ **prodúce** 動 …を生産する(→1230)

同じジャンルで覚える⑫ 「何かを作り出す」意味の動詞

1228
create
[kriéɪt] A2
動 …を創造する
⇨ **creation** 名 創造
⇨ **creative** 形 創造的な

create Peter Rabbit
ピーターラビットを生み出す

1229
design
[dɪzáɪn] B1
動 …を設計する・デザインする
名 設計，デザイン
⇨ **designer** 名 設計者，デザイナー

design buildings
建物を設計する

1230
produce
[prədjúːs] A2
動 …を製造する・生産する
⇨ **production** 名 製造，生産
⇨ **próduct** 名 製品(→1227)

produce cars
車を生産する

1231
invent
[ɪnvént] A2
動 …を発明する
⇨ **invention** 名 発明
⇨ **inventor** 名 発明者

invent computers
コンピューターを発明する

1232
develop
[dɪvéləp] アク A2
動 ①…を開発する
　　②…を発展[発達]させる
⇨ **development** 名 開発，発達

💡 develop は②の「…を発展[発達]させる」の意味にも注意。cf. developed

Our company depends more on **overseas trade** than domestic trade.
※ depend on ... …に頼る(→1586)

私たちの会社は国内の取引よりも**海外貿易**に頼っている。

---

international students が使用される。また trade は，「取引，貿易」の意味では数えられない名詞なので a trade や trades としないよう注意。

The **oil industry** is very important in the Middle East.　※ the Middle East 中東

石油産業は中東ではたいへん重要だ。

□ the IT [Information Technology] industry 「IT (情報技術) 産業」

Dairy products are now more expensive than before.

現在，**乳製品**は以前よりも値段が高い。

Peter Rabbit was **created** over 100 years ago.

ピーターラビットは100年以上前に**生み出された**。

Gaudi **designed** many famous buildings in Spain.　※ Gaudi ガウディ (スペインの建築家)

ガウディはスペインでたくさんの有名な建物を**設計した**。

Our new factory **produces** many more cars than the old one.

私たちの新しい工場は古い工場よりさらに多くの車を**生産している**。

Who **invented** computers?

誰がコンピューターを**発明した**のですか。

Engineers are always **developing** new products.

技術者たちは常に新しい製品を**開発している**。

「発展した」(→1408)

▶ コロケーションで覚える⑭

1233 ☐	**wheat** [(h)wi:t]　B2	名 小麦 ⃗ **grain** 名 穀物	**wheat fields** <u>小麦畑</u>
1234 ☐	**field** [fi:ld]　A1	名 ①畑，野原 ②分野	
1235 ☐	**sow** [sou] ⃗ sow-sowed-sown	動 (種)をまく	**sow seeds** <u>種をまく</u>
1236 ☐	**seed** [si:d]　A2	名 種	

A2 💡 seed は小さなものだけを意味する。桃のように大きな種は stone と言う。

1237 ☐	**harvest** [há:rvɪst]	動 …を収穫する 名 収穫	**harvest crops** <u>作物を収穫する</u>
1238 ☐	**crop** [krɑ(:)p]　B1	名 農産物，作物	

B1 💡 harvest は大規模に行う収穫を意味するので，家庭菜園(vegetable garden)

1239 ☐	**financial** [fənǽnʃ(ə)l] アク　B1	形 財政上の，資金の ⇨ **fínance** 名 財政	**financial support** <u>資金援助</u>
1240 ☐	**support** [səpɔ́:rt]　A2	名 支持，援助 動 …を支持する・支援する	

▶ 同じジャンルで覚える⑬　さまざまな「客」

1241 ☐	**passenger** [pǽsɪn(d)ʒər]　A2	名 (乗り物の)乗客	**passengers** on the plane <u>飛行機の乗客</u>
1242 ☐	**customer** [kʌ́stəmər]　A2	名 (店や企業の)客，顧客	**customers** in the store <u>店の客</u>
1243 ☐	**guest** [gest]　A1	名 (ホテルの)宿泊客， (パーティーなどの)招待客	hotel **guests** <u>ホテルの宿泊客</u>
1244 ☐	**client** [klá(ɪ)ənt]　B2	名 (サービス業の)取引先， (弁護士などの)依頼人	have **clients** abroad <u>海外に取引先</u>がいる

You can see lots of **wheat** **fields** in the State of Kansas.

カンザス州ではたくさんの**小麦畑**が見られます。

Rice **seeds** are usually **sown** in April in Japan.

日本では普通，米の**種**は4月に**まかれます**。

また木の実は nut と言う。

Potato **crops** are **harvested** between July and October in Hokkaido.

北海道では，ジャガイモの**作物は**7月から10月の間に**収穫される**。

などで育った野菜を収穫する場合には使えない（pick を使う）。

He needs **financial** **support** to start his new business.

彼は新しいビジネスを始めるのに**資金援助**を必要としている。

There are so many **passengers** on this plane. It is almost full.

この飛行機には非常にたくさんの**乗客**がいる。ほとんど満員だ。

There are always lots of **customers** in this store.

この店にはいつもたくさんの**客**がいる。

The swimming pool is only for hotel **guests**.

水泳プールが利用できるのはホテルの**宿泊客**のみです。

Our company has many **clients** abroad.

私の会社は海外に多くの**取引先**がいる。

STAGE 2

同じジャンルで覚える⑭　政治に関する語

1245	politics [pá(ː)lətiks] **アク** B1	名 政治 ⇨ **political** 形 政治の ⇨ **politician** 名 政治家	learn about **politics** 政治について学ぶ
1246	policy [pá(ː)ləsi] B1	名 政策	foreign **policies** 外交政策
1247	election [ɪlékʃ(ə)n] B1	名 選挙 ⇨ **elect** 動 …を(投票で)選ぶ(→205)	an **election** to choose A Aを選ぶ選挙
1248	vote [voʊt] B1	動 (Aに)投票する(for A)	**vote** in elections 選挙で投票する
1249	candidate [kǽndɪdèɪt] B2	名 候補者	**candidates** in the election 選挙の候補者
1250	party [pάːrti] A1	名 ①(政)党　②パーティー	political **parties** 政党
1251	government [gʌ́vərnmənt] A2	名 政府 ⇨ **govern** 動 …を統治する	the Japanese **government** 日本政府
1252	democracy [dɪmά(ː)krəsi] **アク** B1	名 民主主義, 民主主義国 ⇨ **democratic** 形 民主主義の	Japan is a **democracy** 日本は民主主義国だ
1253	nation [néɪʃ(ə)n] A2	名 国家, 国民 ⇨ **national** 形 国家の, 全国的な ⇨ **nationality** 名 国籍	**nations** in the EU EUの国家

同じジャンルで覚える⑮　お金に関する語

1254	earn [əːrn] A2	動 (金・報酬)を稼ぐ ⇨ **earnings** 名 稼ぎ, 収入	**earn** 50,000 yen 5万円を稼ぐ
1255	donate [dóʊneɪt] B2	動 (物・金など)を寄付する ⇨ **donation** 名 寄付 ⇨ **donor** 名 寄付者, (臓器の)提供者	**donate** 10,000 yen 1万円を寄付する
1256	wage [weɪdʒ] B2	名 賃金, 給料 ※肉体労働に対する時間給	spend *one's* **wages** 賃金を使う
1257	salary [sǽl(ə)ri] B2	名 賃金, 給料 ※会社員・専門職などに対する月給	*one's* first **salary** 初任給

I think high school students should <u>learn</u> more <u>about</u> **politics**.	私は高校生はもっと**政治**について学ぶべきだと思う。
The <u>foreign</u> **policies** of the country have recently changed.	その国の**外交政策**は最近変化した。
There is <u>an</u> **election** <u>to</u> <u>choose</u> a new mayor next month.　※mayor 市[町]・村]長	来月新しい市長を選ぶ**選挙**がある。
People who are 18 and 19 years old can now **vote** <u>in</u> elections in Japan.	日本では現在, 18歳と19歳の人たちは選挙で**投票する**ことができます。
There are more **candidates** <u>in</u> <u>the</u> <u>election</u> this time.	今回の選挙ではより多くの**候補者**がいます。
How many political **parties** are there in Japan?	日本にはいくつの**政党**がありますか。
<u>The</u> Japanese **government** should give more support to poor countries.	**日本政府**は貧しい国々をもっと支援すべきだ。
<u>Japan</u> <u>is</u> <u>a</u> **democracy**, where people can vote to choose their leaders.	**日本は民主主義国**で, 人々は指導者を選ぶために投票ができる。
How many **nations** are there <u>in</u> <u>the</u> <u>EU</u>?	EU にはいくつ**国家**がありますか。

My brother is working part-time and **earns** 50,000 <u>yen</u> a month.	私の兄はアルバイトをしていて1カ月に5万円を**稼ぎます**。
Our class **donated** 10,000 <u>yen</u> for food for African children.	私たちのクラスはアフリカの子どもたちの食料のために1万円を**寄付した**。
I <u>spend</u> most of <u>my</u> **wages** each month.	私は毎月**賃金**のほとんどを使います。
<u>My</u> sister's first **salary** was 180,000 yen.	私の姉の**初任給**は18万円でした。

前置詞で始まる表現

1258 □	**above all**	とりわけ

1259 □	**after all**	①結局，やはり　②何しろ…だから

1260 □	**at least**	少なくとも ⊗ **at most** 多くとも，せいぜい

1261 □	**at *one's* best**	最高の状態で，(花や紅葉などが)真っ盛りで・見ごろで

1262 □	**by chance**	偶然に ⊗ **on purpose** わざと，故意に (→1269)

1263 □	**by mistake**	間違って　⊗ **on purpose** わざと，故意に (→1269) ⇨ **mistake** 图 誤り

1264 □	**by the way**	ところで，そういえば

1265 □	**for free**	無料で　⊚ **for nothing** ⇨ **free** 厖 ①無料の　②自由な

1266 □	**in turn**	順番に ⇨ **turn** 图 回転，方向転換　動 向きを変える(→147)

1267 □	**in contrast (to** A)	(Aとは)対照的に　※ in の代わりに by も可 ⇨ **contrast** 图 対照，対比

1268 □	**in particular**	特に，とりわけ　⊚ **particularly** ⇨ **particular** 厖 特定の，特別な

1269 □	**on purpose**	わざと，故意に　⊗ **by mistake** 間違って (→1263) ⊗ **by chance** 偶然に (→1262) ⇨ **purpose** 图 目的 (→780)

1270 □	**on the whole**	【文修飾】概して，全体として ⊛ **as a whole** 【图の後で】全体としての

Shinkansen trains are clean and fast, and **above all**, they are safe.	新幹線はきれいで速い，そして**とりわけ**，安全だ。
I decided to buy the car, **after all**.	**結局**，その車を買うことにした。
It's not very warm, but **at least** it's not raining.	あまり暖かくはないけど，**少なくとも**雨は降っていない。
When I went to Tokyo last week, the cherry blossoms were **at their best**.	私が先週東京に行ったとき，桜の花が**見ごろ**でしたよ。
Maria met her future husband **by chance** while she was traveling abroad.	マリアは海外旅行中に，**偶然**彼女の未来の夫に出会った。
I took the wrong train **by mistake**.	私は**間違って**違う電車に乗ってしまった。
Let's discuss our presentation tomorrow. **By the way**, did you hear about Jacob?	明日私たちのプレゼンについて話しましょう。**ところで**，ジェイコブのこと，聞いた？
If you buy two, you can get one **for free**.	2つ買えば，**無料で**もう1つもらえます。
Each student **in turn** will give a short presentation about Japanese culture.	生徒はそれぞれ**順番に**，日本文化について短いプレゼンをします。
In contrast to the hot summer in Japan, it is very cool in summer in Britain.	日本の暑い夏**とは対照的に**，イギリスでは夏はとても涼しい。
Our ALT says that he likes Japanese food, **in particular** sushi and tempura.	私たちのALTは，和食，**特に**すしとテンプラが好きだと言っている。
Ben didn't break the window **on purpose**. It was an accident.	ベンは**故意に**窓を割ったのではない。事故だったのだ。
On the whole, the exam results are better than last year.	**全体として**，試験結果は昨年よりもよい。

STAGE 2

接続詞の働きをする語句

1271
☐ **as soon as** S + V
S が〜するとすぐに
㋺ **as soon as possible** できるだけ早く

1272
☐ **every time** S + V
S が〜するたびに
㋺ **each time** S+V

1273
☐ **the first time** S + V
初めて S が〜するときには

> 引き出し ☐ **the next time** S+V 「次に…するときには」

1274
☐ **by the time** S + V
S が〜するまでには

1275
☐ **even if** S + V
たとえ S が〜したとしても
㋺ **even though ...** たとえ…ではあっても

> 💡 even if ... はこれから先に起こりうること，可能性の低いこと

1276
☐ **in case** S + V
S が〜するといけないから，S が〜する場合に備えて
⇨ **case** 图 ①場合 ②事件，事例

1277
☐ **as long as** S + V
〈条件〉S が〜する限り
㋺ **as far as** S+V 〈程度・範囲〉S が〜する限り [範囲] では

> 引き出し ☐ **as far as I know** 「私が知る限り」

「…自身 [自体]」に関する表現

1278
☐ **by** *oneself*
1 人だけで，自分(たち)だけで
※ by ourselves[themselves] のように複数の場合にも用いられる

1279
☐ **for** *oneself*
①(自分のために)独力で　②自分(たち)のために
※ for ourselves[themselves] のように複数の場合にも用いられる

1280
☐ **in** *oneself*
それ自体は
※人には用いない。in itself, in themselves の形で使う

1281
☐ **on** *one's* **own**
1 人で，独力で
⇨ **own** 厖 自分自身の，独自の　動 …を所有している

It stopped raining **as soon as** I bought an umbrella.	私が傘を買ったら**すぐに**雨がやんだ。
Every time I go shopping, I take my own shopping bag with me.	私は買い物に行く**たびに**自分の買い物袋を持っていきます。
The first time I came to Japan, I couldn't speak Japanese at all.	**初めて**私が日本に来た**ときには**，日本語がまったく話せなかった。

□ the last time S+V「最後に…するときには」

| By the time we arrive at the hotel, it will be dark. | 私たちがホテルに到着する**までには**暗くなるだろう。 |
| Even if it rains tomorrow, we will go fishing. | 明日**たとえ**雨が降った**としても**，私たちは釣りに行きます。 |

についての仮定に用いるが，even though ... は事実を前提とした仮定に用いる。

| We should always be ready **in case** an earthquake occurs. | 地震が起きる**といけないから**，私たちはいつも準備しておくべきだ。 |
| As long as it doesn't snow, the flight won't be cancelled. | 雪が降らない**限り**，その航空便は欠航にはならないだろう。 |

During the spring vacation, Kana traveled in Europe **by herself**.	春休みにカナはヨーロッパを**1人だけ**で旅行した。
You should decide what to study at college **for yourself**.	君は大学で何を学ぶか**自分で**決めるべきだ。
Eating salt **in itself** is necessary, but too much salt is bad.	塩を取ること**それ自体は**必要ですが，たくさん取りすぎるのが悪いのです。
He crossed the Atlantic by yacht **on his own**.	彼は**単独で**大西洋をヨットで横断した。

〈動詞＋A＋前置詞＋B〉の形を取る表現 (1)

1282
☐ **treat** A **as** B
A を B として扱う
慣 **treat** A **to** B A(人)に B(食事)をおごる

1283
☐ **regard** A **as** B
A を B と見なす ※フォーマル
類 **think of** A **as** B A を B だと思う ※インフォーマル

💡 受動態の A is regarded as B「A は B と見なされている」の形でもよく用いる。

1284
☐ **compare** A **with** B
A と B を比べる ※ with の代わりに to も可
⇨ **comparison** 图 比較

1285
☐ **combine** A **with** B
A と B を組み合わせる・混ぜ合わせる
⇨ **combination** 图 組み合わせ

1286
☐ **provide** A **with** B
A に B を提供する ※フォーマル
慣 **provide** B **for[to]** A

💡 provide A with B はフォーマルな表現で，会話では give B to A などを使う。

1287
☐ **exchange** A **for** B
A を B と交換する・両替する

1288
☐ **substitute** A **for** B
A を B の代わりに使う

1289
☐ **praise** A **for** B
B のことで A をほめる
反 **scold** A **for** B B のことで A を叱る

現在分詞を用いた表現 (2)

1290
☐ **have trouble** *doing*
～するのに苦労する 同 **have difficulty** *doing*
類 **have trouble with** A A のことで苦労している

1291
☐ **spend** A *doing*
～して A (時間・労力など)を費やす

1292
☐ **be busy** *doing*
～するのに忙しい

We are now **treated as** adults at the age of 18 in Japan.	日本では今，18歳で成人**として扱われ**ます。
Some scientists **regard** Mars **as** a planet where people could live.	科学者の中には，火星**を**人が住める可能性のある惑星**だと見なす**人もいる。

Now please **compare** your answers **with** the model answers.	さあ，あなたの解答**と**模範解答**を比べてください**。
If you **combine** flour **with** water, you make glue.	小麦粉**と**水**を混ぜ合わせる**と，のりができます。
Computers **provide** doctors **with** information about patients now.	今ではコンピューターが医師**に**患者に関する情報**を提供する**。

STAGE 2

Could you **exchange** this dress **for** a larger size, please?	このドレス**を**大きいサイズ**と交換して**いただけますか？
More fast-food restaurants are **substituting** paper bags **for** plastic ones.	紙袋**を**ビニール袋**の代わりに使って**いるファストフード店が増えている。
My grandmother **praised** me **for** using the same school bag for many years.	祖母は私が長年同じ学生かばんを使っている**ことで私をほめてくれた**。

I **had trouble finding** a place to park near the theater.	私は劇場の近くに駐車スペースを**見つけるのに苦労した**。
I **spent** five hours **trying to solve** a math problem yesterday.	私は昨日数学の問題を**解こうとして**5時間**を費やした**。
Sarah **is** now **busy packing** for her trip to India.	セーラは今インド旅行のための**荷造りをするのに忙しい**。

e メールで使える表現

1293
(I) hope all is well with you.

お元気でお過ごしのことと思います。
※ I を取り Hope all is ... とするとインフォーマルになる

1294
Thank you for your reply.

お返事ありがとうございます。
※ reply の代わりに email も可
⇨ **reply** 图 返事 動 返事をする(→901)

1295
Please find the attached document.

添付の書類をご覧ください。
飯 **Attached is** A. Aを添付します。

1296
I would appreciate it if you could *do*

〜していただけるとありがたいのですが
※目的語として it が必要であることに注意
⇨ **appreciate** 動 …に感謝する(→854)

1297
Feel free to contact A

遠慮なくAまで連絡してください
飯 **Do not hesitate to contact** A

1298
(I) hope to hear from you.

お返事をお待ちしています。
※ I を取り Hope to ... とするとインフォーマルになる
飯 **I look forward to hearing from you.**

〈be+in+名詞〉の形を取る表現

1299
be in charge (of A)

(Aの)担当である
⇨ **charge** 图 ①料金 ②担当, 責任 動 …を請求する

1300
be in danger (of A)

(Aの)危険がある 飯 **dangerous** 形 危険な(→630)
⇨ **danger** 图 危険

1301
be in a hurry

急いでいる
⇨ **hurry** 图 急ぎ 動 急ぐ ※「急いで!」は Hurry up! と言う

1302
be in trouble

困った状態にある
⇨ **trouble** 图 困ること, 苦労

1303
be in time (for A)

(Aの)時間に間に合う
飯 **be on time (for** A) (Aの)時間ちょうどに着く

1304
be in the[*one's*] way

[…の]邪魔になって
飯 **on the[one's] way (to** A) (Aに行く)途中で

1305
be in the red

赤字である 反 **be in the black** 黒字である
※収支がマイナスのとき, 帳簿に赤字で記入したことによる

I haven't heard from you for a long time, but **I hope all is well with you**.	長らくお便りがありませんでしたが、**お元気でお過ごしのことと思います**。
Thank you for your quick **reply**.	さっそくの**お返事、ありがとうございます**。
Please find the attached document. It is my essay.	**添付の書類をご覧ください**。私の小論文です。
I would appreciate it if you could give me advice on my essay.	小論文について、アドバイスを**いただけるとありがたいのですが**。
If you have any questions, please **feel free to contact** me.	何かご質問がありましたら、どうぞ**遠慮なく私にご連絡ください**。
I hope to hear from you soon, by phone or email.	早急にお電話かメールにて、**お返事をお待ちしています**。
Mr. Ito **is in charge of** English for the first-year students.	伊藤先生は1年生の英語**の担当です**。
People who climb the Matterhorn **are in danger of** losing their lives.	マッターホルンを登る人は命を落とす**危険があります**。
May I ask you some questions? — I'm sorry. I**'m in a hurry**.	質問をしてもいいですか。— すみません。**急いでいるもので**。
I'll **be in trouble** if I'm late for school again.	もしまた学校に遅刻したら私は**困ったことになる**。
I always leave home at 7:30 to **be in time for** the train.	私は電車の時間に間に合うようにいつも家を7時30分に出ます。
Please move your bag. It**'s in the way**.	あなたのかばんを移動させてください。**邪魔になって**います。
The company **was in the red** last year.	その会社は昨年**赤字だった**。

STAGE 2

エッセイライティングで使える表現

1306
☐ It is true (that) ..., but ~
確かに…だが，〜である
㊣ although[though] ... …だが (→1094)

1307
☐ The point is (that) ...
肝心なことは…ということである
⇨ point 图 ①要点，論点 ②点数(→225) ③意味(→730)

1308
☐ in other words
言い換えれば，つまり

1309
☐ in the same way
同じように

1310
☐ in fact
実際に(は)
⇨ fact 图 事実(→1125)

1311
☐ in short
ひと言で言えば，要約すれば

1312
☐ for this reason
この理由により
※理由が複数なら for these reasons とする

1313
☐ on the other hand
その一方で

1314
☐ that is
すなわち(= that is to say)
㊣ in other words (→1308) / in short (→1311)

1315
☐ for example
たとえば ㊗ for instance
⇨ example 图 例

1316
☐ as a result
その結果(として)
⇨ result 图 結果 ㊣ outcome 图 (最終的な)結果

1317
☐ of course
もちろん

1318
☐ in conclusion
結論として，最後に
⇨ conclusion 图 結論(→1123)

💡 Unit 100ではそれぞれの例文をつないでひとつながりの文章

It is true that learning English is difficult, **but** it is very useful.	**確かに**英語を学ぶことは難しい**が**、それはとても役に立つ。
The point is (**that**) if we can speak English, we can communicate internationally.	**肝心なことは**、英語が話せると、国を超えてコミュニケーションが取れる**ということだ**。
In other words, we can make friends with people from all over the world.	**言い換えれば**、私たちは世界中の人たちと友達になれるのである。
In the same way, we can use English in our jobs.	**同じように**、私たちは英語を仕事でも利用できる。
In fact, some companies in Japan use only English for business.	**実際に**、日本の企業の中には仕事で英語しか使わないところもある。
In short, communicating in English is very important in the 21st century.	**ひと言で言えば**、21世紀においては英語でのコミュニケーションがとても重要である。
For this reason, I want to study English at university.	**この理由により**、私は大学で英語を勉強したいと思っている。
On the other hand, some people think learning other languages is more useful.	**その一方で**、他の言語を学ぶことの方がもっと役に立つと考える人もいる。
That is, they think communication with Asian nations is more important.	**すなわち**、彼らはアジアの国々とのコミュニケーションがより重要だと考えているのだ。
For example, today we have many chances to meet tourists from China.	**たとえば**、今では中国からの観光客と出会う機会が多くなった。
As a result, some schools are now teaching Chinese.	**その結果として**、今中国語を教えている学校もある。
Of course, it takes effort to learn any language, but it's an important skill.	**もちろん**、どんな外国語でも学ぶには努力が必要だが、それは重要なスキルだ。
In conclusion, students should learn different foreign languages.	**結論として**、学生はさまざまな外国語を学ぶべきである。

STAGE 2

にしているので、各表現が全体の中でどのように機能しているのかも確認しておこう。

和製英語に注意しよう！

　私たちの日常生活では多くの英単語が日本語の一部として使われています。ところがその中には，本来の英語の意味とは異なり，ネイティブスピーカーの人たちが理解できない，または誤解してしまうような語もあります。ここではその中の一部を紹介します。

① 【コンセント】
　電気コードの差込口を日本語でこのように言いますが，英語ではこのようには言いません。日本語の「コンセント」はアメリカでは outlet，イギリスでは socket などと言います。英語にも consent という単語がありますが，これは「同意」の意味です。

② 【ホッチキス・セロテープ】
　日本で「ホッチキス」と呼んでいる文房具は，英語では stapler と言います。アメリカから初めて輸入した stapler が，「ホッチキス社」のものであったことから，このように呼ばれるようになったそうです。「セロテープ」にも注意が必要です。アメリカでは Scotch tape と言うので「セロテープ」は和製英語だと思われがちですが，イギリスなどでは Sellotape と言います。

③ 【ミシン】
　「ミシン」は英語では sewing machine と言いますが，この machine が「ミシン」と聞えたことからそのように呼ばれるようになったようです。

④ 【アップを含む表現】
　アップを使った表現，たとえば「レベルアップ」「キャリアアップ」などは日本ではよく使われますが，いずれも英語としては通じません。ただし speed up「スピードを上げる」は正しい英語表現です。

⑤ 【アルバイト】
　この語はドイツ語の arbeit「仕事」が日本語になったもので，英語では part-time job と言います。カタカナで書く外来語の中には英語以外の言語に由来するものも多く見られますが，それらを英語として用いても通じないので注意が必要です。

　これらは和製英語のほんの一部です。日本では外国語の単語を本来の意味とは異なる意味で用いたり，複数の外来語を組み合わせて新しいカタカナ語を生み出したりすることが多いですが，このような語の多くは英語では通じません。ですから和製英語に対しては正しい知識を持つことが大切です。

STAGE

3

[Passive]

STAGE 3では，まずは日本語の意味をしっかりと覚えてほしい英単語・熟語を中心に集めました。つまり，ReadingやListeningで出会った際に，その意味を確実に取れるようにしておきたい語句です。STAGE 2までの語彙に比べて難度が上がりますので，まずは「意味」をしっかりと押さえ，それができたら「つづり」や「発音」をマスターする，という方針がよいでしょう。

同じジャンルで覚える⑦⑥ 地形に関する語

1319 continent
[ká(:)nt(ə)nənt] A2
名 大陸
関 land 名 ①陸 ②土地
the smallest **continent**
最も小さい大陸

1320 ocean
[óuʃ(ə)n] 発音 B1
名 海，大洋
the Pacific **Ocean**
太平洋

1321 coast
[koust] 発音 A2
名 海岸
⇨ coastal 形 沿岸の
the west **coast**
西海岸

1322 island
[áilənd] 発音 A1
名 島
※ island と s が入ることに注意
an **island** in the lake
湖の中の島

1323 desert
[dézərt] アク A2
名 砂漠 動 …を見捨てる (→1662)
関 dessért 名 デザート (→389)
the largest **desert**
最も大きな砂漠

1324 valley
[væli] A2
名 谷
a **valley** between the mountains 山あいの谷

1325 path
[pæθ] A2
名 (小)道
関 track 名 小道 動 …を追跡する
a **path** by the river
川のそばの小道

1326 stream
[stri:m] B1
名 小川
関 river 川
a narrow **stream**
幅の狭い小川

コロケーションで覚える⑮

1327 blossom
[blá(:)s(ə)m] B2
名 (木に咲く)花
動 開花する
blossoms bloom
花が咲く

1328 bloom
[blu:m]
動 咲く
名 花，花盛り

💡 blossoms は木に咲く花で，草花は flowers。

1329 autumn
[ɔ́:təm] A1
名 秋
〈米〉fall
autumn leaves
紅葉

1330 leaf
[li:f] A1
名 葉 複 leaves

💡 autumn は主に〈英〉で用いる。〈米〉では一般的に fall を用いる。

Which is <u>the</u> smallest **continent** in the world?	世界で<u>最も小さい</u>**大陸**はどれですか。
We flew over <u>the</u> Pacific **Ocean** when we went to Mexico.	私たちはメキシコへ行ったときに**太平洋**の上を飛んだ。
Vancouver is on <u>the</u> west **coast** of Canada.	バンクーバーはカナダの<u>西</u>**海岸**にある。
There is <u>an</u> **island** <u>in the</u> lake.	その湖の中に**島**がある。
What is <u>the</u> largest **desert** in the world?	世界で<u>最も大きな</u>**砂漠**は何ですか。
The road was built in <u>the</u> **valley** <u>between the</u> mountains.	その道路は<u>山あいの</u>**谷**に造られた。
We walked along <u>a</u> **path** <u>by the</u> river.	私たちは<u>川のそばの</u>**小道**に沿って歩いた。
<u>A</u> <u>narrow</u> **stream** runs beside my house.	<u>幅の狭い</u>**小川**が私の家のそばを流れている。
Cherry **blossoms** **bloom** in early May in Hokkaido.	北海道では5月上旬に桜の**花が咲きます**。
I went to Kyoto to see the **autumn leaves** last week.	私は先週京都に**紅葉**を見に行きました。

STAGE 3

ただし，fall には「落ちる」の意味もあるため，autumn も使用される。

同じジャンルで覚える⑦ 自然災害に関する語

1331
landslide
[lǽndslàɪd] B2
名 土砂崩れ

be cut off by a **landslide**
土砂崩れによって寸断される

1332
flood
[flʌd] A2
名 洪水

a serious **flood**
深刻な洪水

1333
volcano
[vɑ(:)lkéɪnoʊ]

名 火山

volcanoes in Japan
日本の火山

B1 💡 活火山は an active volcano, 死火山は a dead[extinct] volcano と言う。

1334
storm
[stɔːrm]
名 嵐
⇨ **stormy** 形 嵐の，暴風雨の

a bad **storm**
ひどい嵐

A2 💡 storm は，激しい雨に加えて，thunder「雷(の音)」と lightning「稲光」が

1335
typhoon
[taɪfúːn]
名 台風

a **typhoon** hits Japan
台風が日本を襲う

💡 大型の熱帯低気圧は地域によって呼び名が違い，太平洋北西部では typhoon 「台風」，西インド諸島では hurricane 「ハリケーン」，インド洋では cyclone

コロケーションで覚える⑯

1336
natural
[nǽtʃ(ə)r(ə)l] A2
形 自然の，当然の
⇨ **nature** 名 自然
⇨ **naturally** 副 ①【文修飾】当然 ②自然に

a **natural disaster**
自然災害

1337
disaster
[dɪzǽstər] B1
名 災害

1338
earthquake
[ɔ́ːrθkwèɪk] A2
名 地震

an **earthquake occurs**
地震が発生する

1339
occur
[əkɔ́ːr] アク
動 発生する，起こる
類 **happen** 起こる(→904)

B1 💡 くだけた会話では occur の代わりに happen を用いることが多い。

1340
potential
[pəténʃ(ə)l] B2
形 可能性のある 名 可能性
⇨ **potentially** 副 潜在的に

a **potential risk**
起こりうる危険

1341
risk
[rɪsk] B1
名 危険(性)
動 …を危険にさらす

The village <u>was</u> <u>cut</u> <u>off</u> <u>by</u> <u>a</u> **landslide**.	その村は**土砂崩れ**によって寸断された。
Several bridges were washed away in <u>the</u> <u>serious</u> **flood**.	いくつかの橋が深刻な**洪水**で流された。
There are many **volcanoes** <u>in</u> Japan.	日本にはたくさんの**火山**がある。
I woke up in the night because there was <u>a</u> <u>bad</u> **storm**.	ひどい**嵐**だったので，私は夜中に目を覚ました。

加わった状態を意味することが多い。

The fourth **typhoon** of the year may <u>hit</u> Japan tomorrow.	明日今年 4 番目の**台風**が日本を襲うかもしれない。

「サイクロン」と呼ぶ。また「竜巻」は tornado と言う。

There are many different types of **natural** **disasters** in Japan.	日本には多種多様な**自然災害**がある。
Earthquakes <u>occur</u> quite often in Japan.	日本ではかなりの頻度で**地震が発生する**。
We must be prepared for **potential** **risks**, such as earthquakes.	私たちは地震のような**起こりうる危険**に備えなければならない。

STAGE 3

同じジャンルで覚える⑦⑧ 生き物に関する語

1342
creature
[krí:tʃər] 発音

名 生き物
⇨ **create** 動 …を創造する・生み出す(→1228)

a sea **creature**
海の生き物

A2 💡 creature はもともと「神が創った創造物」の意味。

1343
human
[hjú:mən]

形 人間の
A2 名 人間(= human being)

human brain
人間の脳

1344
male
[meɪl]

形 男性の, 雄の 名 男性, 雄
B1 🔊 mail [同音] 郵便物(→847)

a **male** bird
雄の鳥

1345
female
[fí:meɪl]

形 女性の, 雌の
名 女性, 雌

female politicians
女性の政治家

A2 💡 male, female とも, 人間にもその他の生物にも用いられる。人の場合,

似ていて紛らわしい語をセットで覚える㉑ 〈意味が似ている〉

1346
number
[nʌ́mbər]

名 数, 数字
A1 熟 **a large number of** A (→1571)

the **number** of tourists
観光客の数

1347
amount
[əmáunt]

名 ①量 ②[the -]総額
熟 **a large amount of** A (→1572)

the **amount** of rain
雨の量

B1 💡 number は ⃝C (数えられる名詞)に対して用いるが, amount は ⃝U (数えられ

1348
garbage
[gáːrbɪdʒ] 発音

名 (生ごみなどの)ごみ
A1 〈英〉rubbish

collect **garbage**
ごみを回収する

1349
trash
[træʃ]

名 (紙くずなどの)ごみ
〈英〉rubbish

a **trash** can
ごみ箱

B1 💡 garbage, trash, rubbish とも, 集合名詞で数えられない。

1350
reduce
[rɪdjúːs]

動 …を減らす
B1 ⇨ **reduction** 名 減少, 削減

reduce the amount
量を減らす

1351
reuse
[rìːjúːz]

動 …を再利用する
※ re (再び)+use (使う)
⇨ **reusable** 形 再利用できる

reuse shopping bags
レジ袋を再利用する

1352
recycle
[rìːsáɪk(ə)l]

動 …をリサイクルする
※ re (再び)+cycle (循環させる)

recycle bottles
ボトルをリサイクルする

A2 💡 これら3つの頭文字を取って「3R」と呼ばれる。なお reuse がそのままの形

We have found that plastic is harmful even to <u>sea</u> **creatures**.	プラスチックは海の**生き物**にとっても有害であることがわかった。

The **human** brain weighs about 1,300 grams.	**人間の**脳はおよそ1300グラムの重さがある。

Male <u>birds</u> often have beautiful feathers. ※ feather 羽	**雄の**鳥はきれいな羽を持っていることが多い。

Japan does not have many **female** <u>politicians</u>.	日本では**女性の**政治家は多くない。

たとえば「女性の先生」は○ a female teacher と言い × a woman teacher とは言わない。

The **number** of foreign <u>tourists</u> sharply decreased in 2020.	海外からの観光客の**数**は，2020年に急激に減った。
The **amount** of rain this month was ten times more than usual.	今月の雨の**量**はいつもの10倍だった。

ない名詞)に対して用いるのが基本。

Garbage <u>is</u> <u>collected</u> twice a week here.	ここでは週に2回**ごみ**が回収されます。
Please put this in <u>the</u> **trash** <u>can</u>.	これを**ごみ箱**に入れてください。

We must **reduce** <u>the</u> <u>amount</u> of paper we use in schools.	私たちは学校で使う紙の**量を減らさ**なくてはならない。
I always try to **reuse** <u>shopping</u> <u>bags</u>.	私はいつもレジ袋を**再利用する**ように努めています。
Most plastic <u>bottles</u> can now <u>be</u> **recycled**.	今ではほとんどのプラスチックボトルが**リサイクル**できる。

で繰り返して使用することを意味するのに対して，recycle は形を変えて再生することを意味する。

コロケーションで覚える⑰

1353 tropical
[trɑ́(:)pɪk(ə)l] B1

形 熱帯の

a tropical climate
熱帯気候

1354 climate
[kláɪmət] 発音

名 気候 ※具体的な「気候」は数えられる
愚 weather 图 天気，天候(→255)

B1 引き出し □ a cold[hot/mild] climate 「寒い[暑い／温暖な]気候」

1355 global
[glóub(ə)l] B1

形 地球全体の
愚 worldwide 世界的な
⇨ globe 图 地球(儀)，世界(→961)

global warming
地球温暖化

1356 warming
[wɔ́ːrmɪŋ]

名 温暖化
⇨ warm 形 暖かい 動 …を暖める

💡 地球温暖化に関する他の語，表現は Unit 127 を参照。

1357 solar
[sóulər] B2

形 太陽の
愚 sun 图 太陽

solar energy
太陽エネルギー

1358 energy
[énərdʒi] 発音

名 エネルギー，活力

B2 引き出し □ the solar system 「太陽系」

1359 protect
[prətékt] B1

動 …を保護する
⇨ protection 图 保護

protect the environment
環境を保護する

1360 environment
[ɪnvái(ə)r(ə)nmənt] アク B2

名 【the -】(自然)環境
愚 surroundings 環境
⇨ environméntal 形 環境の

引き出し □ environmental problems[issues] 「環境問題」

1361 waste
[weɪst] B1

動 …を無駄にする 名 無駄
反 save …を節約する(→474)

waste electricity
電気を無駄にする

1362 electricity
[ɪlèktrísəti] B1

名 電気
⇨ eléctric 形 電気の，電動の
愚 electronic 形 電子工学の

Malaysia has a **tropical** **climate** and is always hot and wet.

マレーシアは**熱帯気候**で, いつも暑く雨が多い。

Global **warming** is a serious problem.

地球温暖化は深刻な問題だ。

Solar **energy** can be used to heat homes.

太陽エネルギーは家を暖房するのに使用できる。

☐ nuclear energy 「原子力エネルギー」

What can we do to **protect** the **environment**?

環境を保護するために私たちに何ができるだろうか。

Turn off the lights. Do not **waste** **electricity**.

明かりを消しなさい。**電気を無駄にして**はいけない。

STAGE 3

似ていて紛らわしい語をセットで覚える㉒ 〈意味が似ている〉

| 1363 **star** [stɑːr] A1 | 名 星，恒星 | the brightest **star** 最も明るい恒星 |
| 1364 **planet** [plǽnɪt] A2 | 名 惑星 | life on other **planets** 他の惑星の生命 |

一般的に「星」は star で表すが，特に「惑星」について言う場合は planet を用いる。

| 1365 **woods** [wʊdz] 発音 | 名 森，林 ⇨ **wood** 图 木材(→ 488) | through the **woods** 森の中を通って |
| 1366 **forest** [fɔ́ːrəst] A2 | 名 森林 | protect **forests** 森林を保護する |

forest は woods より大きなものを指す。

| 1367 **plant** [plænt] A2 | 名 ①植物 ②工場 動 …を植える ⑲ **animal** 图 動物 | **plants** and animals 動植物 |

日本語では「動植物」と言うが英語では plants and animals の順で用いる。

| 1368 **grass** [græs] A1 | 名 草，芝生 | grow **grass** 芝生を育てる |

文法・語法との関連で覚える㉘ 2つの異なる意味に注意すべき語(1)

1369 **drive** [draɪv] ⑲ drive-drove-driven A2	動 ① (車)を運転する ② (人)を駆り立てる・追いやる	**drive** her to steal 彼女を盗みに駆り立てる
1370 **run** [rʌn] ⑲ run-ran-run A1	動 ① 走る(→130) ② …を経営する	**run** a company 会社を経営する
1371 **store** [stɔːr]	A1 名 店 〈英〉**shop**(→503) B2 動 …を蓄える，…を保存する ⇨ **storage** 图 保管，保存	**store** food and water 食料と水を蓄える
1372 **bear** [beər] A2	動 ①【be born】生まれる(→1045) ②…に耐える ⑲ -bore-borne	can't **bear** *doing* ～することに耐えられない
1373 **found** [faʊnd] B2	動 ① find(→93)の過去・過去分詞形 ②…を設立する ⇨ **foundation** 图 土台，基礎	the university was **founded** その大学は設立された

Sirius is <u>the</u> <u>brightest</u> **star**.	シリウスは<u>最も明るい</u>**恒星**だ。
Do you think there is <u>life</u> <u>on</u> <u>other</u> **planets**?	他の**惑星**に<u>生命</u>はあると思いますか。
The stream goes <u>through</u> <u>the</u> **woods** to a big river.	その小川は**森の中を通って**大きな川へと流れ込んでいる。
We need to <u>protect</u> **forests** and stop global warming.	私たちは**森林を保護**し，地球温暖化を食い止める必要がある。
Australia has many unusual **plants** <u>and</u> <u>animals</u>.	オーストラリアには多くのめずらしい**動植物**が生息している。
We should <u>grow</u> **grass** on the roofs of buildings.	私たちは建物の屋根の上で**芝生を育てる**べきだ。
It is not clear what **drove** <u>her</u> <u>to</u> <u>steal</u>.	何が**彼女を盗みに駆り立てた**のか明らかになっていない。
My uncle **runs** a small publishing <u>company</u> in Tokyo.	私のおじは，東京で小さな出版**社を経営している**。
Some people **store** <u>food</u> <u>and</u> <u>water</u> in case of an earthquake.	地震に備えて**食料と水を蓄える**人もいる。
I <u>can't</u> **bear** <u>listening</u> to her practicing the violin.	彼女がバイオリンの練習をしているのを**聞くのは耐え**られない。
<u>The</u> oldest <u>university</u> in the world <u>was</u> **founded** in 1088 in Italy.	世界最古の<u>大学</u>は，1088年にイタリアで**設立された**。

同じジャンルで覚える⑦⑨ 人の特徴を表す形容詞

1374
☐ **modest**
[má(:)dəst] B2
形 謙虚な
⇨ **modesty** 图 謙虚さ

excellent but **modest**
優秀だが謙虚な

1375
☐ **generous**
[dʒén(ə)rəs] B1
形 気前のよい，寛大な

a **generous** gift
気前のよい贈り物

1376
☐ **gentle**
[dʒént(ə)l] A2
形 優しい，穏やかな

be **gentle** with A
Aに優しくする

1377
☐ **curious**
[kjúəriəs] B1
形 好奇心が強い
⇨ **curiósity** 图 好奇心

be **curious** about A
Aに対して好奇心が強い

1378
☐ **cruel**
[krú(:)əl] B1
形 残酷な

be **cruel** to A
Aに対して残酷だ

同じジャンルで覚える⑧⑩ 人や物事の状態を表す形容詞

1379
☐ **ideal**
[aɪdí:(ə)l] アク A1
形 理想的な

my **ideal** husband
私の理想の夫

1380
☐ **appropriate**
[əpróupriət] アク A2
形 適切な

appropriate words
適切な単語

1381
☐ **fair**
[feər] A1
形 公平な，正しい
⑭ **fare** [同音] 图 料金(→1438)
⇨ **fairly** 副 ①まあまあ，かなり ②公平に

it is **fair** to *do*
〜するのは公平だ

1382
☐ **classical**
[klǽsɪk(ə)l] B1
形 古典的な，クラシックの
⑱ **classic** ①一流の ②典型的な

classical music
※× classic music としない
クラシック音楽

1383
☐ **accurate**
[ǽkjərət] アク B1
形 正確な，的確な
⑱ **precise** 正確な，精密な

my watch is **accurate**
私の時計は正確だ

1384
☐ **ordinary**
[ɔ́:rd(ə)nèri] B1
形 普通の，ありふれた
⑱ **normal** 普通の，正常な(→932)

an **ordinary** day
ありふれた一日

1385
☐ **dull**
[dʌl] B1
形 ①退屈な ②くすんだ，鈍い
⑱ **boring** 退屈な(→316)

a **dull** movie
退屈な映画

1386
☐ **severe**
[sɪvíər] アク B1
形 ①厳しい，ひどい ②深刻な

a **severe** winter
厳しい冬

Yuki is an excellent but **modest** student.	由紀は優秀でありながら**謙虚な**生徒です。
My uncle gave me a **generous** gift at New Year's.	私のおじはお正月に**気前のよい**贈り物をくれました。
Always be **gentle** with babies.	赤ちゃんにはいつも**優しく**しなさい。
Young children are **curious** about everything.	小さな子どもはあらゆるものごとに対して**好奇心が強い**。
Cinderella's stepmother was **cruel** to her, and made her work hard.　※ stepmother まま母	シンデレラのまま母は彼女に対して**残酷で**，彼女をこき使いました。
My **ideal** husband would be kind, handsome, and rich!	私の**理想の**夫は，優しくてハンサムで，お金持ちです！
Fill in the blanks with **appropriate** words.	**適切な**単語を使って空所を埋めなさい。
It is not **fair** to punish everyone because of one person's mistake.	1人のミスのために全員を罰するのは**公平**じゃない。
My favorite piece of **classical** music is Ravel's "Boléro."	私の大好きな**クラシック**音楽は，ラベルの「ボレロ」です。
My watch is very **accurate**. It never loses a minute.	私の時計はとても**正確だ**。決して遅れない。
It was just an **ordinary** day. Nothing special happened.	それはただの**ありふれた**一日だった。何も特別なことは起こらなかった。
I think this is a **dull** movie.	私はこれは**退屈な**映画だと思う。
Last year we had a **severe** winter. It was often minus 10 degrees.	昨年は**厳しい**冬だった。しばしばマイナス10度にもなった。

STAGE 3

311

似ていて紛らわしい語をセットで覚える㉓　〈意味が似ている〉

1387
□ **personal**
[pə́ːrs(ə)n(ə)l]　A1

形 個人的な
㊥ **private** 私的な，個人的な（→923）

a **personal** question
個人的な質問

1388
□ **individual**
[ìndivídʒu(ə)l]　アク

形 個々の，一人ひとり[一つひとつ]の
名 個人

individual attention
一人ひとりへの気配り

B1 💡 personal は private の類義語で，「公的」なものに対する「個人」に焦点が

1389
□ **empty**
[ém(p)ti]　A2

形 空の
動 …を空にする

the box is **empty**
箱は空っぽだ

1390
□ **blank**
[blæŋk]　A1

形 空白の，白紙の
名 空欄

a **blank** sheet of paper
1枚の白紙の紙

1391
□ **vacant**
[véik(ə)nt]

形 空室[空席]の，空いている
⇨ **vacancy** 名 空室，空席

vacant seats
空席

B2 💡 empty は「（部屋や容器などに）人や物がないこと」，blank は「（紙や欄などが）何も書かれていないこと」，vacant は「現在使用されておらず利用可能で

1392
□ **significant**
[sɪgnífɪk(ə)nt]　アク　A2

形 ①重要な，重大な
　②（数・量が）かなりの，相当な
⇨ **significance** 名 重要性

play **significant** roles
重要な役割を果たす

1393
□ **primary**
[práɪmèri]

形 第一の，最も重要な

the **primary** purpose
第一の目的

B2 💡 significant は important のフォーマルな語と考えておいてよい。primary は「第一の」が基本義で，ここから「最も重要な（= most important）」の

スペリングに注目して覚える⑪　名詞にする -th で終わる語

1394
□ **length**
[leŋ(k)θ]　発音　B1

名 長さ
⇨ **long** 形 長い（→545）

... meters in **length**
長さ…メートル

1395
□ **strength**
[streŋ(k)θ]　発音　A2

名 力，強さ
⇨ **strong** 形 強い（→302）
⇨ **strengthen** 動 …を強くする

muscle **strength**
筋力

1396
□ **depth**
[depθ]

名 深さ
⇨ **deep** 形 深い

the **depth** of A
Aの深さ

B1 💡 会話中，長さや強さなどについて尋ねたい場合，名詞形を用いて What is the length of ...? などとする代わりに，形容詞を用いて how long「どのくらいの長さ」，how strong「どのくらいの強さ」，how deep「どのくらいの深さ」と尋ねる方が自然である。

| Do you mind if I ask you a **personal** question? | **個人的な質問**をしてもよいでしょうか？ |
| Teachers should give each student **individual** attention in class. | 授業では教師は生徒の**一人ひとりに気配り**をするべきです。 |

当てられる。individual は「個々の」の意味で個別性を強調した語。

The box is **empty**. Did you eat all the chocolates?	箱が**空っぽだ**。チョコレートを全部食べてしまったの？
Please write your answer on this **blank** sheet of paper.	この**白紙の紙**に答えを書いてください。
There were no **vacant** seats on the train.	電車の中には**空席**はまったくなかった。

ある」という点にそれぞれ重点がある。なお blank は名詞「空欄」の意味でもよく使用される。
cf. fill in the **blanks**「空欄に記入する」

| Parents play **significant** roles in the lives of young children. | 幼い子どもたちの生活において，親は**重要な役割**を果たす。 |
| What is the **primary** purpose of university education? | 大学教育の**第一の目的**は何ですか？ |

意味が出る。このため a ではなく the などで限定されるのが普通。

The Titanic was 269 meters in **length**.	タイタニック号は**長さ**が269メートルあった。
Sports players work hard to improve their muscle **strength**.	スポーツ選手は**筋力**を高めるため懸命に努力する。
Let's compare the **depth** of Lake Biwa and Lake Tazawa.	琵琶湖と田沢湖の**深さ**を比べてみよう。

☞ **How long** was the Titanic?「タイタニックはどのくらいの長さだったの。」
なお，ここに挙げたものの他に，width「幅」（< wide (→549)）がある。

313

同じジャンルで覚える㉛ 物事の状態を表す形容詞

1397
typical
[típɪk(ə)l] 発音 B1
- 形 典型的な
- ⇨ **typically** 副 ①【文修飾】一般的に
  ②典型的に

a **typical** meal
典型的な食事

1398
artificial
[à:rtɪfíʃ(ə)l] アク A2
- 形 人工的な
- ⊗ **natural** 自然の (→1336)

artificial intelligence
人工知能 (AI)

1399
essential
[ɪsénʃ(ə)l] アク B1
- 形 不可欠の，きわめて重要な
- ⊜ **vital**

It is **essential** to *do*
～することが不可欠だ

1400
obvious
[á(:)bviəs] アク B1
- 形 明らかな　⊜ **clear** (→250)
- ⇨ **obviously** 副 明らかに

obvious は，it is obvious that S+V「Sが～することは明らかだ」の形で
用いることも多い。

obvious solution
明らかな解決法

1401
direct
[dərékt] 発音 A2
- 形 直接の　動 …を向ける
- ⇨ **director** 名 監督，取締役

a **direct** flight
直行便

1402
original
[ərídʒ(ə)n(ə)l] A2
- 形 最初の，元の
- ⇨ **originality** 名 独創性
- ⇨ **originally** 副 もともと，最初に

the **original** painting
原画

1403
unique
[ju(:)ní:k] B1
- 形 ①唯一の，独特の
  ②比類のない

his style is **unique**
彼のスタイルは独特だ

1404
entire
[ɪntáɪər] B1
- 形 全体の　⊜ **whole**
- ⇨ **entirely** 副 完全に

the **entire** village
村全体

1405
extra
[ékstrə] A2
- 形 追加の，余分の

an **extra** class
追加の授業 [補習]

反対の意味を持つ語をセットで覚える⑩

1406
nearly
[níərli] A2
- 副 危うく～するところで，
  ほとんど (=155 **almost**)

nearly miss *one's* station
危うく乗り過ごすところで

1407
hardly
[há:rdli] A2
- 副 ほとんど～ない

nearly は肯定的な語で「ほとんど…である」の意味，hardly は準否定語で
「ほとんど…ない」の意味であることに注意。また hardly はその前に助動詞
の can を取ることが多い。

can **hardly** hear
ほとんど聞こえない

A **typical** meal in Japan includes rice.	日本の**典型的な食事**には米が含まれています。
I hope **artificial** intelligence will be used for peaceful purposes.	私は**人工**知能が平和的な目的のために使われることを願っています。
It is **essential** to carry extra food when walking in the mountains.	山歩きをする際は，余分に食料を持って行くことが**不可欠です**。
One **obvious** solution to global warming is to save electricity.	地球温暖化に対する**明らかな解決法**のひとつは，電気を節約することだ。
Are there any **direct** flights to Boston?	ボストンへの**直行**便はありますか？
This is only a copy. The **original** painting is in the Louvre in Paris.	これはただの複製です。**原画**はパリのルーブル美術館にあります。
No one else painted like van Gogh. His style was truly **unique**.	ゴッホのように描いた人は他に誰もいなかった。彼のスタイルは本当に**独特だった**。
The **entire** village was buried by the landslide.	村**全体**が土砂崩れによって埋まってしまった。
There is an **extra** English class after school today.	今日は放課後英語の**追加の**授業［補習］があります。
I **nearly** missed my station because I fell asleep on the train.	電車の中で眠り込んでいたので，私は**危うく乗り過ごすところだった**。
I could **hardly** hear the announcement because the station was so noisy.	駅はとても騒々しかったので，私はアナウンスが**ほとんど聞こえなかった**。

STAGE 3

315

スペリングに注目して覚える⑫　-ed で終わる形容詞 (2)

1408 developed
[dɪvéləpt] **アク** A2
形 先進の，発展した
⇨ develop 動 …を発展させる (→1232)
反 developing 開発途上の
developed countries
先進国

1409 complicated
[ká(:)mpləkèitɪd] **アク** B1
形 複雑な
類 complex 複雑な，込み入った (→1171)
complicated problems
複雑な問題

1410 spoiled
[spɔɪld]
形 甘やかされた　〈英〉spoilt
⇨ spoil 動 …を甘やかす
a **spoiled** child
甘やかされた子ども

1411 united
[junáɪtɪd] B2
形 1つに団結した，連合した
⇨ unite 動 …を団結させる
※ uni- は「1つ」の意味
the **United** Nations
国際連合　※「連合した国家」が直訳

スペリングに注目して覚える⑬　-ing で終わる形容詞 (2)

1412 annoying
[ənɔ́ɪɪŋ] A2
形 いらだたせる，不愉快な
⇨ annoy 動 …をいらいらさせる
the noise is **annoying**
騒音が不愉快だ

1413 challenging
[tʃǽlɪn(d)ʒɪŋ] **アク** B1
形 (困難だが)やりがいのある
⇨ challenge 图 (やりがいのある)課題
動 (人や意見)に挑む (→835)
a **challenging** job
やりがいのある仕事

1414 confusing
[kənfjúːzɪŋ] B1
形 混乱させる，紛らわしい
⇨ confuse 動 …を混乱させる
⇨ confusion 图 混乱
confusing instructions
紛らわしい指示

1415 fascinating
[fǽsɪnèɪtɪŋ] A2
形 魅力的な，面白くて引かれる
⇨ fascinate 動 …を魅了する
fascinating stories
面白い話

1416 moving
[múːvɪŋ] B2
形 感動的な
⇨ move 動 ①動く，引っ越す (→328)
②…の心を動かす
the ending is **moving**
結末が感動的だ

スペリングに注目して覚える⑭　「できる」の意味の -ble で終わる形容詞 (2)

1417 accessible
[əksésəb(ə)l] B1
形 行ける，利用できる
easily **accessible**
簡単に行ける

1418 visible
[vízəb(ə)l] B1
形 目に見える
⇨ vision 图 視力，視野
visible stars
目に見える星

1419 flexible
[fléksəb(ə)l] B2
形 柔軟な，融通が利く
⇨ flexibílity 图 柔軟性
be **flexible** about A
Aについて柔軟に対応する

A large amount of food is thrown away in **developed** countries.	**先進**国では多くの食べ物が捨てられている。
I can't solve this **complicated** math problem.	僕はこの**複雑な**数学の問題が解けない。
Lucy was a **spoiled** child.	ルーシーは**甘やかされた子ども**だった。
Mary's daughter is now working for the **United** Nations.	メアリーの娘は今**国際連合**で働いています。
The noise from the road is **annoying** at night.	夜には道路からの騒音が**不愉快だ**。
Teaching young children is a **challenging** job.	小さな子どもを教えることは**やりがいのある仕事**です。
My boss sometimes gives me **confusing** instructions.	私の上司は時々私に**紛らわしい指示**を出す。
My grandfather often tells me **fascinating** stories.	祖父はよく**面白い話**をしてくれる。
The ending of the story was **moving**.	その物語の結末は**感動的だった**。
The village is not easily **accessible** in winter due to snow.	冬季は雪のためその村には簡単には**行け**ない。
How many **visible** stars are there in the night sky?	夜空には**目に見える星**はいくつあるのですか。
I'm **flexible** about which day we have the meeting.	どの日に会議を開くかについては，**柔軟に対応します**。

STAGE 3

317

▶ 反対の意味を持つ語をセットで覚える⑪ 〈形容詞〉

1420 ☐	**physical** [fízɪk(ə)l] A2	形 身体の，物理的な ⇨ **physics** 名 物理学(→230)	**physical** strength 身体的な強さ [体力]
1421 ☐	**mental** [mént(ə)l] B1	形 精神の，知能の	**mental** health 精神衛生
1422 ☐	**active** [ǽktɪv] B1	形 活動的な，積極的な ⇨ **activity** 名 活動(→239)	**active** lifestyle 活動的な暮らしぶり
1423 ☐	**passive** [pǽsɪv] B1	形 受動的な，消極的な	**passive** smoking 受動喫煙

引き出し ☐ the active voice 「能動態」

▶ 同じジャンルで覚える⑧② 心理に関する名詞

1424 ☐	**motivation** [mòutəvéɪʃ(ə)n] B1	名 やる気，動機づけ ⇨ **mótivate** 動 …に動機を与える	**motivation** is the key やる気が鍵となる
1425 ☐	**passion** [pǽʃ(ə)n] B1	名 情熱 ⇨ **passionate** 形 情熱的な	a **passion** for jazz ジャズへの情熱
1426 ☐	**humor** [hjúːmər] B1	名 ユーモア(を解する力)，おかしさ 〈英〉 humour	a sense of **humor** ユーモアのセンス

▶ 同じジャンルで覚える⑧③ 時に関する副詞(3)

| 1427 ☐ | **constantly** [ká(ː)nst(ə)ntli] B1 | 副 絶えず，いつも ⇨ **constant** 形 絶え間ない | **constantly** change 絶えず変わる |
| 1428 ☐ | **frequently** [fríːkwəntli] B1 | 副 頻繁に ⇨ **frequent** 形 頻繁な | occur **frequently** 頻繁に発生する |

frequently は often のフォーマルな語と考えてよい。

| 1429 ☐ | **immediately** [ɪmíːdiətli] B1 | 副 直ちに ⇨ **immediate** 形 即座の | call A **immediately** 直ちにAを呼ぶ |
| 1430 ☐ | **eventually** [ɪvén(t)ʃu(ə)li] B1 | 副 ついに，結局 働 **finally** とうとう，ついに | **eventually** marry him ついに彼と結婚する |

Through hard training, sports players acquire **physical** strength.	厳しいトレーニングを通じて，スポーツ選手は**身体的な強さ[体力]**を身につける。
I'd like to work as a **mental** health specialist.	私は**精神衛生**の専門家として働きたい。
My grandmother has an **active** lifestyle for her age.	私の祖母は年の割に**活動的な暮らしぶり**をしています。
People now realize that **passive** smoking is dangerous.	今や人々は**受動**喫煙は危険だと気づいている。

□ the passive voice 「受動態」

Motivation is the key to success.	**やる気**が成功の鍵です。
My father has a **passion** for jazz.	私の父はジャズに**情熱**を持っています。
My English teacher has a good sense of **humor**.	私の英語の先生は**ユーモアのセンス**がいい。
Fashions are **constantly** changing.	流行は**絶えず**変わっている。
Typhoons seem to be occurring more **frequently** than before.	台風は以前より**頻繁に発生している**ようだ。
Call the police **immediately** if you see an accident.	事故を見たら**直ちに**警察を呼んでください。
Lisa **eventually** married him, after being together for ten years.	10年間の交際ののち，リサは**ついに**彼と結婚した。

STAGE 3

同じジャンルで覚える⑭　生活に関する語

| 1431 ☐ | **commute**
[kəmjúːt] | 動 通勤[通学]する | **commute** to work
職場に通う |

B2 💡 電車やバス，車などの乗り物による通勤・通学に用いるのが普通。

1432 ☐	**facility** [fəsíləti]　B1	名 施設，設備	parking **facilities** 駐車施設[駐車場]
1433 ☐	**household** [háushòuld]　B1	名 世帯，家族 形 家族の，家庭の	the head of the **household**　世帯主
1434 ☐	**routine** [ruːtíːn]　B1	名 決まりきった仕事，日課 形 決まりきった	a daily **routine** いつもの日課
1435 ☐	**resident** [rézɪd(ə)nt]　B2	名 居住者，住民 ⇨ residence 名 住宅，居住	a house with no **residents**　住民がいない家
1436 ☐	**feed** [fiːd] ⊛ feed-fed-fed　B1	動 (人や動物)に食事を与える 關 food 名 食べ物，食品(→385)	**feed** a cat ネコにえさをやる
1437 ☐	**fit** [fɪt]　A2	形 ①健康な　②ぴったりの 動 (人・物)に合う(→514) ⇨ fitness 名 健康	keep **fit** 健康を保つ

同じジャンルで覚える⑮　料金を表す語

1438 ☐	**fare** [feər]　A2	名 (乗り物の)料金	train **fares** 電車賃
1439 ☐	**fee** [fiː]　A2	名 (入場・学費などの)料金	tuition **fees** 授業料
1440 ☐	**charge** [tʃɑːrdʒ]　B1	名 (サービスに対する)料金 動 (料金)を請求する	extra **charge** 追加料金
1441 ☐	**fine** [faɪn]　B1	名 罰金　動 …に罰金を科す 形 ①元気な(→336)　②晴れた	pay a **fine** 罰金を支払う
1442 ☐	**admission** [ədmíʃ(ə)n]	名 入場料，入場[入学](許可) ⇨ admit 動 …を認める(→859)	**admission** is free 入場料は無料だ

B1 💡 admission には「入場(許可)」の意味もあるが，Free Admission「入場無

Many people **commute** to work by train in Tokyo.	東京では多くの人々が電車で職場に**通っています。**
This library has limited parking **facilities**.	この図書館の駐車**施設** [駐車場] は限られている。
The head of the **household** is not always a man nowadays.	近頃は**世帯主**が男性とは限らない。
Jogging before breakfast is one of my father's daily **routines**.	朝食の前にジョギングすることが父のいつもの**日課**の1つだ。
There are many houses with no **residents** in Japan.	日本には**住民**がいない家が多数ある。
I forgot to **feed** my cat this morning.	今朝ネコ**にえさをやる**のを忘れた。
My father keeps **fit** by walking to work.	私の父は徒歩で通勤することで**健康を**保っています。
Train **fares** will be reduced from April.	4月から**電車賃**が値下げされる予定です。
I believe that students in Japan should not have to pay tuition **fees**.	日本の学生が**授業料**を支払う必要をなくすべきだと私は考える。
Gift wrapping is available at a small extra **charge**.	わずかな**追加料金**で贈り物用の包装ができます。
He had to pay a **fine** for speeding.	彼はスピード違反の**罰金を支払**わねばならなかった。
Admission is free for many museums in Washington D.C.	ワシントンの多くの博物館では**入場料**は無料です。

STAGE 3

料」 といった掲示で 「入場料」 の意味でも用いられる (「入場料」 は admission fee とすることも多い)。

321

▶ 同じジャンルで覚える㊏ 仕事に関する語

1443 □ **occupation** [ɑ(:)kjəpéɪʃ(ə)n] A2	名 職業 ⑩ **profession** 職業	name and **occupation** 氏名と職業
1444 □ **position** [pəzíʃ(ə)n] A2	名 ①(会社などの)職 ②位置 ⑩ **post** 地位, 職	apply for a **position** 職に応募する
1445 □ **labor** [léɪbər] A2	名 労働(者) 〈英〉**labour**	child **labor** 児童労働
1446 □ **schedule** [skédʒuːl] アク A2	名 スケジュール, 予定表 ⑩ **timetable**	a busy **schedule** 忙しいスケジュール
1447 □ **deadline** [dédlàɪn] B1	名 締め切り	meet the **deadline** 締め切りを守る
1448 □ **strategy** [strǽtədʒi] A2	名 戦略, 戦術	business **strategies** 事業戦略
1449 □ **confirm** [kənfɔ́ːrm] B1	動 …を確認する ⇒ **confirmátion** 名 確認	**confirm** one's schedule 予定を確認する

▶ 同じジャンルで覚える㊐ 雇用・退職に関する動詞

1450 □ **interview** [íntərvjùː] アク B1	動 …と面接する, …にインタビューする 名 面接, インタビュー	**interview** each student 生徒一人ひとりと面接する
1451 □ **employ** [ɪmplɔ́ɪ] B2	動 …を雇う ⇒ **employer** 名 雇い主 ⇒ **employée** 名 従業員 ⇒ **employment** 名 雇用	**employ** people 人を雇う
1452 □ **hire** [haɪər] B1	動 ①…を雇う ②〈英〉…を賃借する 〈米〉**rent**	**hire** students 学生を雇う
1453 □ **quit** [kwɪt] ⑩ quit-quit-quit A2	動 (仕事など)をやめる ※本人の意志により途中でやめること	**quit** one's job 仕事をやめる
1454 □ **resign** [rizáɪn] B2	動 (…を)辞職する ※ quit とほぼ同じ意味だがよりフォーマル ⇒ **resignátion** 名 辞職	a politician **resigns** 政治家が辞職する
1455 □ **retire** [ritáɪər] A2	動 退職する, 引退する ※最後(定年)まで働いてやめること ⇒ **retirement** 名 退職, 引退	**retire** at age 65 65歳で退職する

Could you give us your name and **occupation**, please?	氏名と**職業**を教えていただけますか。
He applied for a **position** in the local bank.	彼は地方銀行の**職**に応募した。
Child **labor** is still a serious problem in some countries.	児童**労働**は今でも，いくつかの国で深刻な問題である。
I have a busy **schedule** next week.	来週は**スケジュール**が忙しい。
Kenta wasn't able to meet the **deadline** for his essay.	健太は小論文の**締め切り**を守ることができなかった。
If you want to start a company, you need to learn good business **strategies**.	会社を設立したいのなら，適切な**事業戦略**を学ぶ必要があります。
Let's **confirm** our schedule for the next week.	私たちの来週の**予定を確認し**ましょう。
Our teacher **interviewed** each student in English.	先生は**生徒一人ひとりと**英語で**面接した**。
The car factory **employs** over 5,000 people.	その自動車工場は5,000人を超える**人を雇っている**。
Many Japanese companies **hire** students while they are still in college.	日本の企業の多くが，まだ大学在学中の**学生を雇っている**。
He **quit** his job because he didn't like it.	彼は好きではないという理由で**仕事をやめてしまった**。
The politician **resigned** because of a scandal.	その政治家はスキャンダルが元で**辞職した**。
Many people **retire** at age 65.	多くの人は65歳で**退職する**。

STAGE 3

323

コロケーションで覚える⑱

1456 rumor
[rúːmər] A2
名 うわさ

rumors spread
うわさが広まる

1457 spread [spred] 発音
動 広まる，…を広げる
③ spread-spread-spread B2

1458 murder
[mɔ́ːrdər] A2
名 殺人
動 (人)を殺す

the murder victim
殺人の犠牲者

1459 victim
[víktɪm] B1
名 犠牲者

同じジャンルで覚える⑧⑧ 犯罪・危険に関する語

1460 witness
[wítnəs] B2
名 目撃者
動 …を目撃する

a **witness** to the crime
犯罪の目撃者

1461 evidence
[évɪd(ə)ns] A2
名 証拠 ※数えられない名詞
⇨ evident 形 明白な

examine the **evidence**
証拠を調べる

1462 arrest
[ərést] B1
動 …を逮捕する
名 逮捕

arrest the criminal
犯人を逮捕する

1463 thief
[θiːf] A2
名 泥棒
類 robber 強盗

a **thief** breaks into A
泥棒がAに侵入する

1464 fraud
[frɔːd] B2
名 詐欺

a case of **fraud**
詐欺事件

1465 crisis
[kráɪsɪs] B1
名 危機 複 crises
⇨ critical 形 ①危機的な ②重大な

an energy **crisis**
エネルギー危機

1466 emergency
[ɪmɔ́ːrdʒ(ə)nsi] A2
名 緊急事態，非常事態
⇨ emerge 動 現れる，明らかになる

an **emergency** exit
非常口

1467 crash
[kræʃ] B1
名 (車などの)衝突，(飛行機の)墜落
動 衝突する，墜落する

crash into a tree
木に衝突する

Rumors can **spread** very quickly through the Internet.	**うわさは**インターネットを通じてあっという間に**広まる**ことがある。
The police found the **murder victim** in the bathroom.	警察は浴室で**殺人の犠牲者**を見つけた。
The police are trying to find a **witness** to the crime.	警察はその犯罪の**目撃者**を見つけようとしている。
Lawyers examined the **evidence** in the case.	弁護士たちはその事件の**証拠**を調べた。
The criminal was **arrested** two days after the murder.	殺人事件の2日後に犯人**は逮捕され**た。
A **thief** broke into the gallery and stole a famous painting.	**泥棒**が美術館に侵入し，有名な絵画を盗んだ。
Cases of **fraud** against elderly people are increasing nowadays.	近頃高齢者を狙った**詐欺事件**が増えている。
If we cannot import oil now, we may have an energy **crisis**.	今石油を輸入できないと，**エネルギー危機**に瀕するかもしれない。
In a hotel, we should know where the **emergency** exits are.	ホテルでは**非常口**の場所を知っておくべきです。
I saw a car **crash** into a tree yesterday.	私は昨日，車が**木に衝突する**のを見た。

同じジャンルで覚える⑧⑨　社会問題に関する語

1468
☐ **argument**
[ɑ́ːrɡjəmənt] [A2]

名 ①言い争い　②主張
⇨ **argue** 動 …と主張する, 論争する(→1112)

have an **argument** with A
Aと言い争いをする

1469
☐ **violence**
[váɪələns] [B1]

名 暴力
⇨ **violent** 形 暴力的な

violence on TV
テレビの中の暴力

1470
☐ **bullying**
[búliɪŋ]

名 いじめ
⇨ **bully** 動 …をいじめる

stop **bullying**
いじめをなくす

1471
☐ **aging**
[éɪdʒɪŋ]

形 高齢化の進む　名 高齢化
⇨ **age** 名 ①年齢　②時代(→551)

an **aging** society
高齢化社会

1472
☐ **population**
[pɑ̀(ː)pjəléɪʃ(ə)n] [A2]

名 人口

the **population** of Japan
日本の人口

1473
☐ **gender**
[dʒéndər] [A2]

名 (社会的・文化的)性

gender equality
性[男女]の平等

1474
☐ **pension**
[pénʃ(ə)n] [B2]

名 年金

live on a **pension**
年金で暮らす

コロケーションで覚える⑲

1475
☐ **reform**
[rifɔ́ːrm]

動 …を改革する
名 改革

**reform welfare
services**
福祉事業を改革する

1476
☐ **welfare**
[wélfèər] [B2]

名 福祉

1477
☐ **service**
[sə́ːrvəs]

名 公益事業, (バスなどの)便
⇨ **serve** 動 …に(飲食物)を出す, …のために働く

💡「家の改築」を日本では「リフォーム」と呼ぶが英語にはそのような使い方はない(renovation「改築」を用いる)。 [B1]

1478
☐ **consumption**
[kənsʌ́m(p)ʃ(ə)n] [B1]

名 消費
⇨ **consume** 動 …を消費する
⇨ **consumer** 名 消費者(→1802)

consumption tax
消費税

1479
☐ **tax**
[tæks] [B1]

名 税金

💡買い物の際に払う税金を日本では consumption tax と呼ぶが他国では異な

I <u>had</u> <u>an</u> **argument** <u>with</u> my friend yesterday.	私は昨日友達**と言い争い**をした。
Many people say that there is too much **violence** <u>on</u> TV.	多くの人が，テレビには**暴力**があふれていると言っている。
We must take action to <u>stop</u> **bullying**.	私たちは**いじめ**をなくすために行動をおこさなければならない。
Due to Japan's **aging** society, the number of workers is decreasing.	日本では**高齢化社会**のせいで労働者の数が減ってきている。
<u>The</u> **population** of Japan is expected to continue to decline in the future.	<u>日本の**人口**</u>は将来減り続けると予想されている。
Many societies consider that **gender** <u>equality</u> is important.	多くの社会では**男女**の平等は重要だと考えられている。
My grandfather retired last year, so he <u>lives</u> <u>on</u> a **pension** now.	私の祖父は昨年退職したので，今は**年金**で暮らしている。
The government has promised to **reform** **welfare** **services** this year.	政府は今年**福祉事業を改革する**と約束した。

STAGE 3

また日本語の「サービスする」は「無料で何かを与える」の意味になることがあるが，英語には「無料の」という意味はない。

The **consumption** **tax** was first introduced in Japan in 1989.	**消費税**は1989年に初めて日本で導入された。

る用語で表す。☞〈米〉sales tax 〈英〉value added tax など。

▶ 同じジャンルで覚える⑨ 地域社会・都市生活に関する語

1480
☐ **society**
[səsáɪəti] [A2]
名 社会
⇨ **sócial** 形 社会の

modern **society**
現代社会

1481
☐ **community**
[kəmjúːnəti] [B2]
名 地域社会，
(利害などを等しくする人の)共同体

a member of a **community**
地域社会のメンバー

1482
☐ **downtown**
[dàuntáun]
副 〈米〉(都市の)中心部へ，繁華街へ
名 〈米〉(都市の)中心部，繁華街
〈英〉**city centre**

go **downtown**
繁華街に行く

[A2] 💡 downtown はいわゆる「下町」の意味ではないことに注意。

1483
☐ **prefecture**
[príːfektʃər]
名 (日本などの)県，都道府県
⑲ **state** 名 (米国などの)州(→1727)

Osaka **Prefecture**
大阪府

▶ 反対の意味を持つ語をセットで覚える⑫

1484
☐ **cooperation**
[kouà(ː)pəréɪʃ(ə)n] [B2]
名 協力
⇨ **coóperate** 動 協力する

in **cooperation** with A
Aと協力して

1485
☐ **competition**
[kà(ː)mpətíʃ(ə)n] [A2]
名 競争
⇨ **compéte** 動 競争する

competition among A
Aの間の競争

1486
☐ **urban**
[ə́ːrb(ə)n] [B2]
形 都会の，都市の
⑲ **city** 名 都市，都会

the **urban** lifestyle
都会の生活スタイル

1487
☐ **rural**
[rúər(ə)l] [B2]
形 田舎の，農村の
⑲ **countryside** 名 田舎，田園地帯

rural community
田舎の地域社会 [農村社会]

1488
☐ **quality**
[kwá(ː)ləti] [B1]
名 質
形 (高い)質の

quality of life
生活の質

1489
☐ **quantity**
[kwá(ː)ntəti] [B1]
名 量
⑲ **amount** ①量 ②総額

a large **quantity** of A
大量のA

1490
☐ **reveal**
[riváːl] [A2]
動 …を明らかにする

reveal one's intention
…の意図を明らかにする

1491
☐ **conceal**
[kənsíːl] [B2]
動 …を隠す
⑲ **hide** …を隠す，隠れる(→1760)

conceal the fact
事実を隠す

Modern **society** depends on electricity.	現代**社会**は電気に依存している。
His father is an important member of the **community**.	彼の父は**地域社会**の重要なメンバーです。
We went **downtown** directly from the airport.	私たちは空港から直接**繁華街に行った**。
Kansai International Airport is in Osaka **Prefecture**.	関西国際空港は**大阪府**にある。
Countries should work in **cooperation** with each other to achieve world peace.	世界平和を達成するために，各国はお互いに**協力**すべきだ。
There is strong **competition** among supermarkets nowadays.	近頃スーパーマーケットの間では激しい**競争**がある。
Young people are often attracted by the **urban** lifestyle of Tokyo.	若者はしばしば，東京の**都会の**生活スタイルに憧れを持つ。
Rural communities are gradually disappearing in many countries.	**田舎の**地域社会［農村社会］は多くの国で徐々に消えつつある。
Our government should improve the **quality** of life for all people.	政府はすべての人の生活の**質**を向上させるべきだ。
Eating a large **quantity** of sugar is bad for your health.	**大量の**砂糖を取ることは健康に悪い。
The mass media **revealed** the president's intention to start a war.	マスメディアは戦争を始めた大統領の意図**を明らかにした**。
The factory tried to **conceal** the fact that they had damaged the environment.	その工場は環境を損なったという事実**を隠そう**とした。

STAGE 3

329

同じジャンルで覚える⑨１　国際社会・紛争に関する語

1492 □	**enemy** [énəmi] B1	名 敵 類 **opponent** 対戦相手	fight against the **enemy** 敵と戦う
1493 □	**conflict** [ká(:)nflɪkt] B1	名 衝突，紛争	avoid a **conflict** 衝突を避ける
1494 □	**defeat** [dɪfíːt] B1	動 …を打ち負かす　類 **beat** …を打ち破る 名 敗北　反 **victory** 名 勝利	**defeat** Napoleon ナポレオンを打ち負かす
1495 □	**immigration** [ìmɪgréɪʃ(ə)n] B1	名 (外国からの)移住・移民 類 **emigration** (外国への)移住 ⇨ **ímmigrant** 名 (外国からの)移民	Japanese **immigration** 日本人の移住
1496 □	**citizen** [sítəz(ə)n] A2	名 国民，市民	Japanese **citizens** 日本の国民
1497 □	**refugee** [rèfjudʒíː] B2	名 (戦争などによる)難民	**refugees** are victims 難民は犠牲者だ
1498 □	**revolution** [rèvəlúːʃ(ə)n] B2	名 革命 ⇨ **revolutionary** 形 革命的な	the French **Revolution** フランス革命
1499 □	**colony** [ká(:)ləni]	名 植民地	British **colonies** イギリスの植民地

同じジャンルで覚える⑨２　裁判関連の語

1500 □	**court** [kɔːrt] A2	名 裁判所 類 **justice** 名 正義，裁判	appear in **court** 裁判所に出頭する
1501 □	**judge** [dʒʌdʒ] B1	名 裁判官　動 …を判断する 類 **judgment** 名 判断	the **judge** orders her 裁判官は彼女に命じる
1502 □	**illegal** [ɪlíːg(ə)l] A2	形 違法の 反 **legal** 合法の	**illegal** copies 違法コピー
1503 □	**guilty** [gílti] B1	形 ①有罪の　②罪悪感を覚える ⇨ **guilt** 名 ①罪　②罪悪感	find him **guilty** 彼を有罪とする

find him guilty は find O C「O が C だとわかる」の型(→ 94 find O C)で，

| 1504 □ | **innocent** [ínəs(ə)nt] アク B1 | 形 ①無罪の　②無邪気な
 ⇨ **innocence** 名 ①無罪　②無邪気 | be proved **innocent** 無罪が証明される |

They <u>fought</u> bravely <u>against the</u> **enemy**.	彼らは勇敢に**敵**と戦った。
Leaders must make efforts to <u>avoid</u> a **conflict** between nations.	指導者たちは国家間の**衝突**を避けるために努力せねばならない。
<u>Napoleon</u> <u>was</u> **defeated** at Waterloo in 1815.	<u>ナポレオン</u>は1815年にワーテルローで**敗北した**。
Japanese **immigration** to Hawaii began in the 1860s.	<u>日本人</u>のハワイへの**移住**は1860年代に始まった。
Japanese **citizens** do not need visas to enter many countries.	<u>日本</u>の**国民**は多くの国で入国時にビザを必要としない。
Refugees <u>are</u> often <u>victims</u> of wars.	**難民たち**は戦争の<u>犠牲者</u>である場合が多い。
<u>The</u> <u>French</u> **Revolution** took place in 1789.	フランス**革命**は1789年に起こった。
India used to be a <u>British</u> **colony**.	インドはかつて<u>イギリス</u>の**植民地**だった。

The criminal will <u>appear in</u> **court** tomorrow.	犯人は明日**裁判所**に<u>出頭する</u>予定だ。
<u>The</u> **judge** <u>ordered</u> <u>her</u> to pay 1,000 dollars.	**裁判官**は彼女に1,000ドルの支払いを<u>命じた</u>。
The man was arrested for selling **illegal** copies of DVDs.	その男はDVDの**違法**<u>コピー</u>を売ったことで逮捕された。
<u>He</u> <u>was</u> <u>found</u> **guilty** of murder.	<u>彼</u>は殺人で**有罪**となった。

「彼が有罪だとわかる」 → 「彼を有罪とする」と考えればよい。

Because of the evidence, he <u>was</u> proved **innocent**.	証拠によって彼の**無罪**が証明された。

331

似ていて紛らわしい語をセットで覚える㉔　〈意味が似ている〉

| 1505 □ **character** [kǽrəktər] A1 | 名 ①(人や物の)性格　②登場人物 ③(漢字などの)文字 | a cheerful **character** 明るい性格 |

| 1506 □ **personality** [pə̀:rsənǽləti] A2 | 名 (人の)性格, 個性 | a calm **personality** 穏やかな性格 |

| 1507 □ **characteristic** [kæ̀rəktərístik] B1 | 名 (人や物の)特徴 形 (人・物に)特有の | the main **characteristic** 主な特徴 |

| 1508 □ **feature** [fí:tʃər] A2 | 名 (物の目立つ)特徴 | a **feature** of the camera そのカメラの特徴 |

| 1509 □ **freedom** [frí:dəm] A2 | 名 (行動上の)自由 ⇨ **free** 形 ①自由な　②無料の | **freedom** of speech 言論の自由 |

| 1510 □ **liberty** [líbərti] A2 | 名 (社会的束縛からの)自由 | fight for *one's* **liberty** 自由のために戦う |

💡A2「言論の自由」は ○ freedom of speech が決まった言い方である。

| 1511 □ **situation** [sìtʃuéiʃ(ə)n] A2 | 名 (人の)立場, (人や事物が置かれた)状況 | a difficult **situation** 困難な立場 |

| 1512 □ **circumstance** [sə́:rkəmstæns] B2 | 名 (周りの)状況, 情勢 | my **circumstances** change　私の状況が変わる |

💡B2 situation は「人や物事が置かれた立場や状況」, circumstance は「人や物

文法・語法との関連で覚える㉙　日本語にもなっている注意すべき名詞(2)

| 1513 □ **department** [dipá:rtmənt] B1 | 名 ①部門, 学科 ②(百貨店の)売り場 | the **Department** of Physics 物理学科 |

💡B1 日本語の「デパート, 百貨店」は department store と表す。

| 1514 □ **tension** [ténʃ(ə)n] B1 | 名 (精神や国家間の)緊張 ⇨ **tense** 形 張り詰めた | the **tension** is high 緊張が高まっている |

💡B1 日本語で興奮した状態のことを「テンションが高い」などと言うが英語には

| 1515 □ **mansion** [mǽnʃ(ə)n] B2 | 名 大邸宅 (慣) **apartment** 名 アパート(→621) | live in a **mansion** 大邸宅に住む |

💡B2 mansion はかなり大きな家を指し, 日本語で言うところの「マンション」と

He has a cheerful **character**.	彼は明るい**性格**だ。
My mother has a calm **personality**.	私の母は穏やかな**性格**だ。
The main **characteristic** of a rabbit is its long ears.	ウサギの主な**特徴**は，その長い耳である。
One **feature** of this camera is its light weight.	このカメラの**特徴**の1つは，その軽さだ。
In some countries, people do not have **freedom** of speech.	人々が言論の**自由**を持たない国もある。
People have often fought for their **liberty** throughout history.	人々は歴史を通じて，たびたび**自由**のために戦ってきた。

× liberty of speech とは言わないことに注意。

She found herself in a very difficult **situation**.	彼女は自分が非常に困難な立場にあることに気づいた。
If my **circumstances** change, I may be able to travel more.	私の**状況**が変わったならもっと旅行に出られるかもしれない。

事に影響を与える周りの状況」を意味する点が大きな違い。

Which building is the **Department** of Physics?	物理**学科**の建物はどれですか。
The **tension** is still high between the two countries.	その2国間の**緊張**は依然高まっている。

そのような用法はない。

Many movie stars live in **mansions**.	多くの映画スターは**大邸宅**に住んでいる。

は違うので注意。

STAGE 3

333

コロケーションで覚える⑳

1516 possess
[pəzés] 発音　B1
動 …を所有している
⇨ possession 名 所有(物)

possess nuclear weapons
核兵器を保有する

1517 nuclear
[njúːkliər] B1
形 核の，原子力の

1518 weapon
[wép(ə)n] 発音　B1
名 兵器，武器
類 arms 兵器

1519 military
[mílətèri] A2
形 軍の，軍事の
名 軍隊

military force
軍事力

1520 force
[fɔːrs] A2
名 力，軍事力
類 power 力，権力

1521 current
[kə́ːr(ə)nt] B1
形 現在の，最新の
⇨ currency 名 通貨
⇨ currently 副 現在，目下のところ

current affairs
最新の情勢 [時事問題]

1522 affair
[əféər] A2
名 出来事，【-s】情勢

1523 racial
[réɪʃ(ə)l] B1
形 人種の
⇨ race 名 人種

racial discrimination
人種差別

1524 discrimination
[dɪskrìmɪnéɪʃ(ə)n] B1
名 差別
⇨ discríminate 動 差別する

1525 moral
[mɔ́ːr(ə)l] B2
形 道徳的な，倫理的な
名 道徳，倫理

a moral issue
倫理的な問題

1526 issue
[íʃuː] A2
名 問題，論点　動 …を発行する
類 problem 名 問題(→213)

スペリングに注目して覚える⑮　「試す」の意味の experi- で始まる語

1527 experiment
[ɪkspérɪmənt] B1
名 実験
⇨ experiméntal 形 実験的な

do an experiment
実験をする

1528 experience
[ɪkspíəriəns] A2
名 経験
動 …を経験する

have a lot of experience
経験が豊富だ

Do you agree that no country should **possess** **nuclear weapons**?	いかなる国も**核兵器を保有す**べきではないという考えに賛成ですか。
Do we need **military** **force** to maintain peace?	平和を保つために**軍事力**は必要だろうか。
I read a newspaper every day to keep up with **current affairs**.	**最新の情勢** [時事問題] に遅れずについていくために, 私は毎日新聞を読んでいます。
Racial discrimination must not be permitted under any circumstances.	いかなる状況においても, **人種差別**が許されてはならない。
Bullying is a very serious **moral issue**.	いじめはとても深刻な**倫理的問題**だ。
We have to write a report after doing the **experiment**.	私たちはその**実験**をしたあとでレポートを書かねばならない。
My father has a lot of **experience** working abroad.	私の父は海外勤務の**経験**が豊富だ。

STAGE 3

335

文法・語法との関連で覚える㉚ 通例，人を主語にする動詞

1529 memorize
[méməràɪz] B1
動 …を(努めて)暗記する
(類) remember 動 …を覚えている(→660)
⇒ memory 名 記憶(力)，思い出(→836)

how much *one* can **memorize**
どれだけ暗記できるか

1530 envy
[énvi] B2
動 …をうらやましく思う
名 うらやましさ，嫉妬
⇒ envious 形 うらやんで

envy people
人をうらやむ

1531 mention
[ménʃ(ə)n] B1
動 …に言及する，…を話に出す

mention two reasons
2つの理由に言及する

1532 seek [siːk]
(活) seek-sought-sought A2
動 …を(探し)求める
※フォーマル

seek world peace
世界平和を追求する

1533 assume
[əsjúːm] B1
動 (根拠なく)当然…だと思う，
…と仮定する ※フォーマル

assume that ...
当然…だと思う

1534 criticize
[krítəsàɪz] A2
動 …を批判する，…を批評する
〈英〉criticise
⇒ criticism 名 批判，批評

criticize *one's* hairstyle
髪型を批判する

1535 apologize
[əpá(ː)lədʒàɪz] A2
動 【apologize (to+人) for A】Aについ
て(人に)謝罪する
〈英〉apologise

apologize for *doing*
〜したことについて謝罪する

1536 cheer
[tʃɪər] A2
動 …を元気づける
名 かっさい，声援

cheer me up
私を元気づける

同じジャンルで覚える㉝ 施設・建物とそれに関わる人

1537 gymnasium
[dʒɪmnéɪziəm]
名 体育館
(略) gym

practice in the **gymnasium**
体育館で練習する

1538 stadium
[stéɪdiəm] 発音 A2
名 スタジアム，競技場

build a **stadium**
スタジアムを建設する

1539 theater
[θíːətər] A1
名 ①劇場 ②〈米〉映画館
〈英〉theatre

go to the **theater**
劇場に行く

1540 athlete
[æθliːt] アク A2
名 運動選手

a professional **athlete**
プロの運動選手

1541 audience
[ɔ́ːdiəns] A2
名 (劇・コンサートなどの)観客，聴衆

a large **audience**
大勢の観客

How much one can **memorize** is important for many exams in Japan.	日本では，多くの試験でどれだけ**暗記できるか**が重要になる。
You shouldn't **envy** people when they are more successful than you.	あなたより成功しているからといって，人をうらやむべきではない。
He **mentioned** two reasons why we should oppose any military action.	彼はどんな軍事行動にも反対しなければならない2つの理由に言及した。
The United Nations was established to **seek** world peace.	国連は世界平和を追求するために設立された。
I **assume** that you have finished your report.	あなたは当然レポートを書き終えたことと思います。
My parents always **criticize** my hairstyle.	私の両親はいつも私の髪型を批判する。
The students **apologized for** not doing their homework.	その生徒たちは宿題をしなかったことについて謝罪しました。
When I was in the hospital, my friends visited me to **cheer** me up.	入院中に友人たちが見舞いに来て私を元気づけてくれた。
The badminton club practices in the **gymnasium** after school.	バドミントン部は放課後に体育館で練習します。
A new **stadium** is being built for the Olympic games.	オリンピックのために新しいスタジアムが建設されています。
How often do you go to the **theater**?	どれくらいの頻度で劇場に行きますか？
My dream is to be a professional **athlete**.	私の夢はプロの運動選手になることだ。
There was a large **audience** on the last night of the show.	そのショーの最後の夜には，大勢の観客がいました。

STAGE 3

似ていて紛らわしい語をセットで覚える㉕ 〈意味が似ている〉

1542 signal
[sígn(ə)l] B1
名 ①合図, 信号(機) ②徴候
動 (…に)合図を送る
wait for the **signal**
合図を待つ

1543 sign
[saɪn] A1
名 ①しるし, 兆し ②標識
動 …に署名する
⇨ signature 名 署名
a **sign** of good weather
天気がよくなる兆し

1544 mark
[mɑːrk] A2
名 ①(物についた)跡 ②記号
動 …に印をつける, …を採点する
dirty **marks**
汚れた跡

1545 tool
[tuːl] A1
名 ①(手仕事用の)道具 ②手段
a **tool** for A
Aのための道具

1546 instrument
[ínstrəmənt] アク A2
名 ①器具 ②楽器(= musical instrument)
a musical **instrument**
楽器

tool は②の「手段」の意味で用いることも多い。

1547 duty
[djúːti] B1
名 ①義務, 職務 ②関税
a parent's **duty**
親の義務

1548 responsibility
[rɪspà(ː)nsəbíləti] アク B1
名 責任
⇨ respónsible 形 責任がある
responsibility to vote
投票する責任

1549 fault
[fɔːlt] 発音 A2
名 ①(過失などの)責任 ②欠点, 過ち
it is my **fault** that …
…は私の責任だ

duty と responsibility は意味が似ているが, duty はより強制的で,「社会的

1550 stress
[stres] B1
名 ①強調, 重点 ②ストレス(→1053)
動 …を強調する, …を重視する
put **stress** on A
Aに重点を置く

1551 emphasis
[émfəsɪs] アク B1
名 強調, 重視
⇨ emphasize 動 …を強調する
put **emphasis** on A
Aを重視する

スペリングに注目して覚える⑯ 「保つ」の意味の -tain で終わる動詞

1552 contain
[kəntéɪn] B1
動 …を含む
⑲ include …を含む(→793)
⇨ container 名 容器
contain calcium
カルシウムを含む

1553 maintain
[meɪntéɪn] B1
動 …を維持する, …を保つ
⇨ máintenance 名 整備, 維持
maintain peace
平和を維持する

The runners <u>waited for the</u> **signal** to start the race.	走者たちはレース開始の**合図**を待った。
A beautiful sunset is <u>a</u> **sign** of <u>good weather</u>.	美しい夕焼けは天気がよくなる**兆し**だ。
Someone left <u>dirty</u> **marks** on the wall.	誰かが壁に汚れた**跡**をつけた。

Mechanics need many **tools** for repairing cars. ※ mechanic 整備士	整備士は車の修理のための**道具**を数多く必要とします。
Can you play any <u>musical</u> **instruments**?	何か楽器を演奏できますか。

☞ English is a **tool** for international communication. 「英語は国際コミュニケーションの手段だ。」

<u>A</u> parent's main **duty** is to protect their children.	親の主な**義務**は，自分の子どもを守ることです。
I'm 18, so it's my **responsibility** to <u>vote</u> in the coming election.	私は18歳だから，次の選挙では投票する**責任**があります。
<u>It was my</u> **fault** <u>that</u> we were late for school.	私たちが学校に遅れたのは私の**責任**でした。

要請による義務［職務］を意味する。fault は「失敗したことに対する責任」の意味。

Our teacher <u>puts</u> **stress** on reading books however busy we are.	先生は，私たちがどれだけ忙しくても本を読むことに**重点**を置きます。
We should <u>put</u> more **emphasis** on communication in English lessons.	英語の授業ではコミュニケーションをもっと**重視**すべきだ。

Shrimps **contain** a lot of <u>calcium</u>.	小エビには多くのカルシウム**が含まれている**。
The main purpose of the United Nations is to **maintain** <u>peace</u> on earth.	国連の主要な目的は，世界の平和**を維持する**ことです。

STAGE 3

基本動詞で表す表現〈do/make/have など〉

1554		
☐	**do damage**	被害を与える ⑲ cause damage ※× give damage としない ⇨ **damage** 图 損害 動 …に損害を与える（→764）

1555		
☐	**do A harm**	A に害を及ぼす（= do harm to A）

1556		
☐	**make the most of A**	A（有利な状況）を最大限利用する ⑱ **make the best of A** A（不利な状況）を最大限利用する

1557		
☐	**make an attempt to do**	～しようと試みる ※ try to do（→107）のフォーマルな表現

1558		
☐	**make sense**	（意味・趣旨が）理解しやすい，（人の言動などが）筋が通る ⇨ **sense** 图 感覚（→371），意味

1559		
☐	**have a lot in common**	たくさんの共通点がある

> 💡 否定・疑問文では a lot の代わりに much を用いるのが普通。

1560		
☐	**have something to do with A**	A と何らかの関係がある

> 💡 something の代わりに，a lot [much]「多くの」，nothing

1561		
☐	**have confidence in A**	A に自信を持つ，A を信頼している ⇨ **confidence** 图 自信，信頼 ⇨ **confident** 形 自信がある，確信した（→911）

1562		
☐	**play an important role**	重要な役割を果たす ⇨ **role** 图 役割

1563		
☐	**take A for granted**	A を当たり前のことと思う ⑱ **take it for granted that S+V** S が～するのを当たり前だと思う

1564		
☐	**tell a lie to+人**	人にうそを言う（= tell+人+a lie） ⇨ **lie** 图 うそ 動 ①うそをつく ②横になる（→651）

1565		
☐	**tell（+人+）the truth**	（人に）真実を話す ⑲ **to tell the truth** 実を言うと

A car crashed into a store and **did** a lot of **damage**.	車が店に突っ込み，多大な**被害を与えた**。
Drinking too much alcohol will **do you harm**.	お酒を飲みすぎるとあなた**にとって害になる**でしょう。
We **made the most of** the good weather and went hiking yesterday.	私たちは昨日，好天**を最大限利用して**ハイキングに行きました。
They **made an attempt to reach** the summit in spite of the strong wind.	彼らは強風にもかかわらず頂上に**到達しようと試みた**。
He said that he doesn't drive in Tokyo. It **makes sense** to me.	彼は東京では運転しないと言ったが，私には（彼の言わんとすることが）**理解できる**。
The Dutch and German languages **have a lot in common**.	オランダ語とドイツ語には**たくさんの共通点がある**。

また，a lot の代わりに something「何らかの」，nothing「何の〜もない」などが入ることもある。

The man seems to **have something to do with** the crime.	その男はその犯罪**と何らかの関係がある**ようだ。

「何の〜もない」などが入ることもある。

When I was younger, I **didn't have** much **confidence in** myself.	若いころは，あまり自分**に自信がなかった**。
Japan should **play an important role** in achieving world peace.	日本は世界平和を達成する上で**重要な役割を果たす**べきだ。
People in developed countries **take** clean water **for granted**.	先進国の人々はきれいな水（が手に入るの）**を当たり前のことと思っている**。
Don't **tell a lie to** your parents.	両親**にうそをついては**いけません。
Do you think I should **tell** them **the truth**?	私は彼らに**真実を話す**べきだと思いますか。

STAGE 3

341

〈名詞＋of ...〉の表現(1) 〈数や量〉

1566
a couple of A

2つのA　※場合によっては「2, 3のA」を意味する
圞 **a few** A 少数のA(→163)
圞 **several** 厖 いくつかの

1567
plenty of A

十分たくさんのA, 豊富なA

1568
a pile of A

たくさんのA
⇨ **pile** 图 積み重ね, 山　働 …を積み上げる

1569
millions of A

何百万のA, 無数のA
⇨ **million** 图 100万　圞 **billion** 图 10億

💡 millions of Aは正確な数に言及する表現ではなく, 「数が多い」

1570
tons[a ton] of A

大量のA, 多数のA
⇨ **ton** 图 トン(1000kg)

1571
a large number of A

多数のA
⇨ **number** 图 数, 数字(→1346)

💡 the number of Aとすると「Aの数」の意味。

1572
a large amount of A

大量のA
⇨ **amount** 图 ①量　②【the -】総額(→1347)

3語以上から成る句動詞(1)

1573
put up with A

Aを我慢する
圞 **stand** (通例疑問文・否定文で) …を我慢する(→635)

1574
keep up with A

Aに遅れずについていく
※遅れた状態から追いつく時は次の catch up with Aを用いる

1575
catch up with A

Aに追いつく　※追いついて先に行くことは意味しない
圞 **overtake** 働 …を追い抜く　※先に行くことも意味する

1576
come up with A

Aを思いつく, Aを考え出す
圞 **think of** A Aを思いつく(→99)

1577
get rid of A

A を捨てる, A (不快なものなど)を取り除く
圞 **dispose of** A Aを処分する　※フォーマル
圞 **throw** A **away[away** A] Aを捨てる

I have been to New York **a couple of** times.	私はニューヨークへ**2**回行ったことがあります。
There's **plenty of** food at home, so we don't have to buy more.	家に**十分たくさんの**食べ物があるので，買い足す必要はない。
Mr. Sato is busy marking **a pile of** exam papers now.	佐藤先生は今**たくさんの**試験用紙を採点するのに忙しい。
Millions of people were killed during World War I.	**何百万もの**人々が，第1次世界大戦の間に命を落とした。

ことを強調する表現。よって「数え切れないA」などと訳してもよい。

| **Tons of** food is[are] thrown away every day. ※動詞は tons に合わせれば are も可能 | **大量の**食料が毎日捨てられます。 |
| **A large number of** foreign tourists come to Japan. | **多数の**外国人観光客が日本にやってきます。 |

☞ **The number of** children is decreasing now. 「今子どもの数が減ってきている。」

| **A large amount of** rain fell in the evening. | 晩に**大量の**雨が降った。 |

People living near airports have to **put up with** the noise.	空港の近くに住む人々は騒音**を我慢し**なければならない。
You walk very fast. I can't **keep up with** you.	君は歩くのがとても速い。私は君**に遅れずについていけ**ない。
The winner ran so fast that no one could **catch up with** him.	その勝者はとても速く走ったので誰も彼**に追いつけ**なかった。
We have to **come up with** some ideas for the school festival.	私たちは何か学園祭のアイデア**を考え出さ**なければならない。
I need to **get rid of** these old shoes.	私はこれらの古い靴**を捨て**なければならない。

STAGE 3

3語以上から成る句動詞(2)

1578 ☐	**look up to** A	Aを尊敬する ⊗ look down on A Aを見下す ㉑ respect (人)を尊敬する(→884) ㉑ admire (人やその業績)を称賛する
1579 ☐	**make fun of** A	Aをからかう
1580 ☐	**make use of** A	Aを利用する
1581 ☐	**take advantage of** A	A(機会・利点など)を利用する ⇨ advántage アク 图 利点, 強み ⊗ disadvántage 不利な点
1582 ☐	**make up for** A	Aの埋め合わせをする, Aを償う ㊀ compensate for A
1583 ☐	**get in touch with** A	Aと連絡を取る ㉑ keep in touch with A Aと連絡を取り続ける
1584 ☐	**keep track of** A	Aの跡をたどる, Aの経過を把握する ⇨ track 图 小道 動 …を追跡する
1585 ☐	**see the sights of** A	Aの観光をする

〈動詞＋前置詞／副詞〉の表現(3)

1586 ☐	**depend on** A	A(人)を頼る ※目的語は人が多い ㉑ be dependent on A Aに頼っている
1587 ☐	**rely on** A	Aを頼る, Aを当てにする ※目的語は人以外でもよい
1588 ☐	**count on** A	Aを当てにする ※インフォーマル
1589 ☐	**insist on** A	Aを強く主張する, (～する)と言い張る(doing)
1590 ☐	**consist of** A	Aから成り立っている ※フォーマル ㉑ be composed of A Aから成る(→1900) ㉑ be made up of A Aからできている ※インフォーマル

When I was a child, I always **looked up to** my brother.	子どものころ，私はいつも兄**を尊敬していた**。
When my exam results were bad, my sister **made fun of** me.	私の試験の結果が悪いと，姉は私**をからかった**。
The clothes designer **makes use of** a wide range of materials.	その服飾デザイナーは，多種多様な素材**を利用している**。
When I went to Nara, I **took advantage of** the opportunity to visit my aunt.	私は奈良に行った際，その機会**を利用して**おばを訪ねた。
I had to **make up for** the classes I missed.	私は受けられなかった授業**の埋め合わせをし**なければならなかった。
I don't know how to **get in touch with** the boy I met yesterday.	私は昨日会った少年**と連絡を取る**方法がわからないのです。
Even if you work online, your boss can **keep track of** what you are doing.	オンラインで働いていても，あなたの上司はあなたがしていること**を把握**できる。
This spring, my parents are going to **see the sights of** Paris.	今年の春，私の両親はパリの町**を観光する**つもりです。
Japanese college students often **depend on** their parents for money.	日本の大学生は金銭面でよく両親**を頼ります**。
Nowadays people **rely on** the Internet very often.	近頃人々は頻繁にインターネット**を頼ります**。
You can't **count on** Anna for help.	アンナの助け**を当てにする**ことはできない。
When I went to a restaurant with Aki, she **insisted on** paying.	亜樹とレストランに行ったとき，彼女は自分が払う**と言い張った**。
Do you know that the UK **consists of** four countries?	英国が4つの国**から成り立っている**ことを知っていますか。

345

〈動詞＋前置詞／副詞〉の表現（4）

1591
☐ **account for** A
① A（ある割合）を占める　② A（の理由）を説明する

1592
☐ **bring about** A
A（変化・失敗など）を引き起こす
※良くないことを引き起こす場合に用いられることが多い

1593
☐ **break out**
突然起こる，勃発する

1594
☐ **fill in** A
A（書類・空欄など）に書き込む

1595
☐ **apply for** A
A（仕事・入学など）に応募する・申し込む
彲 **apply to** A　Aに当てはまる

> 💡 apply to A for B「A（人・組織など）に B（仕事・入学など）を申し込む」の形もある。また，この形から for B を省いた apply to A「A（組織など）に出願［申請］する」が用いられることもある。

1596
☐ **point out** A[A **out**]
Aを指摘する
⇨ **point** 動 …を指差す

1597
☐ **contribute to** A
Aに貢献する，Aの一因となる
※悪い結果をもたらす場合にも用いられる
⇨ **contribution** 名 貢献

1598
☐ **result in** A
Aという結果に終わる
彲 **result from** A　Aからの結果として起こる

1599
☐ **concentrate on** A
Aに集中する
⇨ **concentration** 名 集中（力）

1600
☐ **focus on** A
Aに焦点を合わせる，Aに集中する

1601
☐ **aim at** A
Aを目標とする

1602
☐ **die out**
絶滅する
彲 **become extinct**（→ 1638 **extinct**）

People over 65 **account** **for** about 30% of the Japanese population.	65歳を超える人々が日本の人口の約30%**を占める**。
The decrease in population will **bring about** various problems.	人口の減少は, さまざまな問題**を引き起こす**だろう。
The American Civil War **broke out** in 1861.	アメリカの南北戦争は1861年に**勃発した**。
Fill in each blank with one word.	それぞれの空欄**に**1語を**書き入れなさい**。
Are you **applying for** the program to study in New Zealand?	あなたはニュージーランドへの留学プログラム**に応募します**か。

The teacher **pointed out** three mistakes in my essay.	先生は私の小論文について3つの誤り**を指摘した**。
Gandhi **contributed** greatly **to** India's independence.	ガンディーはインドの独立**に**大いに**貢献した**。
Smoking may **result in** developing lung cancer.	喫煙は肺がんになる**という結果をもたらす**かもしれない。
People can **concentrate** more **on** their work after having a break.	人は休憩を取るとより仕事**に集中**できる。
In today's lesson, we will **focus on** the poems of *Basho*.	今日の授業では, 私たちは芭蕉の句**に焦点を当てます**。
He is **aiming at** making a new record at the Olympics.	彼はオリンピックで新記録を出すこと**を目標として**いる。
More animals and plants are expected to **die out** due to climate change.	気候変動により**絶滅する**動植物が増えると予想されている。

〈be＋形容詞＋前置詞〉の表現 (2)

1603 ☐ **be capable of** A	Aの能力がある ※フォーマル（書き言葉向き） ⇨ **capability** 图 能力 ⇨ **capacity** 图 容量，収容能力
1604 ☐ **be short of** A	A（時間・お金など）が不足している ⇨ **shortage** 图 不足
1605 ☐ **be keen on** A	Aに熱中している，Aが大好きである
1606 ☐ **be independent of** A	Aから独立している，Aから自立している ⊛ **be dependent on** A Aに頼っている（→1586 depend on A）
1607 ☐ **be true of** A	Aに当てはまる ⊜ **be the case with** A
1608 ☐ **be particular about** A	Aの好みがうるさい
1609 ☐ **be aware of** A	Aに気づいている，Aを知っている ⇨ **awareness** 图 意識，認識
1610 ☐ **be free from** A	Aがない ※ free はここでは「…を免れた，…がない」の意味

that 節を含む表現

1611 ☐ **It goes without saying that ...**	…は言うまでもない
1612 ☐ **It occurs to＋人＋that ...**	（考えなど）が人の心に（突然）浮かぶ ※会話でよく用いる ⊛ S **occurs to＋人** S（考えなど）が人の心に浮かぶ
1613 ☐ **(It is) no wonder (that) ...**	…なのは当然だ ※インフォーマルな会話では It is と that を省略する
1614 ☐ **It is not until ... that ～**	…して初めて～する ※フォーマル（書き言葉向き）
1615 ☐ **It turns out (that) ...**	結局…になる，…であるとわかる ※ It turns out to be ... の形も可

This car **is capable of** reaching a speed of 300 km per hour.	この車は時速300キロを出す**ことができます**。
University students often work part-time because they **are short of** money.	大学生はお金が**不足している**という理由でアルバイトをすることが多い。
Sakura **is keen on** figure skating.	さくらはフィギュアスケート**に熱中している**。
He wants to **be** financially **independent of** his parents.	彼は経済的に両親**から自立し**たいと思っている。
What **is true of** one country is not necessarily true of others.	ある国**に当てはまる**ことが，他の国にも当てはまるとは限らない。
She **is particular about** food, so she doesn't eat fast food.	彼女は食べ物**にうるさい**ので，ファーストフードは食べない。
Now people **are aware of** the dangers of smoking.	人々は今や喫煙の危険性**に気づいている**。
This cake **is free from** dairy products.	このケーキには乳製品**は入っていません**。

It goes without saying that we need money to live.	生きるためにお金が必要である**ことは言うまでもない**。
It suddenly **occurred to** me **that** I had forgotten to lock the door.	ドアの鍵を閉め忘れた**ことが突然私の頭に浮かんだ**。
The air-conditioner is set at 18 degrees. **No wonder** I felt cold.	エアコンが18度に設定されている。寒かった**のも当然だ**。
It is not until you lose something **that** you realize its value.	何かを失って**初めて**その価値に気がつくものだ。
It was windy at the airport. **It turned out that** my flight was canceled.	空港では風が強かった。**結局**私の便はキャンセル**となった**。

同じジャンルで覚える⑨⑷　自然界（自然現象）に関する語

1616
horizon
[həráɪz(ə)n] **アク**　B1
名 地平線，水平線
⇒ **horizóntal** 形 水平の

beyond the **horizon**
水平線の向こうに

1617
atmosphere
[ǽtməsfìər] **アク**　B1
名 ①【the -】大気　②雰囲気
類 **mood** 名 気分，機嫌 (→1055)

the earth's **atmosphere**
地球の大気

1618
marine
[məríːn] **アク**　B1
形 海の，海洋の

marine life
海洋生物

1619
soil
[sɔɪl]　B2
名 土，土壌

rich **soil**
豊かな土壌

1620
phenomenon
[fəná(ː)mənà(ː)n]　B1
名 現象
複 **phenomena**

a natural **phenomenon**
自然現象

同じジャンルで覚える⑨⑸　環境に関する語

1621
ecosystem
[íːkousìstəm]　B1
名 生態系
類 **ecólogy** 生態系，自然環境

the **ecosystem** changes
生態系が変化する

1622
sustainable
[səstéɪnəb(ə)l]
形 （環境に優しく）持続可能な
⇒ **sustainabílity** 名 持続可能性

sustainable society
持続可能な社会

💡 昨今関心が高まっている SDGs とは，Sustainable Development Goals

1623
diversity
[dəvə́ːrsəti]
名 多様性　⇒ **diverse** 形 多様な
類 **biodiversity** 名 生物多様性

biological **diversity**
生物学的多様性

1624
resource
[ríːsɔːrs]　B1
名 資源
類 **source** 名 源，情報源 (→825)

natural **resources**
天然資源

1625
pollution
[pəlúːʃ(ə)n]　A1
名 汚染
⇒ **pollute** 動 …を汚染する

air **pollution**
大気汚染

1626
chemical
[kémɪk(ə)l]　B1
名 化学物質
形 化学（物質）の

chemicals from a factory
工場からの化学物質

1627
poison
[pɔ́ɪz(ə)n]　B1
名 毒
⇒ **poisonous** 形 有毒な

strong **poison**
強い毒

The ship disappeared <u>beyond the</u> **horizon**.	その船は**水平線**の向こうに消えた。
Burning fossil fuels pollutes <u>the earth's</u> **atmosphere**.	化石燃料を燃やすと，地球の**大気**を汚染する。
It is clear that plastic is harmful to **marine** <u>life</u>.	プラスチックが**海洋生物**にとって有害であることは明白だ。
Some vegetables do not need <u>rich</u> **soil** to grow.	野菜の中には育つために豊かな**土壌**を必要としないものもある。
Rainbows are <u>a</u> <u>natural</u> **phenomenon**.	虹は**自然現象**です。

| <u>The</u> **ecosystem** <u>is</u> <u>changing</u> due to global warming. | 地球温暖化のために**生態系**が変化しつつある。 |
| Each of us should make more efforts to create a **sustainable** <u>society</u>. | **持続可能な**社会を作るために，私たち一人ひとりがもっと努力すべきだ。 |

「持続可能な開発目標」の略称。

<u>Australia has unusual</u> <u>biological</u> **diversity**.	オーストラリアには珍しい**生物学的多様性**がある。
<u>Japan needs to import a lot of</u> <u>natural</u> **resources**.	日本はたくさんの**天然資源**を輸入しなければなりません。
<u>Air</u> **pollution** used to be very serious in Japan.	日本ではかつて**大気汚染**がとても深刻でした。
<u>The</u> **chemicals** <u>from</u> <u>the</u> <u>factory</u> caused water pollution.	**工場**からの**化学物質**が，水質汚染をもたらした。
Some parts of the *fugu* fish contain very <u>strong</u> **poison**.	フグの部位によっては，とても強い**毒**が含まれている。

STAGE 3

コロケーションで覚える㉑

1628			
☐ **greenhouse** [grí:nhàus]	名 温室 B1		**greenhouse gas emissions** 温室 (効果) ガスの排出

1629		
☐ **gas** [gæs] A2	名 ①ガス, 気体　②〈米〉ガソリン 翻 **solid** 名 固体　翻 **liquid** 名 液体	

1630		
☐ **emission** [ɪmíʃ(ə)n]	名 (ガスなどの)排出 (物), 放出 (物) ⇨ **emit** 動 (気体・熱・光)を出す	

1631		
☐ **fossil** [fá(:)s(ə)l]	名 化石	**fossil fuels** 化石燃料

1632		
☐ **fuel** [fjú(:)əl] B1	名 燃料	

1633		
☐ **endangered** [ɪndéɪn(d)ʒərd] A2	形 絶滅の危機にさらされた ⇨ **endanger** 動 …を危険にさらす ※ en- は動詞化する(→ Unit 143)	**endangered species** 絶滅危惧種

1634		
☐ **species** [spí:ʃi:z] B2	名 (生物の)種　覆 **species**	

1635		
☐ **theory** [θíːəri] B1	名 学説, (学説的な)論	**the theory of evolution** 進化論

1636		
☐ **evolution** [èvəlúːʃ(ə)n] B2	名 進化　⇨ **evólve** 動 進化する ⇨ **evolutionary** 形 進化的な, 進化論の	

1637		
☐ **dinosaur** [dáɪnəsɔ̀ːr] A2	名 恐竜	**dinosaurs became extinct** 恐竜は絶滅した

1638		
☐ **extinct** [ɪkstíŋ(k)t] B1	形 絶滅した 翻 **die out** 絶滅する(→ 1602) ⇨ **extinction** 名 絶滅	

1639		
☐ **release** [rilíːs] B1	動 ①(化学物質など)を放出する　②…を解き放す	**release carbon dioxide** 二酸化炭素を放出する

1640		
☐ **carbon** [káːrb(ə)n] B2	名 炭素　翻 **oxygen** 名 酸素 翻 **carbon dioxide** 名 二酸化炭素	

We often hear that we need to reduce **greenhouse** **gas** **emissions**.

温室(効果)ガスの排出を削減する必要があるとしばしば耳にする。

One cause of global warming is burning **fossil** **fuels**.

地球温暖化の原因の1つは、**化石燃料**の燃焼です。

Animals such as polar bears and koalas are **endangered** **species**.

ホッキョクグマやコアラのような動物は、**絶滅危惧種**です。

The **theory** of **evolution** is now widely accepted.

進化論は今では広く受け入れられている。

It is said that **dinosaurs** became **extinct** about 66 million years ago.

恐竜は約6600万年前に**絶滅した**と言われている。

Many factories **release** **carbon** dioxide, which is a main cause of global warming.

多くの工場が**二酸化炭素を放出し**、それが地球温暖化の主な原因となっている。

STAGE 3

353

同じジャンルで覚える⑯ 物の形を表す語

1641
☐ **shape**
[ʃeɪp] A2

名 ①形
②状態，調子

in the **shape** of A
Aの形をして

1642
☐ **square**
[skweər] A2

形 正方形の
名 ①正方形 ②(四角い)広場

a **square** sheet of paper
正方形の1枚の紙

1643
☐ **circle**
[sə́:rk(ə)l] A1

名 円，丸
動 …を丸で囲む

draw a **circle**
円を描く

1644
☐ **triangle**
[tráɪæ̀ŋ(ə)l] B2

名 三角形

a regular **triangle**
正三角形

1645
☐ **cube**
[kju:b] B2

名 立方体

cut a carrot into **cubes**
ニンジンを立方体に切る
[さいの目に切る]

1646
☐ **sphere**
[sfɪər] B1

名 球体

a perfect **sphere**
完全な球体

コロケーションで覚える㉒

1647
☐ **origin**
[ɔ́:rɪdʒɪn] アク B1

名 起源
⇨ oríginal 形 ①最初の ②独自の

the **origins** of the **universe**
宇宙の起源

1648
☐ **universe**
[jú:nɪvə̀:rs] アク B1

名 【the -】宇宙
⇨ univérsal 形 全世界の，普遍的な

1649
☐ **observe**
[əbzə́:rv] B1

動 ①…を観察する ②…に気づく
⇨ observátion 名 観察

observe Mars **through a telescope**
望遠鏡で火星を観測する

1650
☐ **Mars**
[mɑ:rz]

名 火星

1651
☐ **telescope**
[téləskòup] B2

名 望遠鏡
(反) microscope 名 顕微鏡

引き出し ☐ Mercury 「水星」 ☐ Venus 「金星」
☐ the earth[Earth] 「地球」 ☐ Jupiter 「木星」

Several islands around the world are in the **shape** of a heart.	世界にはハートの**形**をした島がいくつかあります。
To make a crane, we use a **square** sheet of paper.	鶴を折るためには，**正方形**の紙を1枚使います。
Draw a **circle** in the middle of the paper.	紙の中央に**円**を描いてください。
The three sides of a regular **triangle** are all the same length.	正**三角形**の3つの辺はすべて同じ長さです。
Please cut this carrot into **cubes**.	このニンジンを**立方体**に［さいの目に］切ってください。
Earth is not a perfect **sphere**.	地球は**完全**な**球体**ではない。
Scientists are getting closer to understanding the **origins** of the **universe**.	科学者たちは，**宇宙の起源**の理解に近づきつつある。
We **observed Mars** through a **telescope** last night.	私たちは昨夜**望遠鏡**で**火星を観測した**。

STAGE 3

☐ Saturn「土星」 ☐ the sun「太陽」 ☐ the moon「月」

355

同じジャンルで覚える⑰ 物の部分や構造に関する語

1652
☐ **structure**
[stríktʃər] A2
名 構造
the **structure** of houses
家屋の**構造**

1653
☐ **detail**
[díːteɪl]
名 詳細，細部
be painted in **detail**
詳細に描かれる

A2 引き出し ☐ in detail 「詳細に」

1654
☐ **surface**
[sə́ːrfəs] 発音 B1
名 表面
the **surface** of the earth
地球の**表面**

1655
☐ **diameter**
[daɪǽmətər] アク B1
名 直径
... cm in **diameter**
直径…センチメートル

1656
☐ **edge**
[edʒ] B1
名 ①端，ふち ②(刃物の)刃
類 frame 名 枠，(額などの)ふち
the **edge** of the road
道路の**端**

1657
☐ **pattern**
[pǽtərn] アク B1
名 模様，パターン
※規則的に繰り返される様式ということ
the **patterns** on the
butterfly 蝶の**模様**

1658
☐ **section**
[sékʃ(ə)n] A1
名 ①区間，(分けられた)部分
②(会社などの)部門
the **section** between A and B
A から B までの**区間**

1659
☐ **bottom**
[bá(ː)təm] A1
名 【the -】一番下，底
反 top 【the -】一番上，上部
the **bottom** of the slide
スライドの**一番下**

文法・語法との関連で覚える㉛ 動詞・名詞でアクセントや発音が異なる語(2)

1660
☐ **protest**
[prətést] アク
動 (A に)抗議する(against A)
名 [próutest] 抗議
protest against the law
法律に**抗議する**

B2 〈名詞の例〉Several people were injured in the violent **protests**

1661
☐ **contract**
[ká(ː)ntrækt] アク
名 契約
動 [kəntrǽkt] …に契約させる
a one-year **contract**
1 年**契約**

B2 〈動詞の例〉Our company was **contracted** to build the hotel. 「私たち

1662
☐ **desert**
[dɪzə́ːrt] 発音
動 …を見捨てる，…を放棄する
名 [dézərt] 砂漠(→1323)
desert the island
島を**放棄する**

The **structure** of houses should be strong enough to survive earthquakes.	家屋の**構造**は，地震に耐えるために十分に頑丈でなければならない。
The flowers are painted in **detail** in this picture.	この絵では，花々が**詳細**に描かれている。
About 70% of the **surface** of the earth is water.	地球の**表面**の約70%は水です。
These tires are 120 cm in **diameter**.	これらのタイヤは**直径**120センチメートルです。
The fog was so dense that I could hardly see the **edge** of the road.	霧がとても深かったので，道路の**端**がほとんど見えませんでした。
The **patterns** on these two butterflies are different.	これらの2匹の蝶の**模様**は異なっています。
The **section** of the expressway between Toyama and Kanazawa is closed.	高速道路の富山から金沢までの**区間**は通行止めです。
Please look at the **bottom** of this slide.	（プレゼンテーションで）このスライドの**一番下**を見てください。

STAGE 3

| A large crowd **protested** against the new laws. | 大群衆が新しい法律に**抗議した**。 |

yesterday.「その暴力的な抗議（行動）の中で数名が負傷した。」

| My sister started a new job, but it is only a one-year **contract**. | 私の姉は新しい仕事を始めたのだが，それはほんの1年間の**契約**だ。 |

の会社はそのホテルを建設する契約を結んだ。」

| The island has been **deserted** since the factory was closed. | 工場が閉鎖されて以来，その島は**放棄されている**［さびれている］。 |

357

似ていて紛らわしい語をセットで覚える㉖ 〈意味が似ている〉

1663
☐ **area**
[éəriə] 発音
A2

名 ①地域，区域　②分野
※「地域」の意味では最も一般的

a wide **area**
幅広い地域

1664
☐ **district**
[dístrɪkt]
B1

名 (比較的狭い)地域・地方

the Lake **District**
湖水地方　※イングランド北西部にある

1665
☐ **region**
[ríːdʒ(ə)n]
B1

名 (比較的広い)地域・地方
⇨ **regional** 形 地域の

a tropical **region**
熱帯地域

1666
☐ **space**
[speɪs]
A2

名 ①場所，空間　②宇宙

open **spaces**
広々とした空間

💡 普通 area, district, region は，平面状に広がる範囲を意味する。

1667
☐ **habitat**
[hǽbɪtæt]
B1

名 (動植物の)生息地

the natural **habitat**
自然生息地

1668
☐ **territory**
[térətòːri]
B2

名 領土，縄張り

cats have **territories**
ネコには縄張りがある

1669
☐ **view**
[vjuː]
A2

名 ①眺め　②(特定の)見方，意見
動 …を見る

the **view** from A
Aからの眺め

1670
☐ **sight**
[saɪt]
A1

名 ①光景，視界　②視力
⑩ **site** [同音] 名 サイト，場所
⇨ **see** 動 …が目に入る(→66)

come into **sight**
視界に入る

💡 view は「特定の場所からの眺め」が基本の意味で，そこから「(特定の)見方，意見」の意味も持つ。sight は see「…が目に入る」(→66)の名詞形で，

同じジャンルで覚える㉘ 「超自然」に関する語

1671
☐ **superstition**
[sùːpərstíʃ(ə)n]
B1

名 迷信

believe in a **superstition**
迷信を信じる

1672
☐ **mystery**
[míst(ə)ri]
A2

名 謎，不思議な事
⇨ **mystérious** 形 不思議な

mysteries about the moon
月にまつわる謎

1673
☐ **miracle**
[mírək(ə)l]
B1

名 奇跡

it is a **miracle** (that) …
…は奇跡だ

1674
☐ **soul**
[soʊl]
B1

名 魂，霊魂

souls go to Heaven
魂が天国に行く

Rice is grown over a wide **area** of Japan.	米は日本の幅広い**地域**で育てられている。
The author of "Peter Rabbit" lived in the Lake **District**.	「ピーターラビット」の作者は<u>湖水地方</u>に住んでいた。
We need to protect forests in tropical **regions**.	熱帯**地域**の森林を保護することが必要だ。
People living in large cities do not have a lot of open **spaces** to enjoy.	大都市に住む人々は，楽しむための<u>広々とした**空間**</u>をあまり持っていない。

一方 space は平面に加えて立体的に広がる範囲をも意味する。

The natural **habitat** of many animals has been destroyed by humans.	多くの動物の<u>自然**生息地**</u>は，人間によって破壊されてきた。
Cats have their own **territories**.	ネコにはそれぞれ自分の**縄張り**がある。
The **view** from our hotel room was so beautiful.	私たちのホテルの部屋<u>からの**眺め**</u>はとても美しかった。
As the cloud cleared, the top of the mountain came into **sight**.	雲が消えると，山の頂上が**視界に入ってきた**。

「目に入る光景」が基本の意味だが，「視力」の意味にも注意。

STAGE 3

Some people believe in the **superstition** that breaking a mirror brings bad luck.	鏡を割ると不運をもたらすという**迷信**を信じている人もいる。
There are still lots of **mysteries** about the moon.	<u>月</u>にまつわる**謎**はいまだに多くある。
It is a **miracle** that no one was killed in the train crash.	その列車事故で誰も亡くならなかったのは**奇跡**だ。
It is said that after you die, your **soul** goes to Heaven.	死んだあと，**魂**は<u>天国に行く</u>といわれている。

359

同じジャンルで覚える㊾ アカデミックな文章でよく登場する動詞

1675 estimate
[éstɪmèɪt] 発音　B1 [éstəmət]
動 …を見積もる
名 見積もり

scientists **estimate** that ...
科学者は…と見積もる

1676 represent
[rèprɪzént]　A2
動 ①…を表す　②…を代表する
⇨ representative 名 代表者

the line **represents** a rise
線は上昇を表す

1677 note
[noʊt]　A1
動 ①…に注意を払う　②…に言及する　名 メモ, 注釈
熟 notebook 名 ノート(→245)

Please **note** that ...
…に注意を払ってください

1678 refer
[rɪfə́ːr] アク　A2
動 【refer to A】①Aを示す　②Aに言及する　③Aを参照する
⇨ réference 名 言及, 参照

the word **refers to** A
その語はAのことを示す

1679 identify
[aɪdéntəfàɪ]　B2
動 …が誰か[何か]を確認する, …を特定する
⇨ identity 名 身元, アイデンティティ

identify a new species
新種を特定する

1680 indicate
[índɪkèɪt]　A2
動 …を示す

the results **indicate** that ...
結果は…を示す

1681 illustrate
[íləstrèɪt]　B2
動 (例や図表などで)…を説明する
熟 demonstrate (実例などで)…を証明する

illustrate the change
変化を説明する

1682 imply
[ɪmplái]　B2
動 …を暗示する
⇨ implicátion 名 ①暗示 ②影響

the report **implies** that ...
報告書は…を暗示する

同じジャンルで覚える㊿ アカデミックな文章でよく登場する名詞

1683 concept
[ká(:)nsept]　B1
名 概念
⇨ concéptual 形 概念的な

a **concept** in physics
物理学の概念

1684 aspect
[ǽspekt]　B1
名 側面

positive **aspects**
良い面

1685 factor
[fǽktər]　B2
名 要因, 要素
熟 element 要素, 要因

an important **factor**
重要な要素

1686 condition
[kəndíʃ(ə)n]　A2
名 ①状態, [-s]状況　②条件

weather **conditions**
天候状態

1687 process
[prá(:)ses]　B1
名 過程, プロセス

a slow **process**
ゆっくりとした過程

Scientists **estimate** that global temperatures will rise by two degrees in this century.	科学者たちは，地球の気温は今世紀の間に2度上昇する**と見積もっている**。
The red <u>line</u> on the graph **represents** <u>the rise</u> in oil prices.	グラフの赤線は石油価格の<u>上昇</u>**を表します**。
<u>Please</u> **note** <u>that</u> only 100 people took part in this study.	この研究にはたったの100人しか参加しなかったこと**に注意してください**。
The <u>word</u> "freshman" **refers to** a first-year student in the US.	「フレッシュマン」という語はアメリカでは1年生**のことを示す**。
The biologist has **identified** three <u>new species</u> of fish this year.	その生物学者は今年3種の新種の魚**を特定した**。
The <u>results</u> **indicate** <u>that</u> the world's population is increasing.	その結果は世界の人口が増加していること**を示している**。
The graph **illustrates** <u>the change</u> in sea temperature last year.	グラフは昨年の海水温の変化**を説明している**。
The <u>report</u> **implies** <u>that</u> more students use social media than before.	その報告書は，以前よりもソーシャルメディアを使う生徒が増えていること**を暗示している**。
Many **concepts** <u>in</u> physics are difficult to understand.	物理学の**概念**の多くは理解が難しい。
Some scientists mentioned <u>positive</u> **aspects** of video games.	TVゲームの良い**面**に言及する科学者もいる。
One <u>important</u> **factor** in language education is motivation.	言語教育の<u>重要な</u>**要素**の1つは動機付けです。
<u>Weather</u> **conditions** change frequently in the mountains.	山では<u>天候</u>**状態**が頻繁に変わる。
Learning a new language is <u>a slow</u> **process**.	新しい言語の習得はゆっくりとした**過程**である。

コロケーションで覚える㉓

1688
further
[fə́:rðər] A2
形 さらに深い，より進んだ
※ far (→548) の比較級
類 **farther** 形 より遠くの

further research
さらなる研究

1689
research
[rí:sə:rtʃ] A2
名 研究　動 …を研究する
⇨ **reséarcher** 名 研究者

1690
conduct
[kəndʌ́kt] アク B2
動 (調査など)を実施する・行う
名 [ká(:)ndʌkt] 行為

conduct a survey
調査を実施する

1691
survey
[sə́:rveɪ] アク A1
名 調査
動 [sərvéɪ] …を調査する

1692
drama
[drɑ́:mə] A1
名 演劇，ドラマ
⇨ **dramátic** 形 劇的な

drama critic
演劇評論家

1693
critic
[krítɪk] B1
名 評論家
⇨ **criticize** 動 …を批判する (→1534)
⇨ **critical** 形 ①批判的な　②重大な

1694
genetic
[dʒənétɪk] B1
形 遺伝子の
⇨ **gene** 名 遺伝子

genetic engineering
遺伝子工学

1695
engineering
[èn(d)ʒɪníərɪŋ] B1
名 工学
⇨ **engineer** 名 エンジニア

文法・語法との関連で覚える㉜　発音に注意すべき語

1696
theme
[θi:m] 発音 B2
名 テーマ，主題

the **theme** of an essay
小論文のテーマ

1697
image
[ímɪdʒ] 発音 A2
名 ①イメージ，印象　②像
⇨ **imágine** 動 …を想像する (→1100)
⇨ **imaginátion** 名 想像(力)

improve the **image**
イメージを向上させる

1698
allergy
[ǽlərdʒi] 発音
名 アレルギー
⇨ **allérgic** 形 アレルギーの

have an **allergy**
アレルギーがある

1699
virus
[váɪ(ə)rəs] 発音 B1
名 ウイルス，
コンピューターウイルス
関 **bacteria** 細菌，バクテリア

the flu **virus**
インフルエンザウイルス

1700
vaccine
[væksí:n] 発音 B2
名 ワクチン
⇨ **vaccinátion** 名 ワクチン接種

develop a **vaccine**
ワクチンを開発する

Further research is necessary to prove whether the medicine will work.	その薬が効くかどうかを証明するために，**さらなる研究**が必要だ。
Our group **conducted** a **survey** to find out how long students study at home.	私たちのグループは，生徒たちがどれくらい自宅学習をするかを知るため，**調査を実施しました**。
Many **drama critics** praised the performance of "Romeo and Juliet."	多くの**演劇評論家**が「ロミオとジュリエット」における演技を賞賛した。
Scientists hope to use **genetic engineering** to improve the world food situation.	科学者たちは世界の食糧事情を改善するために**遺伝子工学**を利用したいと考えている。
Have you chosen the **theme** of your essay?	あなたは小論文の**テーマ**を選びましたか。
After the food company lost trust, it is trying to improve its **image**.	その食品会社は信頼を失ってから，**イメージの向上**に努めています。
More children have food **allergies** than before.	食物**アレルギー**がある子どもが以前より増えている。
The flu **virus** often causes high fever.	インフルエンザ**ウイルス**はしばしば高熱を引き起こす。
Some companies developed a **vaccine** against COVID-19 quickly.	いくつかの企業が新型コロナウイルスへの**ワクチン**を迅速に開発した。

STAGE 3

363

同じジャンルで覚える⑩　研究や研究発表に用いる語

1701 □	**laboratory** [lǽb(ə)rətɔ̀ːri]	名 実験室，研究室 略 **lab**	a chemistry **laboratory** 化学実験室

> B1 長い語なので会話では短く lab と言うことが多い。

1702 □	**material** [mətíəriəl] A2	名 材料，素材　形 物質的な 類 **substance** 物質	raw **materials** 原料[加工していない材料]

1703 □	**investigate** [ɪnvéstɪgèɪt] アク B2	動 …を調査する ⇨ **investigátion** 名 調査	**investigate** the effects 効果を調査する

1704 □	**questionnaire** [kwèstʃənéər] B1	名 アンケート	fill in a **questionnaire** アンケートに記入する

1705 □	**paper** [péɪpər] A1	名 ①論文　②紙 ③新聞 (= 1144 newspaper)	a **paper** on the virus そのウイルスに関する論文

1706 □	**figure** [fígjər]	名 ①数値，数字	unemployment **figures** 失業者数
	A2	名 ②図 類 **chart** 図，図表	**figure** 1 on page ... …ページの図 1

反対の意味を持つ語をセットで覚える⑬　〈形容詞〉

1707 □	**academic** [æ̀kədémɪk] B1	形 学問的な	**academic** subjects 学問的な科目

1708 □	**practical** [præ̀ktɪk(ə)l]	形 実践的な	**practical** subjects 実践的な科目

> B1 数学や語学のように机に向かって学習する科目を academic subjects と言い，体育のように体を動かすなどして実践的に学ぶ科目を practical subjects

1709 □	**major** [méɪdʒər] 発音 A2	形 主要な　名 〈米〉専攻 動 〈米〉【major in A】A を専攻する ⇨ **majórity** 名 大多数，多数(派)	a **major** industry 主要産業

1710 □	**minor** [máɪnər]	形 さして重要でない，小さな ⇨ **minórity** 名 少数(派)	**minor** mistakes 小さなミス

> B1 日本語では major を「メジャー」と発音するが，これは正しい発音ではない。

Our school has a new chemistry **laboratory**.	私たちの学校には新しい化学**実験室**がある。
Japan depends very much on importing raw **materials** from abroad.	日本は海外からの原料の輸入に大きく頼っている。
Scientists are **investigating** the effects of the new drug on cancer.	科学者たちは，その薬のがんに対する効果**を調査して**いる。
We were asked to fill in a **questionnaire** about sleep.	私たちは睡眠についての**アンケート**に記入するよう求められた。
A new **paper** on the virus has been published by Dr. Parker.	そのウイルスに関する新しい**論文**がパーカー博士によって公表された。
The government has just released the latest unemployment **figures**.	政府は最新の失業者**数**を公表した。
Figure 1 on page 12 shows a graph of population decline.	12ページの**図**1は，人口減少のグラフを示している。

STAGE 3

| I like studying **academic** subjects such as physics and history. | 私は物理や歴史などの**学問的な科目**を学ぶのが好きです。 |
| My friend enjoys **practical** subjects like P.E. and home economics. | 私の友人は体育や家庭科のような**実践的な科目**が好きです。 |

と呼ぶ（「理論」⇔「実践」の関係）。

| Tourism is one of the **major** industries in Switzerland. | 観光はスイスにおける**主要産業**の1つです。 |
| Your essay is very good apart from a few **minor** mistakes. | あなたの小論文は少しの**小さなミス**を除けばとても良い。 |

また大学での「専攻（する）」という意味があることにも注意。

同じジャンルで覚える⑩ 学問の名前

1711 astronomy
[əstrá(:)nəmi] B2
名 天文学
⇨ **astronomer** 名 天文学者
⑩ **ástronaut** 名 宇宙飛行士
the **astronomy** club
天文部

1712 architecture
[ɑ́ːrkətèktʃər] A2
名 建築学, 建築
⇨ **architect** 名 建築家
study **architecture**
建築学を学ぶ

1713 psychology
[saɪkɑ́(:)lədʒi] 発音 B2
名 心理学, 心理
⇨ **psychológical** 形 心理学の, 心理的な
⇨ **psychologist** 名 心理学者
teach **psychology**
心理学を教える

1714 literature
[lít(ə)rətʃər] B1
名 文学
American **literature**
アメリカ文学

1715 linguistics
[lɪŋgwístɪks]
名 言語学 ⇨ **linguistic** 形 言語学の
⇨ **línguist** 名 言語学者
major in **linguistics**
言語学を専攻する

スペリングに注目して覚える⑰ 「前の」の意味の pre- で始まる語

1716 predict
[prɪdíkt] A2
動 …を予測する, …を予言する
※ pre「前に」+dict「言う」
⇨ **prediction** 名 予測, 予言
predict earthquakes
地震を予測する

1717 preserve
[prɪzə́ːrv] B1
動 …を保存する, …を保つ
※ pre「前もって」+serve「保つ」
⇨ **preservátion** 名 保存
preserve food
食べ物を保存する

1718 pregnant
[prégnənt] B1
形 妊娠して
※「赤ちゃんが生まれる前の状態」から
⇨ **pregnancy** 名 妊娠
my wife is **pregnant**
妻は妊娠している

1719 prejudice
[prédʒədəs] B1
名 偏見, 先入観 ⑩ bias
※ pre「前もって」+judice「判断」
a **prejudice** against A
Aに対する偏見

スペリングに注目して覚える⑱ -where で終わる語

1720 somewhere
[sʌ́mwèər] A2
副 どこかで, どこかに
somewhere in the house
家のどこかに

1721 anywhere
[éniwèər] A2
副〈任意の一箇所〉どこでも, 【not … anywhere】どこにも…ない
can't find A **anywhere**
Aがどこにも見当たらない

1722 everywhere
[évri(h)wèər] A1
副 あらゆるところに, あちこちで
※例文のように名詞的にも用いる
search **everywhere**
あらゆる場所を探す

1723 nowhere
[nóuwèər] B1
副 どこにも…ない
※例文のように名詞的にも用いる
there is **nowhere** to *do*
どこにも〜するところがない

I'm a member of <u>the</u> **astronomy** club at school.	私は学校の**天文**部のメンバーです。
I want to <u>study</u> **architecture** at university.	私は大学では**建築学**を学びたい。
My mother <u>teaches</u> **psychology** at university.	私の母は大学で**心理学**を教えている。
Ms. Komiyama is a specialist in <u>American</u> **literature**.	小宮山先生はアメリカ**文学**の専門家です。
I think I will <u>major</u> <u>in</u> **linguistics** in university.	私は大学では**言語学**を専攻しようと思っている。

I hope we will be able to **predict** <u>earthquakes</u> in the future.	将来地震**を予測する**ことができるようになるといいと思う。
We can reduce waste by **preserving** <u>food</u> in various ways.	色々な方法で食べ物**を保存すること**で，無駄を減らすことができる。
<u>My</u> <u>wife</u> is **pregnant**, and our baby is due next month.	妻は**妊娠していて**，来月には赤ちゃんが生まれる予定です。
We should teach children not to have <u>a</u> **prejudice** <u>against</u> others.	私たちは他者に対して**偏見**を持たないよう，子どもたちに教えるべきだ。

STAGE 3

I can't find my phone, but it must be **somewhere** <u>in</u> <u>the</u> <u>house</u>.	私の電話が見つからないのだが，家の**どこかに**あるはずだ。
I've lost my phone. I **can't** <u>find</u> it **anywhere**.	私は電話をなくしてしまった。それが**どこにも**見当たら**ない**。
The police <u>searched</u> **everywhere** for a weapon, but found nothing.	警察は武器を求めて**あらゆる場所**を探したが，何も見つけられなかった。
<u>There</u> is **nowhere** to <u>park</u> near my office.	職場の近くには**どこにも駐車するところがない**。

文法・語法との関連で覚える㉝ 2つの異なる意味に注意すべき語(2)

1724 □ **organ** [ɔ́:rɡ(ə)n] B1	名 ①(楽器の)オルガン ②臓器	donate *one's* **organs** 臓器を提供する
1725 □ **loud** [laʊd] B1	形 ①(音・声が)大きい ②派手な	a **loud** T-shirt 派手なTシャツ
1726 □ **light** [laɪt] A1	形 ①明るい(→285) ②軽い ⊗ **heavy** 重い	the computer is **light** そのコンピューターは軽い
1727 □ **state** [steɪt] A2	名 ①国, (米国などの)州 ②状態	a terrible **state** ひどい状態
1728 □ **certain** [sə́:rt(ə)n] A2	形 ①…を確信して(→301) ②(明言を避けて)ある…, 特定の…	under **certain** conditions 特定の条件のもとで
1729 □ **concrete** [ká(:)nkri:t] アク B2	形 ①コンクリート製の ②具体的な ⊗ **abstract** 抽象的な	a **concrete** plan 具体的な計画
1730 □ **strike** [straɪk] A2 ⓐ strike-struck-struck B1	名 ストライキ 動 …を強く打つ, …の心を打つ	be **struck** by a speech 演説に心を打たれる
1731 □ **last** [læst] A2 B1	形 この前の, 最後の(→543) 動 (物事が)持続する, もつ	**last** for a long time 長くもつ
1732 □ **capital** [kǽpət(ə)l] A2 A2	名 ①首都 ②資本(金) 形 大文字の ⊗ **small** 小文字の	a **capital** letter 大文字
1733 □ **face** [feɪs] A1 A2	名 顔 動 (困難など)に直面する ⇨ **facial** 形 顔の	**face** a problem 問題に直面する

似ていて紛らわしい語をセットで覚える㉗ 〈意味が似ている〉

| 1734 □ **percentage** [pərséntɪdʒ] アク | 名 百分率, 割合 ⓟ **percent** パーセント(%) | the **percentage** of people 人々の割合 |

B2 💡 percent は単位として数字の後に置くのが普通。percentage は percent で

| 1735 □ **rate** [reɪt] A2 | 名 ①割合, 率 ②速度 | the birth **rate** 出生率 |
| 1736 □ **ratio** [réɪʃioʊ] 発音 | 名 (2者間の)比率・比 | the **ratio** of A to B AとBの比率 |

Would you like to <u>donate</u> <u>your</u> **organs** after you die?	亡くなったあとに**臓器を提供したい**と思いますか。
Look! That man is wearing <u>a</u> **loud** T-shirt.	見て！ あの男の人，**派手なＴシャツ**を着ているよ。
<u>This</u> <u>computer</u> <u>is</u> very **light**, so it is easy to carry.	<u>このコンピューター</u>はとても**軽くて**持ち運びが楽だ。
Your room is in <u>a</u> **terrible** **state**. Clean it up now!	あなたの部屋はひどい**状態**よ。すぐに片付けなさい！
This medicine is very effective <u>under</u> **certain** conditions.	この薬は**特定の**条件のもとではとても効果的だ。
I know a new school will open here, but I haven't heard any **concrete** plans.	ここで新しい学校が開校することは知っているが，**具体的な計画**については何も聞いていない。
<u>I</u> <u>was</u> **struck** <u>by</u> our principal's <u>speech</u> at our graduation ceremony.	卒業式での校長先生の演説に私は**心を打たれた**。
We should buy more products which can **last** <u>for</u> <u>a</u> <u>long</u> <u>time</u>.	私たちは**長くもつ**製品をもっと買うべきだ。
All nouns in German are written starting with <u>a</u> **capital** <u>letter</u>.	ドイツ語では名詞はすべて**大文字**で書き始めます。
We are **facing** <u>the</u> <u>problem</u> of global warming now.	私たちは今，地球温暖化という問題に**直面して**いる。

STAGE 3

The **percentage** <u>of</u> <u>people</u> who own cars is decreasing in Japan.	日本では車を所有する<u>人</u>の**割合**は減ってきています。

示した「割合」，つまり全体を100としたときの割合のこと。

The <u>birth</u> **rate** tends to be low in developed countries.	先進国では<u>出生率</u>は低い傾向にある。
The **ratio** <u>of</u> <u>girls</u> <u>to</u> <u>boys</u> at our school is three to two.	私たちの学校の<u>女子と男子</u>の**比率**は3対2です。

369

同じジャンルで覚える⑩³　言葉・言語に関する語(2)

1737
statement
[stéɪtmənt] A2
名 発言，声明
※「述べられたこと」が基本の意味
⇨ state 動 …を述べる
agree with this **statement**
この発言に賛成する

1738
definition
[dèfəníʃ(ə)n] B1
名 (言葉の)定義，語義
⇨ define 動 …を定義する
clear **definition** of words
単語の明確な定義

1739
context
[ká(:)ntekst] A2
名 ①文脈　②背景，状況
※①②とも何かの「前後関係」ということ
guess from the **context**
文脈から推測する

1740
text
[tekst] A2
名 (まとまった内容のある)文章
類 passage 一節，文章(→1090)
動 携帯電話でメールを送る
read **text** A
文章 A を読む

1741
native
[néɪtɪv] A2
形 生まれた土地の，母国の
a **native** speaker of A
A を母国語とする人
[A のネイティブスピーカー]

1742
formal
[fɔ́ːrm(ə)l] B1
形 正式な，フォーマルな，形式
ばった　反 informal くだけた
write a **formal** letter
正式な手紙を書く

💡 文体について用いることが多く，formal な表現は堅いスピーチや書き言葉に

1743
oral
[ɔ́ːr(ə)l] B2
形 ①口頭の　②口に関する
an **oral** test
口頭試験

1744
summary
[sʌ́m(ə)ri] A2
名 要約
⇨ summarize 動 …を要約する
write a **summary**
要約を書く

1745
dialect
[dáɪəlèkt]
名 方言，…弁
our local **dialect**
私たちの地域の方言

1746
accent
[ǽksent]
名 ①(発音上の)なまり
　　②強勢，アクセント
a British **accent**
英国なまり

💡 accent は主に発音上の違いを意味するが，dialect は発音だけでなく使用す

同じジャンルで覚える⑩⁴　論理展開の目印となる接続詞・副詞(2)

1747
whereas
[(h)weəræz] B2
接 …の一方で，…ではあるが
類 while(→409)
..., **whereas** S+V
…だが，一方で S は～する

1748
unless
[ənlés] B1
接 もし…でなければ，…でない限りは
類 if ... not ～ もし～でなければ
unless S+V, ...
S が～しなければ，…

Do you <u>agree</u> <u>with</u> <u>this</u> **statement**?	あなたはこの**発言**に賛成ですか。
This dictionary gives <u>clear</u> **definitions** <u>of</u> <u>words</u>.	この辞書には単語の明確な**定義**が載っている。
Try to <u>guess</u> the meaning of the word <u>from</u> <u>the</u> **context**.	**文脈**からその単語の意味を推測してみよう。
<u>Read</u> **text** <u>A</u> on page 45 and answer the questions.	45ページの**文章** A を読んで, 質問に答えなさい。
Our ALT is <u>a</u> **native** <u>speaker</u> <u>of</u> <u>English</u>.	私たちの ALT は英語が**母国語** [英語のネイティブスピーカー] です。
It is difficult to <u>write</u> <u>a</u> **formal** <u>letter</u> in a foreign language.	外国語で**正式な手紙を書く**ことは難しい。

向き, informal な表現は身近な人との会話に向いている。

When studying a language, it is important to have **oral** <u>tests</u>.	言語を勉強する際, **口頭試験**を受けることは重要だ。
Please <u>write</u> a **summary** of the article.	その記事の**要約を書いて**ください。
People sometimes find it hard to understand <u>our</u> <u>local</u> **dialect**.	人々は時に私たちの**地域の方言**を理解するのが難しいと感じます。
Is it easier to understand <u>a</u> British **accent** than an American one?	英国**なまり**の方がアメリカなまりよりも理解しやすいのですか。

る語彙や語法の違いをも含む。

| Some wheat is grown in Japan, **whereas** a large amount of it is imported. | 日本で栽培される小麦もあるが, **一方で**大量の小麦が輸入されている。 |
| **Unless** people eat a balanced diet, they will become unhealthy. | バランスの取れた食事を**しなければ**, 人は不健康になるだろう。 |

同じジャンルで覚える⑩⑤　基本的な文法用語

1749	**subject** [sʌ́bdʒekt] A1	名 ①主語　②科目(→240) ③主題(→240)	the **subject** of a sentence 文の主語
1750	**verb** [vəːrb] A2	名 動詞	a regular **verb** 規則動詞
1751	**object** [á(ː)bdʒekt] アク B1	名 ①目的語，目的　②物体 動 【object to A】Aに反対する(→898)	need **objects** 目的語を必要とする
1752	**noun** [naʊn] A2	名 名詞 関 pronoun 名 代名詞	the **noun** form of a verb 動詞の名詞形
1753	**adjective** [ǽdʒɪktɪv] A2	名 形容詞	put an **adjective** before A Aの前に形容詞を置く
1754	**adverb** [ǽdvəːrb] B1	名 副詞	use **adverbs** correctly 副詞を正しく使う
1755	**preposition** [prèpəzíʃ(ə)n] B1	名 前置詞	put a **preposition** before A Aの前に前置詞を置く

コロケーションで覚える㉔

1756	**ancient** [éɪnʃ(ə)nt] 発音 A2	形 古代の 反 modern 現代の，近代の(→535)	**ancient civilizations** 古代文明
1757	**civilization** [sìv(ə)ləzéɪʃ(ə)n] B1	名 文明 ⇨ civil 形 (一般)市民の ⇨ civilized 形 文明化した	
1758	**establish** [ɪstǽblɪʃ] A2	動 …を設立する，…を確立する 類 found …を設立する(→1373) ⇨ establishment 名 設立，確立	**establish an organization** 組織を設立する
1759	**organization** [ɔ̀ːrɡ(ə)nəzéɪʃ(ə)n] B1	名 組織，機関 ⇨ órganize 動 …を組織する	
1760	**hide** [haɪd] 活 hide-hid-hidden A1	動 …を隠す，隠れる	**hidden treasure** 隠された財宝
1761	**treasure** [tréʒər] A2	名 宝物，財宝	

What is the **subject** of this sentence?	この文の**主語**は何ですか。
Regular **verbs** are easier to learn than irregular ones.	規則**動詞**は不規則動詞よりも習得しやすいです。
Some verbs always need **objects**.	動詞の中には常に**目的語**を必要とするものもある。
What is the **noun** form of this verb?	この動詞の**名詞形**は何ですか。
Adjectives are usually put before nouns, not after nouns.	**形容詞**は普通名詞の後ろではなく，前に置かれます。
It is sometimes difficult to use **adverbs** correctly.	**副詞**を正しく使うのは時に難しい。
Prepositions are put before nouns.	**前置詞**は名詞の前に置かれます。
Some **ancient civilizations** started near large rivers.	**古代文明**の中には大河の近くで始まったものもある。
To help the refugees, some **organizations** were **established**.	難民を助けるためにいくつかの**組織**が**設立された**。
People still look for **hidden treasure** under the sea.	人々は今でも，海中に**隠された財宝**を探している。

STAGE 3

373

似ていて紛らわしい語をセットで覚える㉘ 〈意味が似ている〉

1762
efficient
[ɪfíʃ(ə)nt] アク B1
形 効率的な
⇒ efficiency 图 効率

an **efficient** system
効率的なシステム

1763
effective
[ɪféktɪv]
形 効果的な
⇒ effectively 副 効果的に

an **effective** way
効果的な方法

B1 💡 effective は「期待した効果が得られる」ことに，efficient は狙った効果を得

1764
valuable
[vǽljəb(ə)l] B1
形 価値のある，役に立つ
名 【-s】貴重品
⇒ value 图 価値，価格

a **valuable** plate
価値のある皿

1765
precious
[préʃəs]
形 貴重な，かけがえのない

a **precious** experience
貴重な経験

B1 💡 valuable と precious の違いはややわかりにくいが，valuable は主に金銭的に，あるいは有用性の面で「価値がある」ということ，一方 precious は主

1766
ashamed
[əʃéɪmd] B1
形 (道徳的に)恥じている
⇒ shame 图 ①恥 ②残念なこと

be **ashamed** to *do*
〜するのを恥ずかしく思う

1767
embarrassed
[ɪmbǽrəst] アク
形 (人目が)恥ずかしい
⇒ embarrassing 形 当惑させる

feel **embarrassed**
恥ずかしい

B1 💡 ashamed は主に道徳的に誤った行為を「恥じる」の意。embarrassed は失

1768
terrible
[térəb(ə)l] A1
形 ひどい，恐ろしい

a **terrible** accident
ひどい事故

1769
horrible
[hɔ́:rəb(ə)l]
形 ひどくいやな，恐ろしい
⇒ horror 图 恐怖

Natto smells **horrible**
納豆はひどいにおいがする

B1 💡 terrible と horrible はほぼ同じ意味を持ち，どちらを使ってもよい場合が多

スペリングに注目して覚える⑲ -ly で終わる形容詞

1770
elderly
[éldərli] A2
形 高齢の，年配の
関 elder 形 年上の(= older)

elderly people
高齢者

1771
cowardly
[káuərdli]
形 臆病な，卑怯な
⇒ coward 图 臆病者

cowardly behavior
臆病なふるまい

引き出し
☐ daily 「毎日の」 ☐ weekly 「週1回の」
B2 ☐ friendly 「友好的な」(→265) ☐ likely 「ありそうな」(→441)

| We need a more **efficient** system for recycling. | 私たちはリサイクルのためのより**効率的なシステム**を必要としている。 |

| Having discussions in class is an **effective** way to learn how to express yourselves. | 授業でディスカッションすることは，自己表現の仕方を学ぶための**効果的な方法**だ。 |

るうえで「時間やお金などに無駄がない」ことに重点を置く。

| This is a very **valuable** *Kutani* plate. | これはとても**価値のある**九谷焼の皿です。 |

| Studying in the US was a **precious** experience for me. | アメリカ留学は私にとって**貴重な**経験でした。 |

に個人の主観に基づいて「貴重だ，大切だ」ということを意味する。

| She was **ashamed** to say that she had lied to her best friend. | 彼女は親友に嘘をついてしまったことを言うのが**恥ずかしかった**。 |

| I felt **embarrassed** because I could not remember the man's name. | 私はその男の人の名前を思い出せなくて**恥ずかしかった**。 |

敗を人に見られたときなどの「恥ずかしさ」を意味する。

| There was a **terrible** accident in our neighborhood last night. | 昨夜近所で**ひどい**事故があった。 |

| *Natto* smells **horrible**, but it is very good for you. | 納豆は**ひどい**においがするが，体にはとても良い。 |

いが，horrible の方が意味が強い。

| There will be more and more **elderly** people in the future in Japan. | 日本では将来**高齢者**がますます増えるだろう。 |

| We were disappointed by his **cowardly** behavior. | 私たちは彼の**臆病な**ふるまいにがっかりした。 |

□ early 「早い」　□ ugly 「醜い」

STAGE 3

375

同じジャンルで覚える⑩⑥ 宗教に関する語

1772
religion
[rilídʒ(ə)n] B1
名 宗教
⇨ **religious** 形 宗教の

believe in **religion**
宗教を信じる

1773
faith
[feɪθ] B2
名 (Aへの)信仰・信頼(in A)
⇨ **faithful** 形 信心深い，忠実な

a **faith** in God
神への信仰

1774
myth
[mɪθ] B1
名 ①(1つの)神話 ②作り話
⑱ **mythology** (集合的に)神話

a Greek **myth**
ギリシャ神話

反対の意味を持つ語をセットで覚える⑭

1775
require
[rikwáɪər] B1
動 …を要求する，…を必要とする
⇨ **requirement** 名 必要なもの

require A to *do*
Aに〜することを要求する

1776
obey
[oʊbéɪ] B2
動 …に従う
⇨ **obedient** 形 従順な

obey the rule
規則に従う

1777
wealth
[welθ] A2
名 富，財産，裕福
⇨ **wealthy** 形 裕福な

lose *one's* **wealth**
財産を失う

1778
poverty
[pá(:)vərti] B1
名 貧乏，貧困
⇨ **poor** 形 貧しい

live in **poverty**
貧困の中に生きる

文法・語法との関連で覚える㉞ さまざまな前置詞(2)

1779
despite
[dɪspáɪt] B1
前 …にもかかわらず
⑩ **in spite of** A

despite the efforts
努力にもかかわらず

💡 in spite of ... よりも despite のほうがフォーマル。

1780
unlike
[ʌnláɪk] B2
前 …とは違って，…に似ていない
⇨ **unlikely** 形 ありそうもない

unlike Japan
日本とは違って

1781
via
[váɪə] B1
前 …経由で，…を通じて
⑩ **by way of** A

via Hong Kong
香港経由で

1782
per
[pər] B1
前 …につき

per person
1人につき

In Japan, many people do not <u>believe</u> <u>in</u> any **religion**.	日本では，多くの人が**宗教**を信じていない。
In some countries, having <u>a</u> strong **faith** <u>in</u> <u>God</u> is very important.	いくつかの国々では，神への強固な**信仰**を持つことはとても重要である。
Do you know any <u>Greek</u> **myths**?	ギリシャ**神話**を何か知っていますか？
Passengers on trains in the UK <u>are</u> **required** <u>to</u> <u>show</u> their tickets.	イギリスでは電車の乗客は切符を<u>提示</u>することを**求められる**。
I always **obey** <u>the</u> school <u>rules</u>.	私はいつも学校の<u>規則</u>**に従う**。
Some people <u>lose</u> <u>their</u> **wealth** by gambling.	ギャンブルで**財産を失う**人もいる。
It was reported that about 15% of Japanese people <u>lived</u> <u>in</u> **poverty** in 2018.	2018年には日本人の約15%が**貧困**の中に<u>生きていた</u>という報告があった。
Despite <u>the</u> government's <u>efforts</u>, the economy is not improving.	政府の努力**にもかかわらず**，経済は回復していない。
Unlike <u>Japan</u>, people drive on the right side of the road in Germany.	<u>日本</u>**とは違って**，ドイツでは車は道路の右側を走ります。
I flew to France **via** <u>Hong</u> <u>Kong</u>.	私は<u>香港</u>**経由で**フランスに飛んだ。
The cost of this trip is 35,000 yen **per** person.	この旅行の費用は<u>1人につき</u>3万5千円です。

STAGE 3

文法・語法との関連で覚える㉟ 品詞による意味の違いに注意すべき語

1783
tear
[teər] 発音
動 (紙など)を引き裂く，…を破る
名 [tɪər] 涙

tear paper
紙を裂く

B1 💡 動と名で発音が異なるので注意。

1784
close
[klous] 発音
形 副 (Aに)近い(to A)
動 [klouz] …を閉める(→480)
⇨ **closely** 副 密接に

close to the school
学校の近くに

A1 💡 形と動で発音が異なるので注意。

1785
patient
[péɪʃ(ə)nt] 発音
形 忍耐強い 名 患者(→1040)
⊗ **impatient** 我慢できない
⇨ **patience** 名 忍耐力

a **patient** person
忍耐強い人

B1

1786
content
[kəntént] アク
形 満足した ⊛ **satisfied** 満足した
名 [ká(:)ntent]【-s】中身，目次

be **content** with A
Aに満足している

B2 💡 「満足した」の意味では satisfied (→941)に比べて満足の度合いが強く，happy

1787
match
[mætʃ]
動 …に調和する
名 試合，(火をおこす)マッチ

match the sofa
そのソファと調和する

B1

1788
stick
[stɪk]
⊛ stick-stuck-stuck
動 ①…を動けなくする
②くっつく
名 棒 ⇨ **sticky** 形 ねばねばする

be **stuck** in a traffic jam
渋滞で動けない

B1 💡 stick はもともと，ピン(棒)などで突き刺し，動けないように留めることを意

1789
even
[íːv(ə)n]
形 平らな
副 …でさえ(→413)

an **even** surface
平らな表面

B1

スペリングに注目して覚える⑳ -ever で終わる語

1790
whoever
[huévər]
代 …する人は誰でも

whoever leaves the room
部屋を出る人は誰でも

B1

1791
whatever
[(h)wʌtévər]
代 …するものは何でも

whatever you like
好きなことは何でも

B1

1792
whenever
[(h)wenévər]
接 …するときはいつでも

whenever I go
行くときはいつでも

B1 💡 他に，**however**「どんなに…でも，しかしながら」(→1095)，**wherever**

Chigirie is made by **tearing** Japanese <u>paper</u> by hand.

ちぎり絵は，手で和紙**を裂く**ことで作ります。

There is a train station **close** <u>to</u> our <u>school</u>.

私たちの学校の**近くに**電車の駅があります。

He is not <u>a</u> **patient** <u>person</u>. He gets angry easily.

彼は**忍耐強い人**ではない。すぐに腹を立てる。

<u>Are</u> you **content** <u>with</u> your life?

あなたは自分の人生に**満足して**いますか。

の意味に近い。囮と図とでアクセントの位置が異なることに注意。

These curtains will **match** <u>the</u> <u>sofa</u> in your room.

このカーテンはあなたの部屋の<u>ソファ</u>**と調和する**でしょう。

We <u>are</u> often **stuck** <u>in</u> <u>a</u> <u>traffic</u> <u>jam</u> in large cities.

大都市ではしばしば渋滞で**動けなくなる**。

味した。

Place the scale on <u>an</u> **even** <u>surface</u>.

はかりを**平らな表面**に置いてください。

Whoever <u>leaves</u> <u>the</u> <u>room</u> last must turn off the lights.

最後に部屋を出る**人は誰であれ**電気を消さないといけない。

You can do **whatever** <u>you</u> <u>like</u> today.

今日は**何でも好きなこと**をしていいよ。

Whenever <u>I</u> <u>go</u> to Paris, I go to the Louvre Museum.

私はパリに**行くときはいつでも**ルーブル美術館に行きます。

「…するどこへでも」，**whichever**「…するどちらでも」がある。

STAGE 3

379

同じジャンルで覚える⑩ 経済活動に関する語

1793
☐ **manufacture**
[mǽnjəfæktʃər] **アク** B2
動 …を製造する
⇨ **manufacturer** 图 製造業者, メーカー
be **manufactured** in A
Aで製造される

1794
☐ **construct**
[kənstrʌ́kt] B1
動 …を建設する
⇨ **construction** 图 建設
construct buildings
ビルを建設する

1795
☐ **advertise**
[ǽdvərtàɪz] **アク** B1
動 …を宣伝する
⇨ **advertísement** 图 広告 圀 **ad**
advertise a product
製品を宣伝する

1796
☐ **promote**
[prəmóut] B1
動 …を促進する, 【be promoted】
(会社などで)昇進する
promote the use of A
Aの利用を促進する

1797
☐ **demand**
[dɪmǽnd] B1
名 需要, 要求
動 …を要求する
demand for cars
自動車の需要

1798
☐ **supply**
[səplái] B1
名 供給
動 …を供給する
be in short **supply**
供給が不足している

1799
☐ **income**
[ínkʌm] B1
名 収入
※「中に入って来るもの」から
a high **income**
高収入

1800
☐ **fund**
[fʌnd] B1
名 基金, 資金
set up a **fund**
基金を設立する

同じジャンルで覚える⑩ 購買・消費に関する語

1801
☐ **purchase**
[pə́ːrtʃəs] **アク** B2
動 …を購入する
purchase a house
家を購入する

1802
☐ **consumer**
[kənsjúːmər] B1
名 消費者
⇨ **consume** 動 …を消費する
⇨ **consumption** 图 消費(→1478)
a **consumer** society
消費者社会

1803
☐ **deliver**
[dɪlívər] B1
動 …を配達する
⇨ **delivery** 图 配達
deliver pizza
ピザを配達する

1804
☐ **item**
[áɪtəm] A1
名 品物, (表などの)項目
items on the shelf
棚にある品物

1805
☐ **account**
[əkáunt] A2
名 ①口座 ②考慮
動 【account for A】A (割合)を占める
a bank **account**
銀行口座

引き出し ☐ take ... into account[take account of ...] 「…を考慮に入れる」

The company's products <u>are</u> mainly **manufactured** <u>in</u> China.	その会社の製品は主に中国で**製造されて**います。
Concrete <u>buildings</u> <u>have</u> <u>been</u> **constructed** all over Japan.	日本のいたるところでコンクリートのビルが**建設されてきた**。
Companies can **advertise** their <u>products</u> in a variety of ways.	企業はさまざまなやり方で**製品を宣伝する**ことができる。
The government is trying to **promote** <u>the</u> <u>use</u> <u>of</u> renewable energy.	政府は再生可能エネルギー**の利用を促進し**ようとしている。
The **demand** <u>for</u> electric <u>cars</u> is increasing.	電気自動車の**需要**が増えている。
Vegetables <u>are</u> <u>in</u> <u>short</u> **supply** now because of the unusual weather.	異常気象のために，野菜の**供給が不足**している。
People who earn <u>a</u> <u>high</u> **income** pay more tax.	**高収入**を得ている人たちは，より多く税金を支払っている。
We should <u>set</u> <u>up</u> <u>a</u> **fund** for refugees at the time of war.	戦時には難民のための**基金**を設立すべきだ。
Some people **purchase** their <u>house</u> in their twenties.	20代で**家を購入する**人もいる。
We now live in <u>a</u> **consumer** <u>society</u>.	私たちは今**消費者**社会に生きている。
Does the Italian restaurant **deliver** <u>pizza</u>?	そのイタリアンレストランはピザ**を配達して**いますか。
All **items** <u>on</u> <u>this</u> <u>shelf</u> are 30% off.	<u>この棚にあるすべての**品物**は3割引となっています。
You must show your identity card to open <u>a</u> bank **account**.	銀行**口座**を開設するためには，身分証明書の提示が必要です。

スペリングに注目して覚える㉑ 「再び，元へ」の意味の re- で始まる語(2)

1806 review [rivjúː]
動 …を見直す，…を復習する
名 ①見直し ②批評 [B2]
review yesterday's lesson
昨日の授業を復習する

1807 reflect [riflékt]
動 …を映す，…を反射する
⇨ **reflection** 名 (鏡などの)像，反射 [A2]
be **reflected** in the lake
湖に映る

> 💡 reflect は re-「元へ」+flect「曲げる」で，光線などを反射して元の方角に返すイメージ。光線だけでなく，reflect public opinions「世論を反映する」のように比喩的に用いられることも多い。

1808 revise [riváɪz]
動 …を改訂する，…を修正する
⇨ **revision** 名 改訂，修正 [B1]
revise the law
法律を改正する

1809 recall [rikɔ́ːl]
動 ①…を思い出す ②(不良品)を回収する
名 (不良品の)回収，リコール [B1]
recall his name
彼の名前を思い出す

1810 renew [rinjúː]
動 …を更新する [B1]
renew my passport
パスポートを更新する

同じジャンルで覚える⑩⑨ 程度を表す副詞(2)

1811 slightly [sláɪtli]
副 わずかに [B1]
slightly taller than A
Aよりわずかに背が高い

1812 relatively [rélətɪvli]
副 比較的
⇨ **relative** 形 比較上の 名 親戚(→318) [B1]
relatively easy
比較的簡単な

1813 especially [ɪspéʃ(ə)li]
副 特に
≒ particularly [A2]
especially melon flavor
特にメロン味が

1814 extremely [ɪkstríːmli]
副 きわめて，極端に
⇨ **extreme** 形 極端な [A2]
extremely difficult
きわめて難しい

1815 exactly [ɪgzǽk(t)li]
副 まさしく，正確に ≒ precisely
⇨ **exact** 形 正確な，ぴったりの [A2]
A is **exactly** like B
AはまさしくBと同じようだ

1816 definitely [déf(ə)nətli]
副 間違いなく，確実に
⇨ **definite** 形 明確な [B1]
definitely the best
間違いなく最高の

> 💡 exactly と definitely は，単体で使用することも可能。

First, we will **review** yesterday's lesson.	まず，昨日の授業を**復習します**。
The moon was **reflected** in the lake.	月が湖に**映って**いた。
The government **revised** the law to make people aged 18 and above adults.	18歳以上の人を成人とするために，政府は法律を**改正した**。
I've met him before, but I can't **recall** his name.	彼には会ったことがあるが，**名前が思い出せ**ない。
I need to **renew** my passport by September.	9月までに**パスポートを更新し**なければならない。
My sister is **slightly** taller than me.	姉は私より**わずかに**背が高い。
It is said that Korean is **relatively** easy for Japanese people to learn.	日本人にとって朝鮮語は学ぶのが**比較的**簡単だと言われています。
I love ice cream, **especially** melon flavor.	私はアイスクリームが好きだ，**特に**メロン味が。
Some English words are **extremely** difficult to spell.	英単語の中には**きわめて**つづりが難しいものもある。
The film was **exactly** like the original novel.	その映画は**まさしく**原作小説と同じようだ。
Sarah is **definitely** the best swimmer in our school.	セーラは**間違いなく**学校で一番の泳ぎ手だ。

STAGE 3

☞ "Is this the type of hairstyle you want?" — **"Exactly!"**
「これがあなたのお望みのヘアスタイルですか。」 ― 「その通り！」

383

スペリングに注目して覚える㉒ 「外へ」の意味の ex- で始まる動詞

1817 explore
[ɪksplɔ́ːr] A2
動 …を探検する
⇨ explorátion 名 探検
explore Africa
アフリカを探検する

1818 explode
[ɪksplóʊd] B2
動 爆発する
⇨ explosion 名 爆発
a bomb **explodes**
爆弾が爆発する

1819 expand
[ɪkspǽnd] B1
動 広がる，…を広げる
⇨ expansion 名 拡大
the universe **expands**
宇宙は広がる

1820 exceed
[ɪksíːd] B2
動 (数や能力が)…を超える，…を上回る
exceed 36 million
3600万人を超える

💡 いずれも「外へ向かう」の意味を含む。他に **express**「…を表現する」(→790)，

スペリングに注目して覚える㉓ 動詞化する en- で始まる語

1821 enable
[ɪnéɪb(ə)l] B1
動 【enable+人+to do】人が〜するのを可能にする
enable A **to travel**
Aが旅するのを可能にする

1822 ensure
[ɪnʃʊ́ər] B1
動 …を確実にする，【ensure (that) ...】…ということを保証する
ensure equality
平等を保証する

1823 encourage
[ɪnkə́ːrɪdʒ] A2
動 …を励ます，【encourage+人+to do】人に〜するよう勧める
⊗ discourage …を妨害する
encourage A **to study**
Aに勉強するよう勧める

💡 en には動詞化する働きがある。他に **enrich**「…を豊かにする」，**enlarge**

スペリングに注目して覚える㉔ 動詞化する -en で終わる語

1824 fasten
[fǽs(ə)n] 発音 B1
動 …を(しっかり)留める，(ベルトなど)を締める
⇨ fast 副 ①速く(→554) ②しっかりと
fasten a seat belt
シートベルトを締める

1825 broaden
[brɔ́ːd(ə)n] B2
動 …を広げる
⇨ broad 形 幅の広い
broaden *one's* mind
視野を広げる

1826 weaken
[wíːk(ə)n] B2
動 …を弱める，弱まる
⊗ strengthen …を強くする
⇨ weak 形 弱い(→303)
economic power **weakens**
経済力が弱まる

1827 shorten
[ʃɔ́ːrt(ə)n]
動 …を短くする
shorten a lesson
授業を短縮する

💡 他に，**soften**「…を柔らかくする」，**sharpen**「…を鋭くする」，**widen**

People from European countries **explored** Africa in the 19th century.	ヨーロッパの国から来た人々が19世紀に<u>アフリカ</u>**を探検した**。
My Ukrainian friend said that <u>a bomb</u> **exploded** near her house.	ウクライナ人の友人は，彼女の家の近くで爆弾が**爆発した**と言った。
Is it true that <u>the universe is</u> still **expanding**?	<u>宇宙</u>が今でも**広がっている**というのは本当ですか。
The number of elderly people in Japan <u>has</u> **exceeded** 36 <u>million</u>.	日本における高齢者の数は<u>3600万人</u>**を超えた**。

export「…を輸出する」（→794），exclude「…を除外する」（→792）など。

The invention of cars has **enabled** people **to travel** much more easily.	車の発明は，人がずっと楽に**旅行することを可能にした**。
Every company should **ensure** equality in wages for both men and women.	どの会社も，男女間の賃金の平等**を保証す**べきだ。
My parents are **encouraging** my brother **to study** abroad.	私の両親は兄**に**海外で**学ぶよう勧めています**。

「…を拡大する」などがある。

STAGE 3

Everyone must **fasten** their <u>seat belts</u> in a car for safety.	安全のため，車内では全員シートベルト**を締め**なければなりません。
Visiting other countries can **broaden** <u>our minds</u>.	他国を訪れることは，<u>私たちの視野</u>**を広げて**くれる。
It is often said that Japan's <u>economic power</u> is **weakening**.	日本の経済力は**弱まり**つつあるとしばしば言われる。
Tomorrow, every <u>lesson</u> will <u>be</u> **shortened** to 45 minutes.	明日，すべての授業は45分に**短縮されます**。

「…を広げる」などがある。

文法・語法との関連で覚える㊱　後ろの前置詞とともに覚える名詞

1828
attitude
[ǽtətjùːd] A2
名 (Aに対する)態度・考え方 (toward/to A)

his **attitude toward** A
Aに対する彼の態度

1829
request
[rikwést] A2
名 (Aを求める)要請・依頼(for A)
動 …を要請する

the **request for** aid
援助の要請

1830
influence
[ínfluəns] アク A2
名 (Aへの)影響(on A)
動 …に影響を与える
⇨ **influéntial** 形 影響力の強い

an **influence on** children
子どもへの影響

1831
impact
[ímpækt] A2
名 (Aへの)影響・衝撃(on A)

an **impact on** the economy　経済への影響

1832
threat
[θret] 発音 B1
名 (Aに対する)脅威・脅迫(to A)
⇨ **threaten** 動 …をおびやかす

a **threat to** world peace
世界平和に対する脅威

1833
reputation
[rèpjətéɪʃ(ə)n] B1
名 (Aに対する)評判(for A)

a **reputation for** fish dishes　魚料理の評判

似ていて紛らわしい語をセットで覚える㉙　〈形が似ている〉

1834
affect
[əfékt] B1
動 ①…に影響する
②(病気が)(人)を冒す

be **affected** by the floods
洪水の影響を受ける

1835
effect
[ɪfékt] A2
名 (…への)影響・効果(on …)
⇨ **effective** 形 効果的な(→1763)

have an **effect** on A
Aに影響[効果]を与える

1836
adapt
[ədǽpt] B1
動 (Aに)適応する(to A),
…に適応させる・慣れさせる
⇨ **adaptátion** 名 適応

adapt to *one's* new school
新しい学校に慣れる

1837
adopt
[ədá(ː)pt] B1
動 ①…を採用する
②…を養子にする

adopt English
英語を採用する

1838
sensitive
[sénsətɪv] B2
形 敏感な
⇨ **sense** 名 感覚(→371)

sensitive skin
敏感な肌

1839
sensible
[sénsəb(ə)l] B2
形 分別のある,
(行動や考えが)賢明な

a **sensible** leader
分別のある指導者

His **attitude toward** studying has recently changed.	勉強**に対する**彼の態度は最近変わった。
Japan quickly responded to the country's **request for** aid.	その国からの援助**の要請**に日本は迅速に応じた。
Sports players often have a great **influence on** children.	スポーツ選手はしばしば子どもたち**に**大きな影響を与える。
The increase in oil prices had a serious **impact on** the world economy.	石油価格の上昇は世界経済**に**深刻な影響を及ぼした。
Nuclear weapons are a great **threat to** world peace.	核兵器は世界平和**に対する**大きな脅威だ。
This restaurant has a good **reputation for** fish dishes.	このレストランは魚料理**の評判**が良い。

Many farms were badly **affected by** the floods.	農場の多くは洪水によってひどい影響[被害]を受けた。
Laughing is said to have a positive **effect on** our health.	笑うことは私たちの健康に良い効果をもたらすと言われている。
You will soon **adapt to** your new school.	あなたはすぐに新しい学校に慣れるでしょう。
Some companies in Japan have **adopted** English as their business language.	日本の企業の中には、仕事で使う言葉として英語を採用しているところもある。
This soap is good for people with **sensitive** skin.	この石鹸は敏感な肌の人々に向いています。
Sensible leaders would not start war against other countries.	分別のある指導者であれば、他国と戦争を始めたりはしないだろう。

STAGE 3

▶ 同じジャンルで覚える⑩ 産業名を表す語

1840 agriculture
[ǽgrɪkʌ̀ltʃər] B1
名 農業
⇨ agricultural 形 農業の
modern **agriculture**
現代農業

1841 commerce
[ká(:)mərs] アク B2
名 商業
⇨ commercial 形 商業の
名 コマーシャル
the center of **commerce**
商業の中心

1842 fishery
[fíʃ(ə)ri]
名 [-ies] 漁業
働 fisherman 名 漁師
work in **fisheries**
漁業に従事する

1843 forestry
[fɔ́:rɪstri] B2
名 林業
働 forest 名 森（→1366）
forestry is important
林業は重要だ

▶ 同じジャンルで覚える⑪ 生活の中の集合名詞

1844 baggage
[bǽgɪdʒ] B1
名 手荷物
働 luggage
one piece of **baggage**
1つの手荷物

1845 furniture
[fɔ́:rnɪtʃər] A2
名 家具
much **furniture**
たくさんの家具

A2 💡 × a baggage[furniture] や × two baggages[furnitures] のようにしない。

1846 clothing
[klóuðɪŋ] B2
名 衣類
warm **clothing**
暖かい衣類

1847 bedding
[bédɪŋ]
名 寝具
put the **bedding** back
寝具を戻す

▶ 文法・語法との関連で覚える㊲ 数えられる名詞と -ry で終わる集合名詞

1848 scene
[si:n] 発音 A2
名 (1つの) 光景, シーン
※数えられる名詞
a moving **scene**
感動的なシーン

1849 scenery
[sí:n(ə)ri] A2
名 (集合的に) 景色
※数えられない集合名詞
beautiful **scenery**
美しい景色

1850 poem
[póuəm] A1
名 (1つの) 詩 ※数えられる名詞
⇨ poet 名 詩人
write a **poem**
詩を書く

1851 poetry
[póuətri] B1
名 (集合的に) 詩
※数えられない集合名詞
Japanese **poetry**
日本の詩

Even <u>modern</u> **agriculture** relies a lot on <u>good weather</u>.	現代**農業**でさえ, 好天に大きく頼っている。
Osaka was <u>the</u> <u>center</u> of **commerce** in the *Edo* era.	大阪は江戸時代には**商業の中心**でした。
Many people <u>work</u> <u>in</u> **fisheries** in our town.	私たちの町では多くの人が**漁業に従事**しています。
Forestry used to <u>be</u> very <u>important</u> for the Japanese economy.	日本の経済にとって, かつて**林業**はとても**重要**でした。

You can take only <u>one</u> <u>piece</u> of **baggage** on the plane.	飛行機には**手荷物**を1つしか持ち込めません。
There is too <u>much</u> **furniture** in my room.	私の部屋には**家具**がたくさんありすぎる。

数えるときは a piece[two pieces] of ... を使う。

Take some <u>warm</u> **clothing** when you go hiking in the mountains.	山へハイキングに行く時は暖かい**衣類**を持っていきなさい。
Please <u>put</u> <u>the</u> **bedding** <u>back</u> in the closet.	押入れの中に**寝具を戻して**ください。

STAGE 3

The most <u>moving</u> **scene** in the movie was when the hero died.	その映画の最も感動的な**シーン**は, 主人公が死ぬときでした。
We enjoyed the <u>beautiful</u> **scenery** from the top of the mountain.	私たちは山の頂上からの**美しい景色**を楽しみました。
In today's class, we <u>wrote</u> <u>a</u> **poem** in English.	今日の授業では, 英語で**詩を書きました**。
Haiku is a form of <u>Japanese</u> **poetry**.	俳句は**日本の詩**の形式の1つです。

順序・時間を表す表現

1852
☐ **in the first place**

まず第一に，最初に
⊜ **first of all** / **first** (→541) / **to begin with** (→1862)

1853
☐ **at first ..., (but ～)**

最初は…，（だが～）
※ at first の後には but の他に later や then などもくる

1854
☐ **for the first time**

(…の間で)初めて (in ...)
※後に in ... がある場合は「…ぶりに」と訳されることが多い

1855
☐ **for the time being**

当分の間，当面は

1856
☐ **in advance**

前もって，あらかじめ
⇨ **advance** 图 進歩，前進　⇨ **advanced** 形 先進的な

1857
☐ **at once**

すぐに
⊜ **right away** / **immediately** (→1429)

1858
☐ **at the same time**

同時に

1859
☐ **at last**

やっと，ついに　⊛ **eventually** 結局，ついに(→1430)
⊛ **finally** とうとう，ついに

1860
☐ **in consequence**

結果として　⊜ **as a consequence** / **as a result** (→1316)
⇨ **consequence** 图 結果，成り行き

独立不定詞

1861
☐ **to be honest**

正直に言うと
⊛ **to tell the truth** 実を言うと

1862
☐ **to begin with**

まず初めに，第一に
⊜ **first** (→541) / **in the first place** (→1852)

1863
☐ **needless to say**

言うまでもなく
⊜ **it goes without saying that ...**

1864
☐ **to make matters worse**

さらに悪いことに
⊜ **what is worse**

I am against having part-time jobs. **In the first place**, we have to study.	私はアルバイトをすることに反対だ。**まず第一に**, 私たちは勉強しなければならない。
At first, I couldn't eat *natto*, **but** now I like it.	**最初は**納豆が食べられませんでした**が**, 今では好きです。
I met my cousin **for the first time in** three years yesterday.	私は昨日, 3年**ぶりに**いとこに会った。
We don't need to buy any rice **for the time being**.	私たちは**当分の間**米を買う必要がない。
There is a discount if you pay **in advance**.	**前もって**お支払いをされますと, 割引があります。
We should book a hotel room **at once**. Kyoto is very busy.	**すぐに**ホテルを予約するべきだ。京都はとても込み合っているから。
He can listen to English and change it into Japanese **at the same time**.	彼は英語を聞き, **同時に**日本語に変換することができます。
I read his letter many times, and **at last** I understood what he meant.	私は彼の手紙を何度も読み, **やっと彼**が言わんとすることを理解した。
People prefer a new house. **In consequence**, there are many empty houses.	人は新築の家を好む。**結果として**, 空き家が多くなっている。
I can't go shopping with you. **To be honest**, I don't have any money.	あなたと買い物には行けません。**正直に言うと**私はお金を持っていないのです。
To begin with, let me talk a little about my company.	**まず初めに**, 私の会社について少しお話をさせて下さい。
I missed the bus this morning. **Needless to say**, I was late for school.	今朝私はバスに乗り遅れた。**言うまでもなく**, 学校に遅刻した。
We got lost in the mountain. **To make matters worse**, it started raining.	私たちは山の中で迷ってしまった。**さらに悪いことに**, 雨が降り始めた。

〈動詞＋A＋前置詞＋B〉の形を取る表現 (2)

1865
☐ **adjust** A **to** B
A を B に合わせて調整する

💡 **adjust to** A「Aに慣れる・適応する」の用法もある。

1866
☐ **owe** A **to** B
A を B に借りている,
A は B のおかげである (= owe B A)

1867
☐ **connect** A **to[with]** B
A を B につなぐ・接続する
🔃 **link** A **to** B A と B をつなぐ・関連付ける
⇨ **connection** 图 関係, つながり

💡 受動態の A is connected to B の形でもよく用いる。

1868
☐ **introduce** A **into** B
A を B に導入する・取り入れる
🔃 **introduce** A **to** B A を B に紹介する (→217)

💡 introduce A into B は, 受動態の A is introduced into B

1869
☐ **divide** A **into** B
A を B に分ける
⇨ **divide** 動 (数)を割る, …を分ける (→1198)

1870
☐ **separate** A **from** B
A を B から引き離す, A と B を分ける

1871
☐ **distinguish** A **from** B
A と B を区別する・識別する

1872
☐ **remind** A **of** B
A に B を思い出させる

1873
☐ **inform** A **of** B
A に B を知らせる
※フォーマル (普通の会話では tell (→80) を使う)

1874
☐ **warn** A **of** B
A に B を警告する
⇨ **warning** 图 警告

1875
☐ **rob** A **of** B
A から B を (強引に) 奪う
🔃 **steal** …を (こっそり) 盗む (→823)

💡 受動態の A is robbed of B の形でもよく用いるが, 盗まれた
ものを主語にして × His wallet was robbed of him. とは言

Many animals can easily **adjust** their eyes **to** the dark.	多くの動物は簡単に目を暗闇に合わせて調節することができる。

☞ My eyes soon **adjusted to** the dark. 「私の目はすぐに暗闇に慣れた。」

I **owe** some money **to** my parents, and I need to pay them back soon.	私は親にいくらかお金を借りているので, すぐにそれを返さないといけない。
The new bridge **connects** the island **to[with]** the mainland.	その新しい橋は島と本土をつないでいる。
When **were** Chinese characters **introduced into** Japan?	漢字はいつ日本に取り入れられましたか。

「A は B へ導入される」の形でもよく用いられる (例文参照)。

The teacher **divided** us **into** groups of four.	先生は私たちを4人ずつのグループに分けた。
The war **separated** him **from** his family.	その戦争は彼を家族から引き離した。
Can you **distinguish** a hawk **from** an eagle?	あなたはタカとワシを区別することができますか。
This painting **reminds** me **of** the village where I used to live.	この絵は私に, 以前住んでいた村を思い出させます。
We will **inform** you **of** our decision within a week.	一週間以内にあなたに私たちの決定をお知らせします。
He **warned** me **of** the danger of taking too much salt.	彼は塩分を取りすぎることの危険を私に警告した。
He said that a stranger **robbed** him **of** his wallet.	彼は見知らぬ人が彼から財布を奪ったと言った。

わない (○ He was robbed of his wallet. とする)。

STAGE 3

393

〈名詞＋of ...〉の表現 (2)

1876		
☐	**a wide range of** A	広範囲のA，多種多様のA

1877		
☐	**a series of** A	一連のA，一続きのA，シリーズもののA

⇨ **series** 图 ①連続　②(テレビドラマなどの)シリーズもの

1878		
☐	**a variety of** A	さまざまなA，多様なA

⇨ **variety** [vəráɪəti] 発音 图 多様性
※日本語の「バラエティー」との発音の違いに注意

1879		
☐	**a large sum of** A	多額のA

⊗ **a small sum of** A 少額のA

1880		
☐	**(a) part of** A	Aの一部

※慣用的にaを省略することが多い

1881		
☐	**the rest of** A	Aのその他の部分，残りのA

〈be＋形容詞／過去分詞＋to *do*〉の表現

1882		
☐	**be unable to** *do*	〜することができない

※フォーマル(会話では be not able to *do* を使うことが多い)

1883		
☐	**be quick to** *do*	すばやく〜する，〜するのがすばやい

⊗ **be slow to** *do* 〜するのが遅い

1884		
☐	**be willing to** *do*	〜する意志がある，〜してもかまわない

類 **be happy to** *do* 喜んで〜する

1885		
☐	**be anxious to** *do*	(心配しながら)〜したいと切望している

類 **be eager to** *do* 〜することを熱望している
関 **be anxious about** A Aを心配している

💡 anxious は「心配して」が基本の意味なので，be anxious to
do にも「〜したい(が好ましい結果が得られるか心配だ)」と

1886		
☐	**be supposed to** *do*	〜することになっている

⇨ **suppose** 動 …だろうと思う(→851)

1887		
☐	**be determined to** *do*	〜しようと決意している

⇨ **determine** 動 …を決定する

My father knows a lot on **a wide range of** topics.	私の父は**広範囲の**話題についてよく知っている。
A series of lectures on modern art will be held this winter.	現代美術についての**一連の**講義が，今年の冬に行われます。
There is **a variety of** roses in this park.	この公園には**さまざまな**バラが植えられている。
He donated **a large sum of** money to UNICEF.	彼はユニセフに**多額の**お金を寄付した。
Part of the exam was difficult, but on the whole it was easy.	試験**の一部**は難しかったが，全体的には易しかった。
I didn't like the start of the movie, but **the rest of** it was good.	その映画の出だしは好きではなかったが，映画**のその他の部分**は良かった。

Many trains **were unable to arrive** on time because of the snow.	雪のため，多くの電車が時間どおりに**到着することができなかった。**
When I email him, he **is** usually very **quick to respond**.	彼にメールすると，たいていとても**すばやく返事をくれる。**
If you come to Japan, I'll **be willing to be** your tour guide.	日本に来るのなら，私はあなたのツアーガイド**をしてもかまいませんよ。**
I **am anxious to improve** my exam scores.	私は試験の点数**を上げたいと切望している。** ※そのような結果が得られるかどうか「心配」している。

いうように「心配」の感情が含まれる。be eager to *do* にはそのような含みはない。

| The Japan-US baseball game **was supposed to start** at 7:00. | 日本対アメリカの野球の試合は7時に**始まることになっていた。** |
| My father **is determined to lose weight** because he has gained 10 kilos. | 私の父は10キロ太ったので，**減量しようと決意している。** |

2語以上で1つの前置詞の働きをする表現(2)

1888
☐ **in terms of** A

Aの点では，Aの観点から
⇨ term 图 ①(学校の)学期 ②(専門)用語 (→562)

1889
☐ **regardless of** A

Aに関係なく
同 in spite of A Aにもかかわらず (→1015)

💡 regardless of A と in spite of A の意味の違いに注意。

1890
☐ **for the sake of** A

Aの(利益の)ために
同 for *one's* sake

1891
☐ **for the purpose of** A

Aという目的で
⇨ purpose 图 目的 (→780)

1892
☐ **on behalf of** A

Aを代表して

1893
☐ **by means of** A

A (という手段)によって
⇨ means 图 手段 (→1188)

似ていて紛らわしい熟語表現

1894
☐ **be familiar with** A

(人が) A (物事)をよく知っている
※人を主語にする
反 be unfamiliar with A (人が) A (物事)に不慣れである

1895
☐ **be familiar to** A

(物事が) A (人)になじみがある・見[聞き]覚えがある
※物事を主語にする
反 be unfamiliar to A (物事が) A (人)になじみの薄い

1896
☐ **not to mention** A

Aは言うまでもなく，それに加えてA
※肯定文・否定文とも可能 同 to say nothing of A

1897
☐ **let alone ...**

…は言うまでもなく(〜ない)　※否定文の後で使用する
類 much less ... ましてや…ない

1898
☐ **make an appointment**

(正式に)会う約束をする，(病院などの)予約をする
※正式な約束について言う。個人的な約束は arrangement を使う

1899
☐ **make an arrangement**

(人と個人的に) (〜する)約束[取り決め]をする・手はず
を整える (to do)
⇨ arrange 動 (〜するよう)手配する (to do) (→869)

In terms of population, Canada is not a big country.	人口**の点では**, カナダは大きな国ではない。

💡 big [large] country には「広さが大きい」と「人口が大きい」の意味がある。

Clothes are usually sold at the same price **regardless of** the size.	服はたいていサイズ**に関係なく**同じ値段で売られている。
Some people take a supplement **for the sake of** their health.	健康**のために**サプリメントを飲んでいる人もいる。
School uniforms were designed **for the purpose of** making all students equal.	学生服はすべての生徒を対等にする**という目的で**作られた。
I made a speech **on behalf of** our class.	私はクラス**を代表して**スピーチをしました。
We can travel to the other side of the world **by means of** airplanes.	私たちは飛行機**によって**地球の反対側に行くことができる。
Our ALT **is familiar with** Japanese culture.	私たちの ALT は日本文化**をよく知っている**。
His name **is familiar to** me, but I don't think I've met him before.	彼の名前**には見覚えがある**が, 以前彼に会ったことはないと思う。
Learning a foreign language is interesting, **not to mention** necessary for exams.	試験に必要なの**は言うまでもないとしても**, 外国語を学ぶのは興味深いことだ。
I don't have enough money to buy a car, **let alone** a house.	家**は言うまでもなく**, 車を買うお金も**ない**。
I need to **make an appointment** to see my dentist.	歯医者に診察の**予約を入れ**ないといけない。
I **made an arrangement** to see my aunt on Sunday.	日曜日におばと会う**約束をした**。

STAGE 3

397

〈be＋過去分詞（の形の形容詞）＋前置詞〉の表現 (2)

1900
☐ **be composed of** A
Aから成る，Aで構成される　※フォーマル
◉ **be made up of** A　※インフォーマル
◉ **consist of** A (→1590)　※フォーマル

1901
☐ **be located in** A
Aに位置している，Aにある　※フォーマル
◉ **location** 图 位置，場所

1902
☐ **be related to** A
Aと関連している
◉ **be connected to** A　Aとつながっている・関連している

1903
☐ **be associated with** A
Aと関連している，Aを連想させる

1904
☐ **be concerned about** A
Aを心配する，Aを気にかける
◉ **be concerned with** A　Aに関係している

1905
☐ **be absorbed in** A
Aに夢中だ，Aに没頭している
⇨ **absorb** 動 ①（液体など）を吸収する　②…を夢中にさせる

1906
☐ **be surrounded by** A
Aに囲まれている

1907
☐ **be involved in** A
Aに巻き込まれる，Aに関わっている
⇨ **involve** 動 ①…を含む　②…を巻き込む
⇨ **involvement** 图 巻き込まれること，関わり合い

1908
☐ **be limited to** A
Aに制限された
⇨ **limit** 動 …を制限する　图 制限 (→584)

〈動詞＋目的語＋前置詞＋*doing*〉の形を取る表現

1909
☐ **ban** A **from** *doing*
A（人）が〜するのを禁止する
◉ **prohibit** A **from** *doing*

1910
☐ **prevent** A **from** *doing*
A（人・物）が〜するのを妨げる
※フォーマル（会話では keep や stop を用いる）
⇨ **prevention** 图 防ぐこと

1911
☐ **trick** A **into** *doing*
A（人）をだまして〜させる
⇨ **trick** 動 （人）をだます　图 ①たくらみ　②いたずら

1912
☐ **persuade** A **into** *doing*
A（人）を説得して〜させる　※ persuade O to do も可
◉ **talk** A **into** *doing* （人）に〜するよう説得する

💡 persuade ... into *doing* は説得が成功して目的の行為を行わ

Water **is composed of** hydrogen and oxygen.	水は水素と酸素**から成る**。
Our company **is located in** Chiba.	私たちの会社は千葉**にあります**。
The cost of living **is** closely **related to** the price of oil.	生活費は石油価格**と**密接に**関連している**。
The scientist **is** no longer **associated with** the project.	その科学者はもはやその計画**には関わって**いない。
Since the voting age is 18, we should **be** more **concerned about** politics.	選挙権年齢は18歳なので、私たちはもっと政治のこと**を気にかける**べきです。
I **was** so **absorbed in** my book that I didn't hear the phone ring.	あまりに本**に夢中になっていた**ので、電話が鳴ったのが聞こえなかった。
Kamakura **is surrounded by** the sea and the mountains.	鎌倉は海と山**に囲まれている**。
He **was involved in** an accident while walking along the street.	通りを歩いているとき、彼は事故**に巻き込まれた**。
Drinking in Japan **is limited to** those who are 20 years old and above.	日本では飲酒可能な年齢が20歳以上**に制限されている**。
Many theaters **ban** people **from taking photos** during performances.	多くの劇場では、上演中人々**が写真撮影をするのを禁止している**。
The coronavirus **prevented** many students **from studying abroad**.	コロナウイルスは多くの生徒**が留学するのを妨げた**。
The man **tricked** her **into giving** him money.	その男は彼女**をだまして**彼にお金を**与えさせた**。
My mother eventually **persuaded** my father **into buying** a new car.	母はついに父**を説得して**新しい車を**買わせた**。

せることができたことを示唆する。

411

U

V

見出し語として掲載している熟語は太字，関連語として掲載している熟語は細字で示しています。数字は見出し語の番号を表します。

WORDBOX Essential 2nd Edition
ワードボックス英単語・熟語【エッセンシャル】第2版

英文校閲
Ian C. Stirk
Chris Gladis
Brent Suzuki
Andrew McAllister

ナレーション
Katie Adler
James Ross-Nutt（Gaipro Inc.）
徳田 祐介（ワイワイワイ）

イラスト
ホンマ ヨウヘイ

装丁デザイン
石出 崇

データ提供
(有)イー・キャスト

2024年1月30日　第4刷発行
2022年10月10日　第1刷発行

著　者　　長田哲文
　　　　　Sue Fraser
発行者　　谷垣誠也
印刷所　　株式会社創英

発行所　　有限会社 美誠社

〒603-8113　京都市北区小山西元町37番地
Tel. (075) 492-5660 (代表)：Fax. (075) 492-5674
ホームページ　https://www.biseisha.co.jp

ISBN978-4-8285-3361-2